U0824224

北理法学

（第六辑）

编辑委员会：李寿平　张艳丽　于兆波
郭德忠　杨成铭　曲三强
韩君玲　罗　丽　徐　昕
赵秀梅　彭海青
主　　编：张艳丽 徐 昕
本辑执行主编：孟　强
编　　辑：林丽华　孙　楠　库颜鸣
翁宇菲

法律出版社

目　录

CONTENTS

[学术争鸣]

行政后撤与调解前伸

——基于人民调解的宏观与微观分析*

刘坤轮**(中国政法大学)

摘要:人民调解制度正在中国复兴,但是,其复兴的合理性却没有得到恰当的总结。文化解释和功能解释在一定程度上能够提供人民调解制度复兴的合理性,但却无法以实践说明人民调解复兴的脉络和未来的走向。本文以人民调解解纷对象的范围为分析对象,结合在河南省大量的调研资料,以社会学意义上的案件类型学为分析工具对人民调解制度展开分析,从而得出人民调解制度契合了当前社

* 本文曾获得评中国法学会第六届青年论坛征文一等奖,本文1.5万字简版以"行政后撤与调解前伸"之题发表在《中国法学》2012年社会管理创新专刊。这里是完整版论文。本文撰写过程中,得到河南省司法厅,中国人民大学法学院朱景文教授、范愉教授、彭小龙副教授、孟涛副教授,中国政法大学于飞教授、北京理工大学法学院孟强副教授的帮助和批评指正,当然本文文责自负。

基金项目:2012年北京市哲学社会科学青年项目"北京市人民调解制度研究"(项目编号:12FXC028)。

** 刘坤轮:法学博士,中国政法大学法学教育研究与评估中心副主任、副教授。

会管理创新的时代需求,未来中国基层社会的管理将会出现一个行政后撤和调解前伸的演进趋势。

关键词:人民调解　行政后撤　调解前伸

一、问题的提出

为什么人民调解会重新复兴?

对这一问题,我们可以从人民调解制度的历史渊源处考量,也可以从人民调解的文化属性①和功能属性②方面寻找答案。但是,复兴中的人民调解如何直面当前仍不那么景气的解纷局面?③ 这一制度的当代价值如果仅仅是顺应了全球调解的发展趋势,那么,它的独特性又如何能够持续?④ 运动式演进的道路上,又如何克服自上而下的政府推动而给这一制度所造成的制度变形?⑤

这些都是我们需要回答的问题,概括为一句话,人民调解制度复兴的现实合理性究竟可以在实践中的哪些表征处找到支撑。本文所要回答的正是这一问题,即将人民调解纯粹理念和价值的原因剔除在外,以一种客观的实践描述来寻找制度复苏的原因,并由此对当今中国社会转型过程中,尤其是社会管理创新的氛围之中,人民调解所发挥的功能和应当发挥的功能作出描述和预测。

为此,本文将以整个中国社会转型,尤其是农村转型为大背景,以我国人

---

① 具有代表性的研究如柯恩:"现代化前夕的中国调解",载强世功编:《调解、法制与现代性:中国调解制度研究》,中国法制出版社2001年版,第95页;梁治平:《清代习惯法:社会与国家》,中国政法大学出版社1996年版。

② 陆思礼:《邓小平之后的中国纠纷解决,再谈"毛泽东和调解"》,傅华伶:《后毛泽东时代中国的人民调解制度》,郭丹青:《中国的纠纷解决》,载强世功编:《调解、法制与现代性:中国调解制度研究》,中国法制出版社2001年版。第264~309页、第310~346页、第375~428页。

③ 根据统计,每个人民调解员每年解决纠纷的数量最高年份也只有1.64件。参见《中国法律发展报告·纠纷解决篇》,未出版。

④ 王福华:《译者序:调解发展的国际潮流与中国机遇》,载[奥]娜嘉·亚历山大编:《全球调解趋势》,王福华等译,中国法制出版社2011年版;范愉:《非诉讼纠纷解决机制研究》,中国人民大学出版社2011年版,第1~10页。

⑤ 主要是指司法化和行政化的表征。司法化和行政化不仅在学界有表征,在实践中也大量出现。学术研究中,司法化倾向曾是《民事诉讼法》制定时期法学界的主流观点,如熊先觉先生提出,人民调解除民间性或群众性之外还具有司法性,或称"司法辅助性"、"群众司法性",认为"人民调解"是一种司法辅助制度,属于国家司法制度体系的范畴,是一种具有中国特色的司法制度。相关介绍参见范愉:《〈中华人民共和国人民调解法〉评析》,载《法学家》2011年第2期。

民调解解决纠纷的宏观类型为基本分析依据，以对河南省人民调解的调研样本为微观分析材料，以一种社会学意义上的类型学分析框架为分析工具，逐步展开对人民调解制度的意义追究，借此回答社会转型过程中，人民调解的制度复苏对社会管理模式的转变究竟形成何种影响。

二、民间纠纷类型的宏观描述

根据前人关于人民调解历史的梳理，以及对当前人民调解制度复兴的理念、价值以及基本制度的白描，[①]我们能够明确的是，人民调解制度所针对的“民间纠纷”，即平等主体之间发生的能够自己处理的纠纷类型，包括但并不局限于民事纠纷。正是因为这个“民间纠纷”的内涵没有被明确地界定，使我们对其进行的深究显得有价值。事实上，对案件类型进行深究在民事诉讼法研究领域中偶有所见，[②]但在作为非诉讼制度的人民调解制度研究中却几近于无。很大一部分原因在于我国人民调解制度的研究几乎少有例外地被纳入ADR研究的宏大背景之中，这就使人民调解这一纠纷解决制度本身存在的特殊性大打折扣，而一旦这种特殊性没有成功地建立起来，作为与之相对应的知识体系也就无从建构起自己的权利体系。[③]

没有从与诉讼的对立中摆脱出来的人民调解制度注定是没有被充分认知的。也就是说，人民调解制度虽然在知识界中总是被强调与行政调解、诉讼调解的差异，但在更大的现实中却是人民调解制度更多的是和行政调解、诉讼调解甚至仲裁捆绑在一起，共同形成与诉讼相对立的纠纷解决体系，其制度意义和制度价值也从这种对立中获得生命力。这种捆绑也常常因为司法理念的变迁使人民调解制度和其他一些专业或非专业的非诉讼纠纷解决制度一起

---

① 关于人民调解制度的历史演进和基础理论介绍，可参见常怡编：《中国调解制度》，中国政法大学出版社2002年版；洪冬英：《当代中国调解制度变迁研究》，上海人民出版社2011年版。

② 彭小龙：《非职业法官研究：理念、制度与实践》，中国人民大学法学院2009年博士学位论文。关于案件类型与社会因素的一般研究如[美]唐·布莱克：《社会学视野中的司法》，郭星华等译，法律出版社2002年版。

③ 关于知识权力关系的论述，可参见[法]米歇尔·福柯：《权力的眼睛》，上海人民出版社1997年版；[法]米歇尔·福柯：《规训与惩罚》，刘北成、杨远婴译，生活·读书·新知三联书店2007年版。

起伏不定，所谓的“东方一枝花”在新中国司法现代化的进程中很难说摆正了，[①]或曾经摆正过自己的位置，它也由此一直游离或偏离了人民调解制度设计的初衷，应对社会转型的能力也因此没有被执行者充分看到或充分凸显出来。

那么，人民调解制度究竟应该发挥什么样的作用呢？本文认为，人民调解制度从来就不是和诉讼对立起来的纠纷解决制度设计，更不能轻易地和行政调解、诉讼调解捆绑起来。这一点，虽然的确都是非诉讼制度，但人民调解显然和其他的诉讼外纠纷解决制度不同，这种不同主要体现在内生性秩序与外生性秩序构建的本质差异。[②] 这种秩序基点的不同，让我们有必要关注人民调解制度所针对的纠纷类型，究竟是什么样的纠纷可以进入、应该进入人民调解制度的适用范围？这些纠纷在属性上，也就是说，从纠纷的类型学上来看，有什么样的规范性特征？如果规范性特征难以找到，那么，有什么样的社会学特征？这些社会学特征可以得到如何界定才能足以确定人民调解的外延？

（一）宏观的案件类型

对人民调解制度进行类型学分析，本身是非常困难的事情，这种困难既在于从未有研究者进行过这样的意义分析，又在于人民调解内生性秩序构建工具本身的特性所决定。人民调解制度的预防意义可能远大于其解纷功能，因此，做一个信度和效度比较高的社会学分析就显得不那么可能。同时，可以得到的资料统计口径亦并非实际解决纠纷的数量，而是收案数量。尽管各地的纠纷调解成功率大致都在90%[③]以上，由此我们似乎能够推断出人民调解各个案件类型的实际数量，但由于基层部门浮夸的强烈动机，这一数据的说服力也要大打折扣。

尽管如此，宏观描述人民调解纠纷的类型仍然是必要的，它不仅能够让我们直观地看到人民调解制度的价值所在，更重要的是，哪怕说服力有限，它仍

① 该判断适用范围严格限定时间期限为“新中国司法现代化过程中”。人民调解制度诞生之初和第一次高峰期间，司法的现代化观念并没有形成，因此，那个时候的人民调解制度并未和诉讼救济对立起来。

② 虽然都是由第三人参与解决，但是，人民调解的第三人基础在于“社区”，也就是所谓的“熟人社会”，所要建构起的秩序对象也是“社区秩序”或“熟人社会”的秩序，因此，它与其他形式的纠纷解决方式在这一点上存在“质的差异”。

③ 相关数据可参见历年的《中国法律年鉴》。

然会给人民调解解纷的对象类型提供一个基本轮廓，这个基本轮廓的变化可以和社会情境各个因素的变化结合起来进行分析，由此可以为人民调解制度未来的秩序建构的伸展提出一定的预测。实际上，这种变化尽管没有白描的统计，立法机关在制定《人民调解法》时却已经用到了这一论据，即人民调解解决的纠纷"从传统的婚姻家庭、邻里关系、小额债务、轻微侵权等常见、多发的矛盾纠纷领域，向土地承包、拆迁安置、环境保护、医患纠纷等社会热点、难点矛盾纠纷领域扩展"。[①] 这就说明，实证化的案件分析类型是有意义的，它对于人民调解制度的良性发展，甚至说良性扩展[②]都有着说明其合法性的功能。

正是基于这一重要理由，我们首先从全国层面来对人民调解的解纷类型进行统计。鉴于和前文分析基数的一致性以及数据的可得性，我们从 1989 年开始进行统计，经过整理，我们得出表 1。同时，由于 2003 年之后的统计数据标准发生了变化，婚姻家庭类成为一大整体，房屋、宅基地、债务、生产经营类也没有细致数据，只有百分比，因此，我们将能够用数据表现的尽量用表格形式表现，而不能用数据表现的用比例表现。鉴于我们的主要任务在于描述各类纠纷的发展趋势，这种统计标准的变化对于我们的分析也基本够用。

① 吴爱英：《关于中华人民共和国人民调解法（草案）的说明》，2010 年 6 月 22 日在第十一届全国人民代表的大会常务委员会第十五次会议上的讲话。

② 人民调解解纷功能的扩展已是不争之实，但当前，这种扩张带有过重的政府推动色彩，边界也很难划定。因此，其合理性常常需要和具体的政策联系在一起。政策的变化决定着人民调解解纷范围的变化，有扩展就随时有可能出现因不健康扩展而引起的萎缩。而人民调解的类型学分析则很有可能为这种扩张提出制度本身的依据，为制度的健康发展提供合理性依据。

表1 1989~2003年我国人民调解解纷类型

单位:件

年份	婚姻	继承	赡、扶、抚养	家庭/其他	房屋、宅基地	债务	生产经营	邻里	赔偿	其他
1989	1,238,819	270,654	409,235	1,146,960	947,975	418,684	736,105	956,102	526,141	690,355
1990	1,222,214	284,979	445,963	1,167,792	894,349	498,564	751,651	989,827	528,148	625,735
1991	1,333,026	295,794	472,188	723,154	859,857	435,016	744,818	1,074,351	531,927	599,110
1992	1,183,317	280,448	413,476	602,351	721,004	415,558	623,492	946,080	464,736	522,747
1993	1,187,687	295,766	434,085	587,173	687,822	463,727	626,722	947,589	442,967	549,420
1994	1,191,925	296,227	440,621	570,404	659,980	462,539	611,555	899,226	492,325	498,927
1995	1,146,769	311,159	451,490	544,425	641,074	477,318	636,018	883,281	415,886	509,563
1996	1,091,703	305,336	432,931	534,102	591,567	480,662	602,932	838,157	414,518	510,322
1997	1,031,489	308,321	416,127	522,131	556,670	465,281	570,754	800,775	394,960	476,650
1998①	952,317	274,689	388,352	444,176	544,742	453,866	539,614	794,588	386,595	488,255
1999	868,585	270,751	372,193	411,646	538,843	480,341	529,318	764,541	387,208	565,220
2000	871,710	276,601	390,002	412,801	532,656	451,049	495,783	740,161	364,585	495,271
2001	851,919	263,664	349,474	396,352	522,359	440,451	479,220	729,237	353,218	474,801
2002	796,279	258,058	347,491	351,181	482,739	424,325	447,529	694,451	353,371	480,715
2003	752,010	248,858	326,451	329,711	454,171	423,661	426,279	690,547	335,132	505,337

① 《中国法律年鉴1999》的统计单位变为万元,精确度较之前有所下降。这里的数据采用的是《中国法律年鉴2000》的数据。

表 2　2004～2009 年我国人民调解解纷类型

单位:件

年份	婚姻家庭	房屋、宅基地、债务、生产经营	邻里	损害赔偿	其他
2004	1,140,130	398,759	793,917	340,021	478,318
2005	1,049,969	388,032	836,919	332,514	525,756
2006	1,015,616	386,350	929,423	346,018	509,443
2007	1,005,181	350,105	913,173	406,640	651,529
2008	1,019,226	364,572	993,980	449,054	713,906
2009	1,143,913	364,977	1,241,838	545,094	816,229

表 3　2004～2009 年我国人民调解解纷类型比例

单位:%

年份	房屋、宅基地、债务、生产经营	邻里	损害赔偿	其他
2004	9.03	17.99	7.7	10.84
2005	8.65	18.65	7.41	11.72
2006	8.4	20.08	7.48	11
2007	7.30	19.03	8.48	13.58
2008	7.32	19.95	9.01	14.33
2009	6.30	21.42	9.41	14.08

这是 1989～2009 年,人民调解解决纠纷类型的整个基本情况表,以下我们将在表 1 至表 3 的基础上,分类型地展开对人民调解案件类型的白描。

1. 婚姻家庭类纠纷

婚姻家庭类纠纷是人民调解所针对的传统纠纷,在人民调解的解纷对象中占据重要地位,其比例常常要高达 30% 以上。因为和社会主体的生活最为贴近,因此,婚姻家庭类纠纷的变化在一定程度上可以折射出我国司法政策的变化。

为了更好地将趋势反映出来,我们首先来看一下这 20 多年中,各类型案件的基本演化趋势。经过整理,得出图 1。

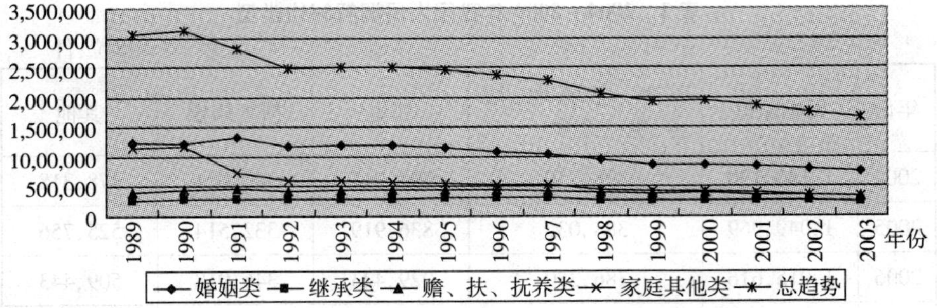

图1 1989~2003年婚姻、继承、赡扶抚养及其他类纠纷变化趋势

为了能够结合整体的趋势进行比较,我们将婚姻家庭类纠纷的趋势图一直连接到2009年,从整个趋势演变上来审视它的纠纷走向。于是,集合表2的数据,我们得到图2。

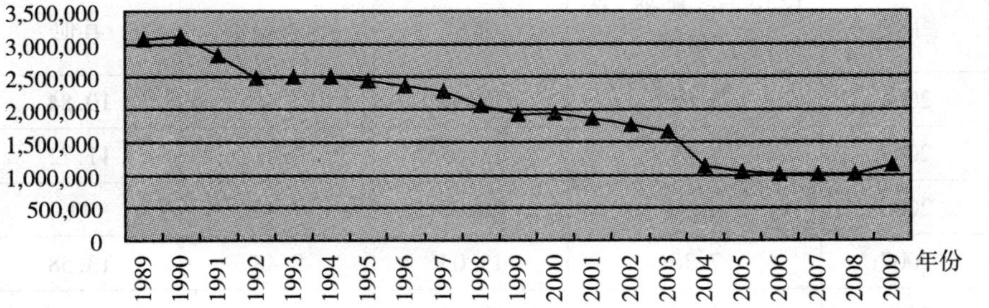

图2 1989~2009年人民调解婚姻家庭类纠纷趋势

从表1和图1、图2的数据图例中,我们可以看到这样的信息,即人民调解所解决的纠纷类型中,婚姻、继承、赡扶抚养及其他类纠纷在数量上呈现下降趋势,这个趋势大致可以分为3个阶段:第一阶段为1990年之前,这个阶段中,婚姻家庭类纠纷数量在人民调解的解纷数量中一直处于上升趋势。第二阶段为1991~2005年,这一阶段从数量上来判断,婚姻家庭类纠纷一直处于下降的趋势。第三阶段为2005年至今,婚姻家庭类纠纷数量开始呈现出小幅度的回升。这3个阶段的趋势也基本符合人民调解人员的发展图景。①

① 人民调解发展阶段的研究,参见《中国法律发展报告·纠纷解决篇》,未出版。

2. 房屋、宅基地、债务、生产经营类纠纷

此类纠纷也是人民调解所针对的主要纠纷，虽然计划经济时代，此类纠纷比例并不高，但改革开放后，此类纠纷就较为普遍了。在我国基层社会，尤其是在我国农村社会中，此类纠纷和人民群众，尤其是和农村群众的生活距离相当贴近。因此，这里此类纠纷的解决直接关系基层社会的和谐与秩序，而此类纠纷的数量变化，也能很好地反射出农村社会的物质经济生活的变化。

为了更好地将趋势反映出来，我们首先来看一下这20多年中，各类型案件的基本演化趋势。根据表1中的数据，我们得到关于此类纠纷的如图3所示。

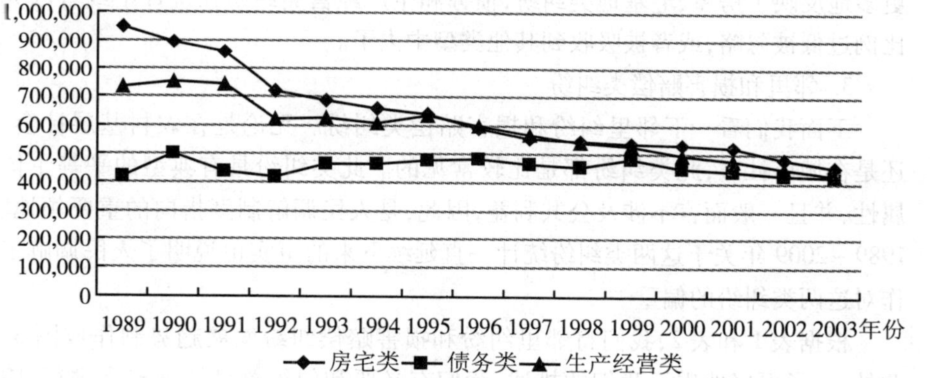

图3　1989～2003年人民调解房屋、宅基地、债务、生产经营类纠纷趋势

鉴于2004年之后统计标准发生变化，我们根据表3中的数据比例，将房屋宅基地类纠纷制作成图4。

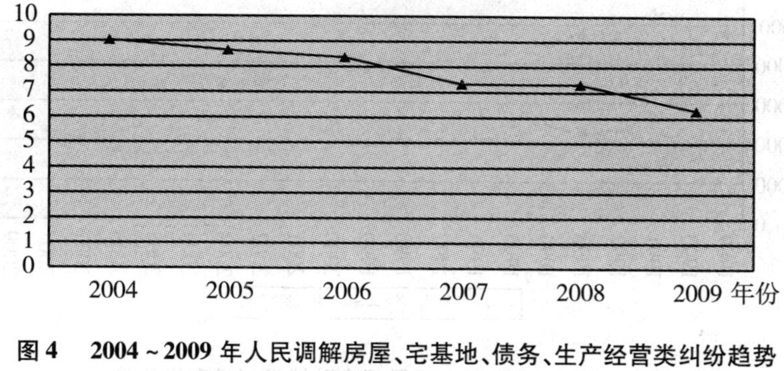

图4　2004～2009年人民调解房屋、宅基地、债务、生产经营类纠纷趋势

图3和图4反映出的信息更为明朗，主要表现为以下3个方面：第一，2003

年之前,房屋、宅基类纠纷数量呈现不断下降的趋势,如果将房屋、宅基地、债务、生产经营类纠纷一起审视,这个趋势要一直持续到2009年。第二,债务类纠纷到1991年之前呈现上升趋势,但1991年到2003年,此类纠纷数量一直呈现下降趋势。第三,生产经营类纠纷整体变化不大,1990年之前有上升,1990~1992年出现略微下降,1992年到2003年,一直呈现稳中有升的表现。

这里有一个统计标准需要我们注意,那就是2004年之后,房屋、宅基地类纠纷与债务、生产经营类纠纷只有一个总的数据,这种统计方式只持续到2005年。到2006年,民间纠纷调解类型中,债务和生产经营类纠纷就不在统计标准中了,这是值得我们注意的。也就是说,图4关于2004~2009年纠纷发展趋势更多地反映了房屋、宅基地类纠纷,债务和生产经营类纠纷在统计中或者因为比例过低被忽略,或者被吸收到其他类型中去了。

3. 邻里和损害赔偿类纠纷

下面我们看一下邻里纠纷和损害赔偿类纠纷。无论是在农村基层社会,还是在城市社区,此类纠纷都是比较常见的。此类纠纷具有典型的平等主体属性,并且一般而言不涉及公共利益,因此,是人民调解制度指向的重要领地。1989~2009年关于这两类纠纷统计一直延续下来的事实也说明了人民调解工作对这两类纠纷的偏重。

根据表1和表2,我们将邻里纠纷和损害赔偿纠纷发展趋势制作成图5。此外,为了更好地进行我们的描述,我们有必要和纠纷总量结合起来进行,因此,根据图3,我们将2004年之后,邻里类纠纷和损害赔偿类纠纷比例制作成趋势图6。

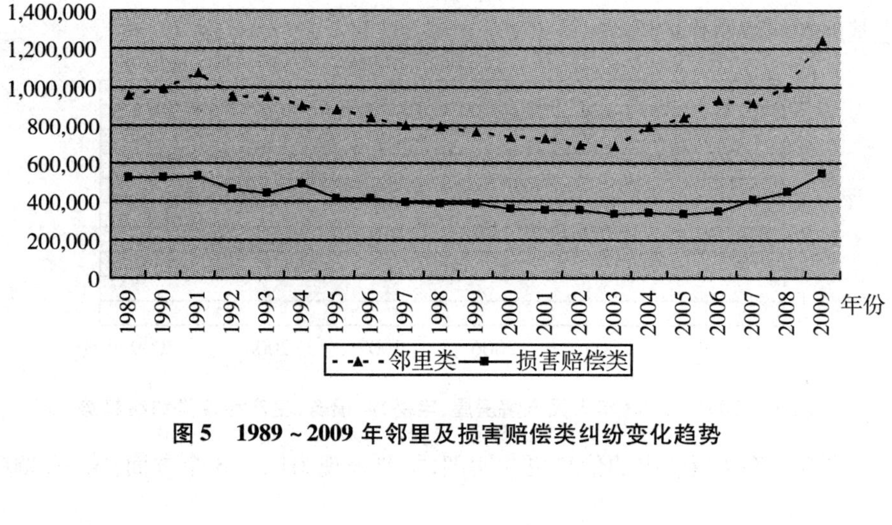

图5 1989~2009年邻里及损害赔偿类纠纷变化趋势

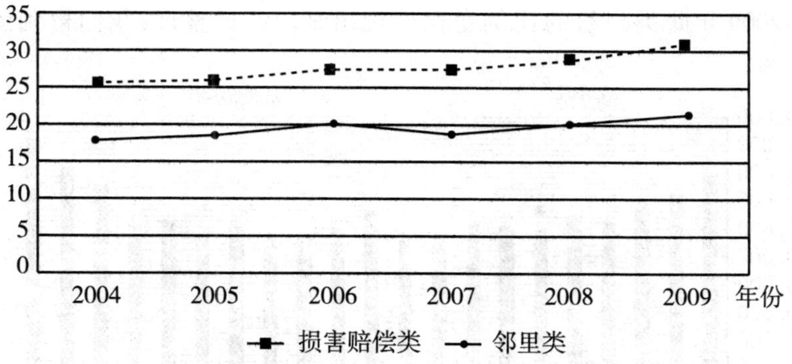

图 6　2004～2009 年邻里及损害赔偿类纠纷比例变化趋势

从图 5 和图 6 中,我们可以看到,邻里类纠纷和损害赔偿类纠纷发展趋势基本上一致,具体表现如下:第一,1991 年之前,邻里类纠纷和损害赔偿类纠纷都呈现小幅度上升趋势。第二,1991～2003 年,邻里类纠纷和损害赔偿类纠纷数量都呈现稳中有降的发展态势。第三,2003 年之后,邻里纠纷和损害赔偿纠纷数量上都呈现上升趋势,并且,邻里类纠纷数量上升幅度较大。这些判断在图 6 中的比例变化中,也基本上可以得到印证。

4. 其他类纠纷

前文提到,人民调解所针对的纠纷类型逐渐从传统领域走向新的领域,即"从传统的婚姻家庭、邻里关系、小额债务、轻微侵权等常见、多发的矛盾纠纷领域,向土地承包、拆迁安置、环境保护、医患纠纷等社会热点、难点矛盾纠纷领域扩展"。① 这一判断在统计数据中的表现就是其他类纠纷。应该说,此类纠纷中任何一类规模都没有庞大到可以单独作为一个统计序列,因此,在历年的统计年鉴中没有单独体现。前文中提到2005 年之后传统人民调解纠纷类型的简化处理实际上也就反映出来传统民间纠纷领域萎缩的现实,而与之相对应的,那就是应该作为"兜底"的其他类纠纷类型呈现扩展趋势。

为此,我们延续之前的做法,分别将 1989～2009 年此类纠纷的数量变化和

① 吴爱英:《关于中华人民共和国人民调解法(草案)的说明》,2010 年 6 月 22 日在第十一届全国人民代表的大会常务委员会第十五次会议上的讲话。

2004～2009年此类纠纷的比例变化展现出来。经过整理，我们得到图7和图8。

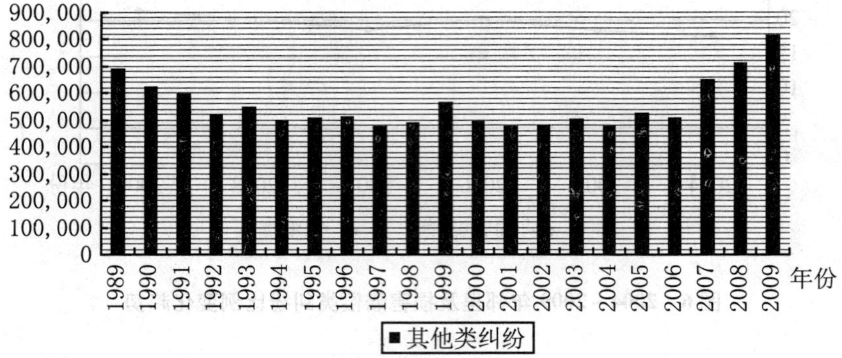

图7　1989～2009年其他类纠纷变化趋势

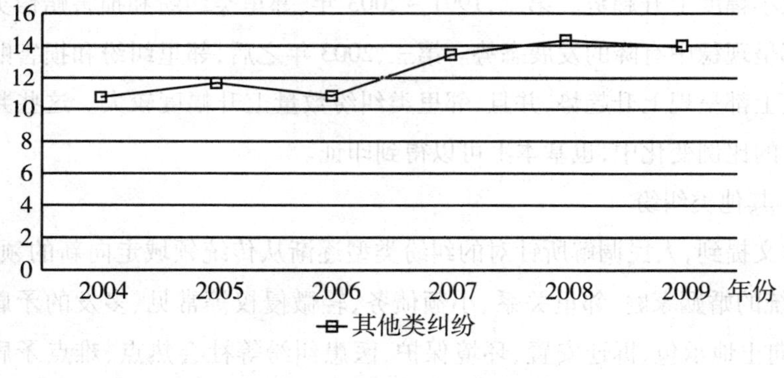

图8　2004～2009年其他类纠纷变化趋势

从图7和图8中，我们可以得到如下信息：第一，其他类纠纷在1989～1998年之前基本上处于下降趋势，到1999年突然出现了较大数额的增长。第二，其他类纠纷在1999～2006年基本处于稳定状态，数量上变化不大。第三，2006～2009年，其他类纠纷在数量上变化较大，出现了较大数额的增长。关于2004年之后的趋势，图8的趋势图也基本上肯定了之前的描述。

（二）宏观的案件类型描述

在对其他类纠纷进行描述后，我们的任务并没有结束。无论是从数据上展示民间纠纷的对象趋势，还是从比例上来审视民间纠纷的类型变化，类型学的分析目的在于揭示其背后的意义。我们显然不需要典型的规范类型学来进行民间纠纷的分类，尽管实际上这种分类也确实存在于人民调解的解纷对象中。但是，我们不能止于分类别地描述，而是要把这些类别的变化统一化处理，为我们的分析架构其基础。也就是说，我们更重要的是要进行一种社会学意义上的分类，在对案件类型的变化进行白描后，总结出这些类别变化的一般性规律，然后再分析这些变化背后的社会因素，将决定这些趋势变化的因素挖掘出来，为人民调解所指向的对象变化，及民间纠纷的变化提供社会层面的解释。更重要的是，我们要通过这种解释，对人民调解的案件类型扩张找到合法性基础，以便预测，甚至指导人民调解今后的案件类型走向，以确保人民调解的健康发展。

正是出于这个目的，我们需要整合各个案件类型的发展变化规律。整合规律的过程中，对于一些案件类型的细节差异，可能无法显示出来。但这并非意味着分析的时候，这些细节会被省略，整合的目的在于更方便分析，同时对于之前展示出来的细节，我们也会在分析的过程中分别论及，以避免为找规律而找规律。

结合前一节四大类案件的分析，笔者认为，从 1989 年至今，我国人民调解制度的指向对象，也就是民间纠纷的类型方面呈现出以下 3 个趋势：

第一，1990 年之前，各类纠纷数量上都呈现一定的增长趋势。其中，债务、生产经营类，邻里类和损害赔偿类纠纷的增长持续到 1991 年。

第二，1991 ~ 2004 年，各类纠纷数量均呈现出下降趋势。无论是从数量上，还是从比例上，这一阶段的各类纠纷都处于衰落时期。这一时期，各类纠纷的数量变化和比例变化基本处于一致状态。

第三，2004 年至今，各类纠纷的数量变化和比例变化出现了一定的背离。婚姻家庭类，房屋、宅基地、债务和生产经营类纠纷在数量和比例上仍然处于下降趋势，这个趋势在数量维度上一直延续到 2008 年，到 2009 年数量出现了增长，但比例上却一直延续下降到 2009 年。与之相对，邻里，损害赔偿类以及其他类纠纷则出现了数量上和比例上同时增长的局面。

三、案件类型学分析框架

在对以上描述的案件类型进行分析之前,我们必须打磨分析工具。诚如前文所言,案件的类型学分析在诉讼法研究中较为多见,但在诉讼外的制度研究中,这种研究视角仍然较为稀少。正因如此,我们需要简单介绍一下案件的类型学。

(一)规范的类型学分析①

国内的一般研究表明,对案件类型进行分析主要是从规范层面来进行的。采取的多为比较的视角。无论是大陆法系,还是英美法系,规范依据都是案件类型分析展开的一个基础,比较常见的如根据法的位阶而展开的宪法案件、民法案件、刑法案件、治安案件等。对于普通法系如英国而言,则根据具体适用的程序分为普通法案件和衡平法案件,在具体的普通法或衡平法案件领域中,也存在一般民事案件、侵权、犯罪等案件类型。同样,每一种又可以继续细分,如英国刑事案件中的即决罪、两可罪和必诉罪,侵权行为中的威胁、非法侵入、殴打等。②

但规范层面的类型学分析有着一定的局限性,如无法及时应对社会发展变化。虽然法律解释可以在一定程度上弥合这种缺陷,但实践操作中却总是会遭遇到难以解决的疑惑。此外,由于各国分类的不同,要在法理学上建构起普遍性的比较分析框架也更为困难。这就使案件的类型学分析工具显得不那么锋利,不能更好地服务于法律发展的预测和警示功能。③

对于我们的分析对象而言,规范的类型学分析显然无力解释,至少无力给出令人满意的解释。民事纠纷、治安纠纷和刑事纠纷之于“民间纠纷”并不存在一个严格的类型归属,民间纠纷和这些纠纷之间的界限也没有绝对的清晰界点。但是,模糊的印象告诉我们,三者之间更多的应该是一种交集,其中民事案件占

---

① 这里的分析框架受到彭晓龙对陪审案件进行类型学分析的影响,分析工具上进行了借鉴,不是开创性的。但本文所分析的指向和内容与陪审案件相差甚远,因此,打磨好分析工具仍然具有重要意义。

② 关于英国法的一般情形,可参见[英]丹尼斯·基南:《英国法》,陈宇、刘坤轮译,法律出版社2007年版。

③ 彭小龙:《民众参与审判的案件类型学分析》,未刊稿。

较大比例,治安类、刑事类案件在允许的范围内也可以划归到民间纠纷的类型中去。也正因如此,另外一种意义上的类型学分析模式才需要建立出来。

(二)社会学意义上的案件类型学

因为整齐划一的类型化处理,案件的规范类型学常常和现实中案件的真实状况存在一定的张力。传统上,这种张力的克服主要依赖于司法解释的技术,依赖于法官在决定裁判过程中的自由裁量权。而一旦涉及社会主体对技术的应用,西方社会所推崇的那种精致的司法技术就会遭到动摇。实际上,现实主义法学的兴起正是对这种张力的回应。①

正是基于这种局限,我们才需要从社会学角度对案件的特征进行整合。从法社会学的基本立场来看,制度的产生、变化及运作效果往往与特定的社会需求、社会环境密切相关。② 研究人民调解解纷对象的案件类型分布,也应当立足于特定类型案件对这一制度的特殊社会需要。而结合之前的分析,本文借鉴民事案件的社会学类型分析,将民间纠纷分为一般案件和专门案件,然后依据案件的公共属性和社会影响将案件区分为私人案件与公共案件。③

1. 专门案件与一般案件

随着社会分化、科技发展以及法律规制范围的扩大,某些牵涉特定当事人、发生于特定生活工作领域中的纠纷不断涌现出来,其直接的结果是导致民间纠纷范围“从传统的婚姻家庭、邻里关系、小额债务、轻微侵权等常见、多发的矛盾纠纷领域,向土地承包、拆迁安置、环境保护、医患纠纷等社会热点、难点矛盾纠纷领域扩展”。后发的这些案件发生的原因、解决的难度以及所需要的知识和经验都与一般性的案件所有不同,因而称为“专门案件”。

在民间纠纷领域,专门性主要是指案件发生于特定的生活、工作场域。比

---

① 现实主义法学代表人物为卢埃林、弗兰克等人,代表性观点为规则怀疑论和事实怀疑论,直接将批判的视角指向传统法学的确定性,将司法的过程和个人习性、宗教信仰等社会学因素结合在一起。关于现实主义法学的一般介绍,可参见付池斌:《现实主义法学》,法律出版社 2005 年版。

② 范愉:《从司法实践的视角看经济全球化与我国法制建设——论法与社会的互动》,载《法律科学》2005 年第 1 期。

③ 这里的区分主要借鉴了彭小龙的分类方式,只是由于民间纠纷的包容性更宽泛,所以,维度的设置没有细化到一般纠纷的再分类中。以下介绍部分参考彭小龙:《民众参与审判的案件类型学分析》,未刊稿。

如,之前人民调解所较少面对的医疗纠纷一般就发生在医疗场所,解决起来也不是一般的知识经验可以满足的。但这类案件由于行政调解的公正性常常遭受质疑,诉讼过程的弊端又常常需要人民调解的快速介入。尽管只是近年来的状况,但此类案件在人民调解中的比重却日益占据重要地位。这类纠纷常常需要有专门背景的调解人参与,如洛阳市医疗纠纷调解委员会就由医院的退休院长、法院退休的老法官联合组成调解委员会专门解决此类纠纷。[①] 调解员的这种特定的生活工作背景蕴含了丰富的行为规范和"默会知识",对于了解纠纷的缘起、实质以及妥善解决来说至关重要。[②] 然而,由于社会分工的原因,这些信息常常不为外界人士所了解,非专业类人士在处理这些案件时常常会遇到经验和知识方面的难题。

2. 私人案件与公共案件

尽管纠纷都意味着协调均衡状态或秩序被打破,但不同的纠纷打破的社会秩序及其程度却有明显的差别。作为社会调整和国家治理的一种手段,法律往往只涉及对社会正常运作具有重大影响的社会关系,而且会根据纠纷涉及的社会关系类别及其破坏程度采取不同的应对措施。由此,可以发现存在两种极端情形:在第一种情形下,纠纷本质上是私人利益纷争,国家无须主动干预,而是给纷争主体自行确定行为方式、自主解决纠纷留下足够的空间。第二种情形恰好相反,纠纷牵涉公共利益,国家积极介入甚至主动干预,目的在于确立或维护社会秩序,一般不允许当事人私下解决,介入的措施往往具有强行性和惩罚性。这两种情形可以分别称作私人纠纷和公共纠纷。在现实生活中,接近前者的有小额民事案件、一般合同纠纷等;接近后者的包括严重的刑事案件、影响力较大的行政案件等;诸如交通违章、医疗事故、盗窃等其他案件则视具体情况分布于两者之间。

就案件的社会影响力而言,受纠纷数量、利害关系人的数量、媒体报道以及当事人社会结构等因素的影响,[③]不同案件有着较大的差异。一种极端情况

---

① 资料来自课题组对洛阳医疗调解委员会的调研。

② 彭小龙:《民众参与审判的案件类型学分析》,未刊稿。

③ 布莱克在其"案件类型学"中曾就当事人社会结构对审判的影响进行了详细的论述。参见唐·布莱克:《社会学视野中的司法》,郭星华等译,法律出版社2002年版,第2~16页。

下，纠纷数量较多但涉及利害关系人较少，通常不是社会关注的焦点，处理结果对社会生活几乎没有什么影响，可以用“私人事件”来形容这类案件。另一种极端情形也许可以称为“公众焦点”，纠纷较少但牵涉众多利害关系人，是新闻媒体追踪、专家评论和社会关注的焦点，其结果会对社会生活产生重大影响。在现实生活中，诸如婚姻家庭、小额民事债务等接近于“私人事件”；比较靠近“公共事件”通常包括多受害人的侵权事件、环境侵权事件等。医疗事故、抢劫、贪污等案件则根据其发生的具体环境、媒体关注度、当事人的身份特征等因素散布在两者之间。

必须承认的是，现实中的案件极为复杂，即便规范评价相同的行为，其内在规定性和社会影响力也可能极不相同。因此，所谓专门案件和一般案件、公共案件和私人案件只是一种模糊的界定，用以对“民间纠纷”范围扩展进行描述的工具，不能严格和现实生活对等开来。由此，我们就可以结合案件的内在属性和外在影响展开对民间纠纷的分析。而以内在属性和外在影响为坐标轴，我们可以建立起一个基本的分析框架，如图 9 所示。

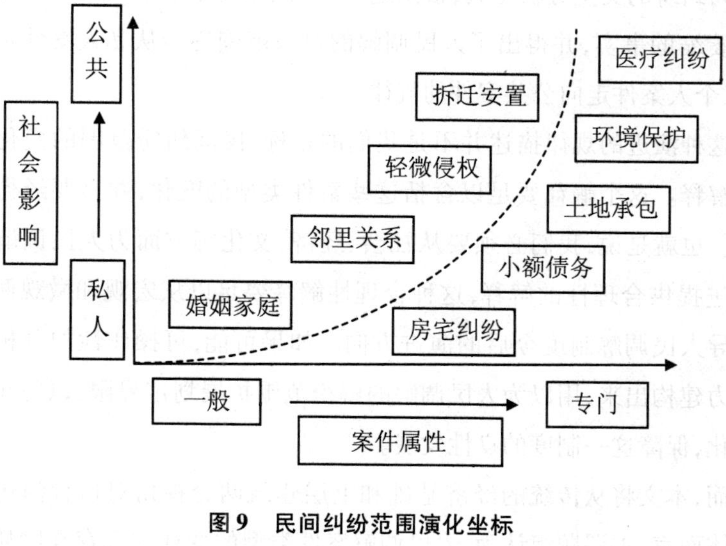

图 9　民间纠纷范围演化坐标

通过以上论述，我们对民间纠纷的范围基本上形成了一个直观的认识。也就是从案件的类型学角度来看，民间纠纷的范围有着一个逐渐从私人领域走向公共领域、从一般案件走向专门案件的演进趋势。如果从人民调解的制度设计意义来看,这一演进无疑是人民调解制度功能增强的一个表征,这个表征展现出国家对民间治理的一个思维变化,即逐步允许民间纠纷的自我解决范围放开,国家慢慢地从一些传统的领域中退出,将秩序的形成归位于社会。这一思路也是我国"十二五"国家善治目标的一个重要变化。

同时,根据前文的数据描述,我们也看到,这一判断基本和婚姻家庭类,房屋、宅基地、债务、生产经营类,邻里、损害赔偿类以及其他类纠纷的演化趋势呈现吻合。其他类纠纷的范围逐步扩展在这里的类型学分析中再次得到验证,也即民间纠纷的范围出现了向专业性、公共性纠纷扩展的功能发展趋势。

四、演进的原因

前文对我国民间纠纷的具体类型进行了趋势描绘,并对其发展规律进行了整合,并得出了一定的发展规律。在这个基础上,结合我国《人民调解法》的立法背景和我国的社会转型语境,从案件的内在属性和外在影响两个方面建构起民间纠纷的类型分析工具,根据这个分析框架,印证了人民调解传统类纠纷出现萎缩的事实,并得出了人民调解的对象范围逐步从私人案件走向公共案件,从个人案件走向公共案件的规律。

但这种演进的规律描述并不是我们的目标,民间纠纷范围的变化需要我们给出解释。这个解释要足以含括这些案件类型的变化,并且要经得起个案的验证。也就是说,我们必须要从社会、经济、文化等方面为人民调解的案件类型演进提供合理性的解释,这种合理性解释要足以从宏观和微观两大基本层面指导人民调解制度今后的演进方向。如果可能,可操作性的分析框架也应当尽力建构出来,用以为人民调解的解纷范围扩展划定界限,以防止出现制度的异化,保障这一制度的良性发展。

因而,本文将从传统的经济基础和上层建筑两分视角对这种演进进行解读。具体而言,本课题组认为,人民调解案件类型的变迁主要存在物质生活条件变迁和政治政策变迁层面的原因。

(一)物质生活变迁

与传统的民间纠纷不同,经过多年的改革开放,我国的民间纠纷已经不再如既往般单纯,而是渗入了大量的经济利益因素。1991 年之后的人民调解衰落的原因前人已经介绍过,主要表现为在农村,家庭通过承包成了独立的经济体,集体组织对个人的控制能力减弱。在城市,个人和单位之间逐步演变成单纯雇用性质的契约关系,单位的身份色彩逐步淡化,甚至出现没有单位的个体户。整个社会流动起来了,大量的农民背井离乡,流动到一个陌生的社区成为"农民工",城市职员从一个单位到另一个单位的"跳槽"十分容易,因为经商、务工、上学、旅游等原因,人们频繁而快速地在地区之间流动。快速的流动形成了陌生人社会,相互交往的人们之间缺乏信任,缺乏感情,缺乏共同理解和接受的文化和纪律。①

但2004 年之后的变化则又有着新的物质生活背景。新阶段进行的是利益调整型改革,随着社会的剧烈转型,绝大多数社会成员都必然要卷入市场经济之中。与市场经济进程相适应,社会整体利益结构进行了重大调整,由于介入者在利益方面得失不一,出现了一方群体利益增进,另一方群体利益受损的局面,过去那种卷入改革过程者皆为赢家的情形已不复存在。人民群众的物质文化需要不断提高并更趋多样化,社会利益关系更趋复杂,收入差距明显;受经济文化发展水平等因素的限制,各种利益群体的一些利益要求难以得到完全满足,统筹兼顾各方面利益的难度加大。

这一时期,有三个事件对社会物质生活条件产生影响较大,需要我们注意。第一,国企改革。国有企业改革适应市场经济规律,这是大势所趋,但在具体改制过程中,出现了大量的问题,形成新的社会矛盾,诸如企业破产转制中的弄虚作假、隐匿资产,造成国有资产流失;改制方案不公开,经济补偿太低引发工人不满;企业破产后,工人的社会保障等问题逐渐暴露出来。国企的并购重组必然涉及利益调整、劳动合同管理和劳动争议等矛盾。第二,城市化。在我国城市化过程中,土地拆迁补偿问题走上前台。原有的承包合同因为城市化的征地而无法得到保障,农民利益因此受损。因城市化而上楼居住的新型农村社会缺乏维系旧有秩序的经济生活模式,秩序的维持出现问题。第三,农村税费改革。农村税费改革对农村生活影响重大,有学者认为,这是政治牺

① 范愉:《非诉讼纠纷解决机制研究》,中国人民大学出版社 2000 年版,第 496 页。

牲行政的表现。[①] 经过税费改革之后,原先就已经趋于陌生的农村基层社会陌生化程度再度增强,单个家庭逐渐成为农村基层社会的独立单位,这也对农村秩序的权威建构形成阻碍。

(二)政治政策变迁

物质生活的变迁必然导致社会治理方式的变迁,对于基层社会的治理而言,这一点尤其重要。如前文所言,人民调解,甚至整个调解的兴衰历程都和特定的司法政策变迁紧密相关。因而,在解释人民调解的案件类型演进时,我们不能忽略政治政策变迁的影响。

1. 调解优先与诉讼至上

调解优先与诉讼至上主要是指导我国司法工作的政策。1991 年之前,我国的人民调解工作从各个指标来看,都处于扩张时期,其社会功能也发挥较好。而这一局面的取得显然与当时的秩序恢复需要密切相关。1978 年改革开放之后,我国社会生活每天都在发生着巨大的变化,而与这种物质生活变化并不相匹配的是,我国的法律、法规尚未健全,很多领域处于无法可依,或者规则不够具体,没有可操作性的局面,这个时候,国家秩序的维持倚重于非正式的纠纷解决制度也在情理之中。这个时候,调解优先的司法政策可以将矛盾纠纷不经正式的规范处理解决,一定程度上维系了基层的秩序,也缓解了国家立法滞后的尴尬。

但很快,司法现代化建设就将人民调解视为法治的对立物。社会转型导致人们的身份观念都发生变化,社会和法学界出现盲目推崇诉讼的趋势。诉讼被当做实现权利的唯一手段,对诉讼的利用被官方视为民众法治意识高低的标准,在“认真对待权利”的话语宣传和诉讼至上的司法政策影响下,调解被约化为“和稀泥”、放弃自己的权利。由此导致的后果是,调解协议不被司法所承认,当事人对调解协议的反悔没有任何成本,调解的衰退也就成为必然。

但 2004 年之后的司法政策变迁再次证明,国家正式的救济手段不是万能的。正义的实现方式往往需要过多的成本,秩序的打破也很难恢复。因此,调解再次受到重视,但相比从前,这次的调解复兴,立法界表现出了相当的理性,

① 董磊明:《宋村的调解》,法律出版社 2008 年版,第 95 页。

坚决地将人民调解定位为群众性、民间性、自治性的纠纷解决制度，用以避免曾经出现过的、现在也仍然广泛存在于推进过程中的调解的行政化和准司法化趋势。[①]

2. 行政后撤

当然，从司法政策的变化对人民调解兴衰进行解释具备一定的说服力，但却不能给人民调解制度的复兴提供更大的解释力，也不能给人民调解解纷类型的扩展提供更为基础的合理性。因此，我们的视野必须要放开到司法之外，从社会治理政策的变化中为人民调解的制度复兴寻找政策依据。这种依据在人民调解的演进历史中有所涉及，但在新的情势下，其内在的说明性也再次出现了质的变化。简单来说，如果说最初的人民调解在中国共产党根据地时期的复兴是强化基层治理，行政前伸的逻辑后果，[②]那么，它再次的复兴语境则恰恰相反。新的历史时期，人民调解的再次复兴在基层社会，尤其是在农村社会中变成了对行政后撤的一种回应，成为行政后撤的一种自然逻辑后果。

中国学者对农村问题的研究指出，行政权力自20世纪80年代起即开始逐步从农村后撤，并在21世纪的税费改革后，逐渐悬浮于农村社会之上。[③] 尽管有学者认为，新中国成立初期的农村基层社会认同感要更为强烈，[④]但无法否认的事实却是，即便这种认同感属实，基层社会的经济水平仍然只能达到糊口水平。[⑤] 这就意味着，以西方政权建设理论为支撑的现代民族国家的单线条演进规律在中国并不能完全适用，即现代民族国家的一个规律是分散的、多中心的、割据性的权威体系，逐渐转变为一个以现代民族国家为中心的结构，国家和个人之间的距离越来越拉近，[⑥]直到贴近到个人生活的方方面面。世界历史

---

① 关于人民调解行政化和准司法化的介绍，参见范愉：《〈中华人民共和国人民调解法〉评析》，载《法学家》2011年第2期。

② 陆思礼：《毛泽东与调解：共产主义中国的政治和纠纷》，载强世功编：《调解、法制与现代性：中国调解制度研究》，中国法制出版社2001年版，第117～203页。

③ 周飞舟：《从汲取型政权到“悬浮型”政权——税费改革对国家与农民关系之影响》，载《社会学研究》2006年第3期。

④ 朱晓阳：《罪过与惩罚》，天津古籍出版社2003年版，第2～12页。

⑤ 黄宗智：《长江三角洲小农家庭与乡村发展》，中华书局1992年版，第173页。

⑥ 胡水君：《全球化背景下的国家与公民》，载《法学研究》2003年第3期。

的一般规律是,后发的民族国家对于这种单线条的权威体系更为推崇,国家的权力往往被推崇到极致,从中央到地方实现政权控制的方式几乎完全是一种垂直的覆盖方式。这个过程中与之相伴相随的往往是市民社会的极度萎缩甚至是完全萎缩,公民的权利被国家权力挤压,范围不断缩小,全能型政府以国家的合法性渗透到基层社会的方方面面。

但无论"全能主义"①政权建设如何成功地实现对基层社会和基层社会主体的控制,一个很重要的事实却是,这种控制尽管能够实现高度的社会认同,但却有着两大方面的先天缺陷:一是与经济发展规律相悖离,此种模式下的社会创造力往往非常低下,社会经济水平很低。② 二是无力根本改变基层社会形态,包括经济形态和价值形态。由于基层社会的生产方式基本处于固定的非流动状态,无论全能的国家如何进行基层组织,这一点都是无从改变的,由此所型塑的基层价值形态也无法发生改变。因此,全能政权建设过程中,其"权力的文化网络"③建构过程中也往往被基层社会进行反建构。对于这种事实的承认让现代国家逐步理性地放弃全能国家的覆盖模式,而是逐步通过社会权力的行使,找到国家权力在社会中非中心的、无规则的、非强制的渗透方式,实现对社会秩序的维持。④

我国的农村改革始于人民公社的取消,尽管存在一些学者对这一取消的反思,但不能否认,这种国家权力退出覆盖模式的选择是大势所趋。事实上,到 20 世纪 70 年代后期,革命的国家和人民日益呈现出疲态,革命意识形态的衰退削弱了农民对覆盖模式的认同,管理成本因此大大增加。⑤ 同时,到 20 世纪 70 年代后期,中国已经初步建立了一套完备的工业体系,人民公社从农业提取工业化原始积累的使命也基本完成。因此,到 20 世纪 80 年代初期,各地

---

① 全能主义(totalism)是政治学中用来分析近现代中国革命和政治形态的一个关键词。它是指政治机构的权力可以随时地、无限制的进入和控制社会每一个阶层和每一个领域。

② 黄宗智:《长江三角洲小农家庭与乡村发展》,中华书局 1992 年版,第 173 页。

③ 这一范式是美国学者杜赞奇提出的,相关研究参见[美]杜赞奇:《文化、权力与国家:1900 - 1942 年的华北农村》,江苏人民出版社 1994 年版。

④ 关于现代社会的权力运作非中心化方式的研究,可参见[法]福柯:《规训与惩罚》,刘北成、杨远婴译,三联书店 2007 年版。

⑤ 温铁军:《中国农村基本经济制度研究》,中国经济出版社 2000 年版,第 248 页。

完后撤社建乡，国家有形的行政力量开始从农村后撤，其对乡村社会的政治强制力逐步削弱，同时地方性共同体对社区内部的整合动员能力也因此开始下降。由此，乡村社会和国家——乡村关系开启了变迁的大门，覆盖模式就一步步的走上了消解之路。①

当然，我国行政权力从基层的撤出过程并不是一步到位的。虽然从20世纪80年代中期以来，国家越来越少地实行“超经济的政治强制”，乡村社会中一些传统的组织和文化日益复兴，但是覆盖模式并没有立即崩塌。到20世纪90年代初期之前，在大多地区国家的控制能力和村庄社区的整合力依然较强。而自20世纪90年代中期以后，无论是国家对乡村社区的控制能力还是村庄社区的整合能力均发生了极其巨大的变化。经过10年的巨变，国家的基层政权已“悬浮”于乡村社会之上，村庄共同体则基本趋于解体。国家与乡村社会关系的覆盖模式走到了尽头。②

这一过程中，如果从关系——事件的角度来分析，对于国家和农村基层社会的关系，有三次大的变化是最终造成行政权力撤出农村基层的三个关键步骤。虽然并不是每一个步骤都以“直接的”方式从基层空间后撤，但对于今天农村基层社会的政权“悬浮”状态而言，这三个步骤却是不能绕过的关键。

第一，1978年改革开放和农村生产承包责任制。1978年之前，由于宏观政策影响和集体组织内部管理体制和激励机制的缺陷，农业生产徘徊不前，人均收入呈现下降的局面。人均收入的下降事实进一步导致平均主义倾向，而平均主义倾向反过来影响社员劳动积极性，从而又使收入进一步降低，这种恶性循环，导致农民对于集体经济的失望。可以说，恰恰是集体经济运行本身的低效益，已经威胁到农民的低水平生存的需求，才为人民公社的解体奠定了群众性的广泛基础。③ 而始于安徽凤阳小岗村的生产承包责任制由于能够调动农民的生产积极性而为国家和农村社会认同，并在整个国家层面迅速得到推广。这种生产方式的转变使乡村生产单位再次回到家庭本位，农村社会再次流动

① 董磊明：《宋村的调解》，法律出版社2008年版，第178页。

② 董磊明：《宋村的调解》，法律出版社2008年版，第178页。

③ 温铁军：《中国农村基本经济制度研究》，中国经济出版社2000年版，第248页。

起来,村一级政权的组织力量在村级社会中的被需要程度大幅度降低。

第二,20 世纪 90 年代中期的分税制改革。20 世纪 90 年代的分税制改革是对之前国家管理体制分权设置的一个调整。“分灶吃饭”之后,我国整体上的财政体制又经过 1985 年和 1988 年两次变革,中央和地方的关系上出现权力越来越分化的局面。其中,1988 年实行的“划分税种、核定收支、分级包干”的财政包干体制,其主要精神就是包死上解基数、超收多留。与此同时,由于财政包干制沿用了 1949 年以来传统的税收划分办法,按照企业的隶属关系划分企业所得税,按照属地征收的原则划分流转税,把工商企业税收与地方政府的财政收入紧紧地结合在一起。这在很大程度上刺激了地方政府发展地方企业尤其是乡镇企业的积极性。同时,由于乡镇企业隶属于地方政府管辖,所以乡镇企业的税收不但几乎全部落入地方政府之手,而且乡镇企业更加倾向于将税收“缩水”、向地方政府交纳“企业上缴利润”,作为后者可以更加自由支配、不受预算约束的预算外收入。地方政府“藏富于企业”的现象由此而生,①中央财政的弱势状况由此而生。分税制的改革正是应此景而生的,分税制改革后,中央政府对地方税收的控制从工商业切入,并以一定的标准进行返还,由此,地方政府发展工商业的激情下降,其目标就转向了农民和城市化的新税收来源,汲取型的基层政权形态由此而生,②农民负担问题从 20 世纪末期开始成为一个广受关注的话题。形式上,地方政权由此更加贴近乡村,农村基层政权成为“要钱、要粮、要人”的三要部门,③这种状况为取消农业税后基层政权的悬浮化埋下了伏笔。

第三,21 世纪取消农业税费。农村负担的沉重是 21 世纪初农业税改革的一个重要原因。学界的研究表明,新一轮农村税费改革的主要指向正是农业税费问题,目标在于减轻农民负担,力图通过取消税费,加强政府间的转移支

---

① 周飞舟:《分税制十年:制度及其影响》,载《中国社会科学》2006 年第 6 期。

② 周飞舟:《从汲取型政权到“悬浮型”政权——税费改革对国家与农民关系之影响》,载《社会学研究》2006 年第 3 期。

③ 分别是收取税费、定购粮和开展计划生育。定购粮自 20 世纪 90 年代后期已经基本名存实亡,而计划生育工作也随着社会发展和人口素质的提高变得不那么困难,最困难的“要钱”任务则被税费改革一举取消。周飞舟:《从汲取型政权到“悬浮型”政权——税费改革对国家与农民关系之影响》,载《社会学研究》2006 年第 3 期。

衬来实现政府财政的公共管理和公共服务职能，改变国家对农民的汲取型关系，将之改造成为服务型关系。农村税费改革无疑是中国社会主义建设过程中的一项重大成就，但与此同时，财政手段所希望达致的基层善治目标并没有逐步到位，乡镇一级政权逐渐变成一种可有可无的“悬浮型”一级政府组织。① 同时，农村税费改革的负面效应也逐步显现出来，税费改革后的农村两极分化更加严重，②基层社会的矛盾也因此更加频繁、更加具有季节性的特点。更有学者直接指出，2005 年之后的新农村建设，成果也更多停留在基础设施，组织建设和文化建设并没有及时跟上，基层政权的“悬浮状态”依然没能改观。③

在这种语境之下，农村传统的刚性治理模式逐渐失去效果，村干部不能随意，也不愿轻易介入他人的纠纷之中，行政管理的触角无法触及基层社会，治理网络的覆盖模式至此几乎结束。行政后撤的一个结果是农村的秩序缺乏官方的维持机制，而与此同时，新的秩序维持工具并未完全显现出来，一些农村基层由此出现了“黑社会化”的倾向，也即由一些农村基层的“赖孩子”出面解决基层纠纷。④ 此种境况正是基层空间对社会秩序需求的一个反映。如果这个空间的秩序需求不能得到满足，自然就会出现一些非法性的私力秩序建构者。这种语境恰好为柔性的调解机制介入创造了好的氛围，人民调解所内聚的民间性、自治性和群众性特征决定了它可能会替代传统的刚性秩序建构方式，以一种内生的柔性秩序建构方式重新撑起基层农村社会的良好秩序。

3. 建构大社会

如果说行政后撤主要针对农村基层社会空间，那么，最新的大社会建构可能更多的则是指向城市基层空间。学界关于国家和个人的研究中，在进路上以国家——市民社会关系的范式为其主要模式。这方面的研究可谓卷帙浩

① 周飞舟：《从汲取型政权到“悬浮型”政权——税费改革对国家与农民关系之影响》，载《社会学研究》2006 年第 3 期。

② 关于农村税费改革对农村内部的影响，可参见田秀娟、周飞舟：《税费改革与农民负担：效果、分布和征收方式》，载《中国农村经济》2003 年第 9 期。

③ 董磊明：《宋村的调解》，法律出版社 2008 年版，第 179～180 页。

④ 董磊明对河南农村的调解揭示了这方面的实例，具体可参见董磊明：《宋村的调解》，法律出版社 2008 年版，第 142～149 页。

繁,国内外大牌学者云集,这里不再做文献的综述。① 但作为一项政策导向,大社会的建构却是新进的事情。

如果不将地方性的尝试算在其中的话,这一取向的表征可以在民政部取消街道办的表达中得到肯定。据《京华时报》2011 年 9 月 5 日的消息,民政部基层政权司副司长王金华说,中国城市的管理层次比较多,一个市就有市、区、街道、社区四级,市、区里布置下来的任务,街道转手开个会,再布置给社区,街道起的只是个"二传手"的作用。王金华表示,"铜陵模式"如果最终评估效果好的话将会在全国推广,但街道办取消是一个趋势,这是肯定的。② 2011 年 9 月 6 日,国内各个门户网站上,取消街道办,构建大社会的新闻和相关讨论也日趋热烈,并将此作为社会管理创新的一个重要手段,作为构建法治政府的一个重要步骤。③

应该说,大社会、小政府的建构符合现代国家的发展趋势。新中国经过 60 年的建设之后,经济的发展已经取得了巨大的成就,但与此同时,也由于政府职能的"服务型"转变未能及时跟上,在面对转型时期的各种矛盾时,由于遭受着来自官方系统的侵蚀,社会自我的调控能力没能充分发挥应对作用,社会自我调控空间也没能及时拓展,弥补官方秩序系统建构能力的不足。然而,全能政府的理念并不能真正贯行到中国特色市场经济的日常物质生活模式中去,这就导致社会矛盾空间中,内生的社会秩序维持模式缺失,但外来的社会秩序却不能完全满足冲突解决的需求。由此,大社会的理念自然由此而生。

对于城市社会来说,经过改革开放 30 多年的建设,陌生人社会虽然占据着城市社会的大部分时间,但成熟的城市社区也在逐步稳定形成,这种新兴的城市社区中,流行于熟人社会之间的规则又重新得到适用。社区自治的功能逐步在社区居民的熟悉过程中恢复,流动性的降低使纠纷和冲突的成本升高,

---

① 相关学者如哈贝马斯、萨脱利、基恩、柯亨、阿拉托等人,国内法学界的学者如吕世伦、马长山、梁治平、强世功等。相关研究成果如梁治平:《清代习惯法:社会与国家》,中国政法大学出版社 1996 年版;董炯:《国家、公民与行政法—一个国家——社会的角度》,北京大学出版社 2001 年版;马长山:《国家、市民社会与法治》,商务印书馆 2002 年版;强世功:《法制与治理——国家转刑中的法律》,中国政法大学出版社 2003 年版等。

② 《取消街道办,当向"小政府、大社会"前进》,人民网观察频道,2011 年 9 月 19 日访问。

③ 相关讨论可以参见新浪、搜狐、网易 2011 年 9 月 6 日的专题新闻。

人们对公力救济方式的需求程度也随着社区的成熟逐步降低。正是在这种语境下，楼门院为起点的调解体系也随之而生，并受到社区的广泛认同，而这正是城市社区中人民调解前伸的重要原因。

五、个案支撑——河南样本

从以上的宏观论述和演进的原因分析中，我们看到的是一个范围逐步扩张的人民调解网络。但是，所有这些的一个前提在于人民调解的主要指向仍然是与日常生活最为紧密的纠纷，本章所有问题的讨论都建立在对这一前提的肯定之下。这也正是人民调解制度生命力之根本。当我们探讨人民调解制度的扩张之时，最不应该也不能够忘却的正是这一基本的纠纷范围，其特征构成了人民调解在构建和谐社会语境中的根本合理性。这一特征也让人民调解的“第一条防线”得以在社会的层层结构中顺利铺设，并实现对社会主体基本生活领域的基本覆盖。

前文国家层面的统计说明了，婚姻家庭、房宅、生产经营、邻里关系、小额债务、轻微侵权虽然在人民调解的对象范围的比例上在发生着变化，但是，其主体地位却没有发生改变，并且这样一种规模上的比例结构也不会发生重大的变化，即使有着社会经济、政策等各方力量的推动。从案件类型学的角度来说，人民调解的范围有专门性、公共性的界点，这一界点在前文的分析中并没有点出，其原因在于人民调解的扩张仍在继续之中，国家对这一扩张趋势的“屏障”尚未完全建构出来。正因如此，我们在分析人民调解制度的时候，必须要明白，人民调解的扩张不能脱离其赖以生存的案件类型基础，这一制度对社会纠纷的“侵蚀”不能，也不应走上绝对化的万能逻辑。专门性的限制、公共性的限制都会对人民调解的扩张产生影响，这一影响最终将化为国家对纠纷范围的具体“屏障”的界定。

为了验证这里的逻辑，我们走出宏观的案件类型学的统计资料，[①]对河南省郑州市金水区、荥阳市豫龙司法所、洛阳市医疗纠纷调解委员会、洛阳市嵩

① 当然，课题组调研的目的主要是全面掌握人民调解的具体运作，并不是刻意为检验这一命题，命题的形成是调研后初步分析的结果，资料的运用。

县纸坊乡等多地进行调研考察。同时,为了辅证,本课题组还收集了河南省司法厅收集的人民调解员的典型案例资料。经过对各地具有特色的人民调解工作的了解以及具体案例的介绍,本课题组得到了以下一些基本判断。

(一)覆盖日常生活的解纷网络

1. 纵到底、横到边

无论是从切实的了解,还是来自带有官方话语特征的访谈或是汇报式访谈资料,一个可以确认的信息是,人民调解在社会各个层面的复苏已是不争之实,这一点从2009年以来,趋势更为明显,其原因除了前文分析的外,河南省推动的"司法所规范化"活动起着重要的推动作用。本课题组调研资料和访谈资料中的各种话语表述,以及本课题中所看到的各级人民调解委员会的分布样态都说明,人民调解的网络正在"横纵并荣",这一点,我们可以从以下访谈中看到:

河南省郑州市金水区:我区现已健全"纵向到底、横向到边"的三级人民调解组织网络,形成了党委、政府统一领导,部门齐抓共管,社会积极参与的矛盾纠纷排查调处工作格局。全区各级人民调解组织共244个,其中区级指导委员会1个,镇(街道调委会)16个,村(社区)调委会215个,兴业调委会4个,个人调解室8个。①

荥阳市:市里成立了人民调解协调工作领导小组,司法局设立民调中心,乡镇有综治中心、司法所和乡镇调委会,村一级有村(居)调委会,村民小组有民调信息联络员。在非公有制企业、大型集贸市场和外工聚居地组建调解组织。②

洛阳市嵩县纸坊乡:健全覆盖全乡的"大调解"组织,完善乡村组三级矛盾纠纷排查调处机构。乡党委成立以党委书记为组长,政府乡长为常务副组织长,分管领导为副组长,相关部门负责人为成员的工作领导小组,全面指导协调乡"大调解"工作,全乡20个行政村都成立了矛盾纠纷调解委员会,279个村

---

① 资料来自对金水区司法局的访谈,区司法局领导对访谈提供了重要帮助和支持,在此表示感谢。

② 资料来自对荥阳市豫龙镇司法局的考察。

民组都成立了调解小组……按15～20户产生1名劝解员的标准每个组都选定了3～5名劝解员。①

这三个调查对象对人民调解的描述话语中，清晰地反映出了人民调解网络覆盖的纵向与横向样态。以县级单位为例，在纵向上，人民调解的网络渗透力量基本上通过3个层次来实现，即县级的人民调解委员会、乡镇的人民调解委员会和村(居)一级的人民调解委员会。在横向上，则通过行业的调解委员会，特殊区域设立的人民调解委员会，以及个人的人民调解委员会来实现"横向到边"的覆盖目标。横向网络的覆盖在郑州市金水区得到了比较系统的印证，该区的个人调解委员会和行业调解委员会都相对发达，较为规范，在基层纠纷解决方面发挥着较大作用。课题组在张民安调解工作室考察时，曾听张民安调解员介绍他成功调解的案例，包括一起大型的侵权案件，成功地防止了群体性事件的发生。对于社会成员相对复杂的城市社区而言，应对纠纷的个人调解委员会和行业调解委员会可以实现纠纷的公正解决，也更容易为当事人所接受。网络的覆盖也因此更加容易渗入社会主体的日常生活之中。

2. 家长里短情理法

网络的覆盖让人民调解这一解纷制度成为社会矛盾的第一条防线，这只是就制度的覆盖范围而言的，如果仅仅是"覆盖"，人民调解制度的价值并不能够充分体现，其制度特色也未必一定受到基层社会的肯定。事实上，新中国历史上纵到底、横到边的制度设计出现过的何止是人民调解制度，但民间性、群众性、自治性的解纷制度却是第一次出现。这种民间性、自治性、群众性的特征决定了这一解纷制度在纠纷类型方面更为贴近基层社会的生活样态。鸡毛蒜皮的纠纷应该是也必须是这一解纷制度的主要对象，在这一基础点上，逐步走向专业化、公共化的纠纷类型，才是人民调解制度的正当发展路径。

课题组在对几个考察点的考察中收集到了大量的案例资料，并进行了分类统计，结合与各层级人民调解组织者的访谈，课题组清晰地看到，在人民调解的功能方面，日常的民间纠纷占据着极其重要的比例。为了印证这种判断，

① 纸坊乡的劝解员实际上只是调解员的一个别名，但这一名称还是体现了基层纠纷解决的一些特点，事情的解决方式往往是通过当事双方熟人的第三人采取劝说的方式解决的。

笔者以豫龙司法所为例进行了考察。

豫龙司法所位于河南省荥阳市东部豫龙镇,东临郑州市中原区,西临荥阳市区,辖区总面积69.5平方公里,人口4.6万余人,共有28个行政村,159个村民组,5所大中专院校,5所中小学,160余家大中型各类企业。司法所现有干警4人,均为法律本科文化程度。① 豫龙镇的特殊地理位置使这里的人民调解工作更具有现代性和传统型交叉的特征,因此,要排除课题组人民调解只解决基层传统纠纷,或是更能解决行业性、专业性纠纷的判断而言,这一地理位置的交叉性也更加具有说服力。为此,笔者统计了豫龙镇司法所2011年1~5月人民调解的解纷类型和解纷数量,经过处理得出表4。

表4　荥阳市豫龙镇乡(镇)办人民调解中心2011年1~5月调解类型

(单位:件)

时间	总数	纠纷类型											
		婚姻纠纷	邻里纠纷	合同纠纷	赔偿纠纷	劳动纠纷	村务管理	土地承包	征地拆迁	计划生育	施工扰民	房屋宅基	其他纠纷
1月	13	4	3					2				2	2
2月	12	2	3		3			2				2	
3月	12	5	6									1	
4月	12	1	3			1						2	5
5月	15	5	3		3			1				2	1
合计	64	17	18		6	1		5				9	8

将这里的各类纠纷总量统计之后,我们可以制作成比例图,以便更为直观地分析人民调解所处理的纠纷类型。经过处理,我们可以得到图10。

① 这里存在一个基本问题,即司法所和人民调解的关系,人民调解的脱行政化是其属性所决定的,但开展人民调解工作是基层司法所的重要工作,基层司法所如何避免基层人民调解工作的行政化问题,是当前人民调解工作,尤其是乡镇一级的人民调解工作必须认真处理的。鉴于本章内容,这里不做展开。

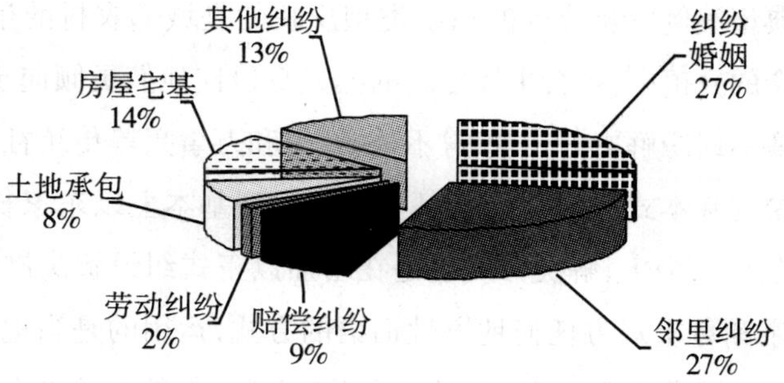

图10　荥阳市豫龙镇乡(镇)办人民调解中心2011年1~5月调解类型比例

从豫龙镇人民调解中心2011年上半年所调处的纠纷统计表和1~5月的比例图中,我们可以清晰地看到,即便是处于现代性与传统性交接处的荥阳市,人民调解工作的重要纠纷对象仍然是贴近人们生活的婚姻、邻里、土地、房宅、赔偿以及劳资纠纷。这些纠纷的数量在豫龙镇司法所2011年1~5月的调解案件中占据了绝对多数。虽然从图10的调解总量比例图中,我们可以看到一个13%的其他纠纷类型,但这种类型的纠纷只是在2011年4月和5月才出现,其他月份并没有,并且,2011年4月,该纠纷的数量达到了5,占据当月纠纷总量的将近一半。① 也就是说,从总量上来看,考虑到时间界点,其他类型的纠纷仍然只在纠纷总量中占据一个非常小的比例,尽管由于这一地区毗邻都市,这一类型的纠纷存在多种可能。

豫龙镇人民调解中心给本课题组提供了典型卷宗,该卷宗记录的纠纷类型正是一宗家庭纠纷。具体情形是这样的:

丈人侯×认为入赘女婿徐××好吃懒做,还打骂老婆,于是就说了几句,结果徐××不但摔锅,砸洗衣机,电视机,还打了侯×,并闹起离婚。侯×申请人民调解委员会调解员高宝库以“万两黄金不为贵,一家和顺值钱多”的修辞,使二人在“平等互利原则”下达成调解协议,不再闹事。②

① 由于当时调研时对卷宗统计没有如事后般详细,对于这里的纠纷类型没有细做追究。因此,这一类型案件的集中出现很难作为人民调解扩展的依据。

② 资料来源:荥阳市豫龙镇乡(镇)办人民调解中心2010年5月调解卷宗。受理时间为2010年4月28日,调解日期为2010年4月30日,结案日期为2010年5月25日。

这里的典型案例以及统计的纠纷类型反映的是城郊农村的生活样态,在这个城乡结合的乡镇中,社会主体之间的熟人身份使他们更倾向于息事宁人,社会成本低廉的纠纷解决方式、家丑不外扬、家和万事兴等传统社会的价值判断在这些纠纷的基本式样中得到印证。纠纷类型基本上以东家长、西家短的“鸡毛蒜皮”的纠纷为主,解决方式也是在略加以正式纠纷解决制度威胁但实际上却较为亲和尊重双方任何地方性话语的方式,运用的是当地人所熟知的价值判断,即“万两黄金不为贵,一家和顺值钱多”。但效力辅助者却是现代法治的语词,“平等互利原则”以及过程中调解员以亲和方式地询问与纪律申明都强化了人民调解的正当性。[①] 情、理、法在这里的纠纷解决过程中,有着含糊的界限。法律的规制借助于非正规的叙事和表达,而非法律的叙事和表达则通过披上法律修辞的外衣获得了被承认的合法性。

或许,这正是调解语言和调解魅力的强大合法性依托。[②]

(二)从“鸡毛蒜皮”的纠纷到群体性事件

前文的检验目的在于强化人民调解制度的基本功能,人民调解制度的历史脉络以及价值取向都决定了它的基本功能在于贴近基层社会生活,排解纠纷类型具有轻微、小额等家常特征。从前文的宏观类型分析以及具体考察地点的样本分析中,这一点得到了充分的印证。但同时,我们也看到,人民调解的解纷范围随着社会物质生活的变迁,随着司法政策的变迁以及社会管理方式的变化,也在发生着巨大变化。这种变化反映在宏观的案件类型上,就是婚姻家庭类纠纷,房屋宅基地纠纷、债务生产经营类纠纷比例逐渐在整个人民调解的解纷比例中走向萎缩。

经过案件类型学从公共性和专业性的分析,我们得出一个初步的判断,即人民调解的解纷范围正在越过传统的界限,从私人领域逐步扩展到公共领域,

① 如调解员在调解开始时宣布调解纪律四项:(1)调解过程中,关闭手机,未经批准,不得录音录像;(2)当事人应听从指挥,按次序发言,防止乱抢;(3)发言中不得使用骂人、挖苦语言,侮辱人格语言;(4)对已经达成的协议必须自觉履行。这些纪律的申明实际上强化了当事人对调解这一纠纷解决制度的认可。

② 关于调解语言的研究,可参见程朝阳:《法庭调解语言的语用研究》,中国政法大学法学院2007年博士学位论文。

从一般领域逐步迈向专业领域。尽管我们经常看到的纠纷类型主体上仍然是家长里短的冲突。但与此同时,经济发展与社会转型过程中的一些新类型矛盾也在走向社会主体生活的同时走进了人民调解的解纷领域。其中,由于下岗失业、征地拆迁、企业改制、重组破产、其他突发事件等引发的群体性纠纷就是一个重要的类型。此类纠纷出现后,居民出于共同的利益和目标,以集群方式提出诉求,采取一种集体行动的方式,或者称为"集群行为"或"集合行为"(collective behavior)。[①] 群体性纠纷的社会影响较之一般生活纠纷要大得多,处理不好常常会引发各种形式的上访事件,因此,这种类型的纠纷形态也是社会控制的一个重要关注点。

当前的资料表明,人民调解网络的扩展已经渗透到这一领域,并且相当成功地化解了一些重大的群体性纠纷。尽管这里的考察样本是河南的人民调解,但人民调解制度介入群理性事件的较早典型范本却是上海市长宁区的李琴工作室。[②] 作为中国经济发展的中心之一,上海所经历的纠纷样态在一定程度上表征了中国城市化过程中的一个未来。人民调解制度在这样的纠纷样态中所扮演的角色也能够预测出这一调解制度在未来其他城市社区所可能会起到的效用。根据学者的研究,从2006年开始,李琴工作室共介入解决群体性事件14起。主要涉及居住环境、拆迁、物业等方面的纠纷类型。[③] 李琴工作室的介入使人民调解制度成为此类纠纷恶化的第一道防线,成功地充当了社会"安全阀"的作用。[④] 上海的经验有着特殊的本地元素,如工作室和当地政府、司法

① 集体行动(collective action)是指有许多个体参加的、具有很大自发性的制度外政治行为。参见赵鼎新:《社会与政治运动讲义》,社会科学文献出版社2006年版,第2页。

② 关于李琴工作室,人民调解最近的研究中经常提到,这里出现了政府对公共服务的购买现象,而李琴调解工作室承担的正是公共服务的一种。相关研究如,范愉:《社会转型中的人民调解制度——以上海市长宁区人民调解组织改革的经验为视点》,载《中国司法》2004年第10期。社会学方面对李琴工作室的详细研究可参见陆春萍:《转型期人民调解机制社会化运作》,中国社会科学出版社2010年版。

③ 具体可参见陆春萍:《转型期人民调解机制社会化运作》,中国社会科学出版社2010年版。

④ 美国社会学家科塞在其功能冲突论中提出的社会"安全阀"制度或体制是社会的一种机制,它通过潜在的社会冲突来维持一个群体。"安全阀"可以使过量的蒸汽不断排出,而不破坏整个结构,冲突也能帮助一个动乱的群体"净化空气",这样一个"安全阀"可以冲淡发泄敌意的出口,及时排泄积累的敌对情绪。科塞:《社会冲突的功能》,孙立平译,华夏出版社1989年版,第75页。

局、街道办事处与派出所的嵌入式关系使李琴工作室能够成功地实现资源整合。① 但所有这一切的实现却和政府支持和鼓励地方自治不可分离，这是李琴工作室产生的根本原因。这一原因，当前已在全国铺展开来。由此类推，人民调解网络覆盖群体性纠纷式样将会逐步推广开来。

课题组在考察河南省郑州市金水区人民调解后，对来自金水区的人民调解案例汇编进行了整理分析。在金水区司法局于2010年编制的《金水区人民调解典型案例汇编》中，共收录了50个典型的人民调解案例。诚如前文所言，这50个案例中，绝大多数都是婚姻家庭、小额债务、邻里纠纷等生活琐事引发的。但其中竟有8项属于群体性纠纷，或可能转化为群体性事件的纠纷，在整个典型案例比例中竟然占据了16%之多。经过整理，我们将这些群体性纠纷的要素情形展现如表5所示。

表5　郑州市金水区人民调解介入的群体性纠纷

发生时间	纠纷原因	处理部门	处理结果
2008年7月至2010年10月	天然气爆炸	文化路街道俭学街社区人民调解委员会	调转诉胜诉，防止了群体性事件
2008年9月	问题奶粉	东风路街道同乐花园社区人民调解委员会	超市退款
2009年12月	民工集体讨薪	未来路街道锦江花园社区人民调解委员会	达成调解协议
2009年8月	电梯赔偿侵权	大石桥街道天下城社区人民调解委员会	达成赔偿调解协议
2008年解决②	物业纠纷（停水）	南阳新村接到群英社区人民调解委员会	恢复供水
2009年7月	环境卫生扰民	大石桥街道优胜社区人民调解委员会	整修污染源
2009年5月	施工死亡赔偿	东风路街道白庙社区人民调解委员会	达成33万元赔偿协议

① 参见陆春萍：《转型期人民调解机制社会化运作》，中国社会科学出版社2010年版。
② 这一纠纷的具体时间没有介绍，只是介绍了彻底解决的时间。

续表

发生时间	纠纷原因	处理部门	处理结果
2009 年 8 月	教委未备案住宅楼子女上学	东风路街道园田社区人民调解委员会	顺利入学
2009 年 5 月	工程施工扰民	未来路街道名门社区人民调解委员会	达成施工时间协议

由于这些纠纷大多发生在 2008 ~ 2009 年的时间跨度内，在一个县级行政单位的城市社区，在一年左右的时间跨度内，人民调解介入群体性纠纷并成功化解的规模使我们可以依此作出一定的判断：人民调解的解纷范围在向群体性纠纷伸展。这一判断当然不能够反映出整个国家各个地方的特征，不过，对于人民调解制度的扩展脉络，作为一个代表性的规律，对于类似的城市社区，它仍然具有相当的说服力。尽管这种扩展带有国家推动的色彩，但自治性仍然得以在人民调解介入的过程中发挥作用，通过行动策略的运用实现社区自治，从而推动社会自治能力的构建。如果将视野抽离这一话题区域，从更为宽泛的范围而言，人民调解解纷制度的前伸，尤其是介入群体性纠纷样态的解纷迎合了转型时期国家社会管理创新的需要，作为一个治理方式的调解，以柔性的方式，通过行动策略的运用，完成群体性纠纷的消解，实现基层社会的和谐，正是我国社会管理方式转变的题中之意。

（三）从日常琐事到专业纠纷

根据法律规范的类型化设计，纠纷样态可以分为一般性纠纷和专业性纠纷。一般而言，更为专业化的纠纷要交给与之相对称的纠纷解决机制予以解决。在这方面，印象之中不脱离乡土空间的人民调解制度很少能够和专业纠纷联系起来。这当然有一定的历史原因，但国家主义色彩浓重的对社会组织自我解纷能力的不信任也是人民调解解纷范围受到限制，局限于特定类型纠纷的重要原因，尽管这种依托有着相当的合理性。

然而，经济发展与社会转型带来了民众生活方式的转变，社会主体的专业性程度越来越高，民众对于一些专业性纠纷的熟悉程度甚至会超过作为裁判者的法官。由此所导致的结果是专业性的仲裁机构大受欢迎，行政调处制度深入特定的专业纠纷中去。尽管这些解纷制度各有优势,但相对于人民调解而言,其成本和公正性都不能相及。仲裁的专业化特征使它的运行成本要远远高于人民调解。行政调处虽然符合国人解决纠纷找政府的心理惯性,但其公正性常常受到当事人一方的质疑,并且经过行政调解达成的调解协议目前在法律上的效力也没有得到规范性的认可。此外,行政调处的解纷方式由于行政主体的身份常常会给具体处理者造成责任追究的困惑,从而导致疑难案件推脱躲闪的现实困境。

这种背景之下,无论是对于纠纷当事人,还是对于行政主管部门,一种新的解纷方式的介入都是被期许的。实践中也确实得到了印证,效果良好也证成了人民调解向专业领域扩展的可能性和可行性。在这方面,我们考察了河南省洛阳市的医疗纠纷调解委员会,从其完全自足的运作模式,以及医院、当事人、政府三方共赢的局面中,人民调解走向专业化的发展方向已初现端倪。我们来看一下洛阳市医疗调解纠纷调解委员会的产生及实践运作模式:

“据统计,2006 年至 2008 年,全市共发生医疗纠纷 1118 起,其中发生闹事、上访情况的达 35%,院方因医疗纠纷赔付达 1755 万元,严重影响了全市的医疗秩序、和谐稳定和整体形象……”

“分析以上问题,我们认为存在以下 3 个方面深层次的原因:一是向人民法院提起诉讼周期长、成本高、结果难以预料;二是通过卫生主管部门行政调解,患方容易认为卫生主管部门和医疗机构是‘父子’关系,对其调解的公正性心存疑虑;三是双方在发生纠纷后对责任划分有异议,赔付数额差距较大,出现僵持或对立……”①

为了应对这种现象,洛阳市的做法是:

“一是组建了医疗纠纷专业调解组织。市、县分别成立了医疗纠纷人民调解委员会(以下简称医调会),分别负责市、区及各县医疗机构发生医疗纠纷的调解,主要调解索赔金额在 5000 元至 5 万元的纠纷……市医调会聘用了医学专家、法律工作者共 4 名专职人员,从事调解工作。同步成立市医疗纠纷理赔中心,选派 3 人专职从事理赔工作……二是创新医疗纠纷人民调解经费保障

① 来自课题组洛阳市司法局的调研资料。

制度。市区二级以上医疗机构按照卫生技术人员及开放床位数缴纳医疗纠纷保险,专门用于医疗纠纷理赔,由承保保险公司采取分户式基金管理、结余滚存……2010 年,从医疗机构缴纳的医疗纠纷基金中提取 15% 作为市医调会和理赔中心的人员工资及办公经费,以后根据实际需要动态调整;医调会的办公经费按每人每年 5000 元拨付,调解员工资参照政府购买服务的标准发放。各县成立的医疗纠纷人民调解组织经费可参照上述标准执行。"

"一年多来,市医调会受理并调处医疗纠纷 87 件,调解 308 次,调成率为 100%,患方提出索赔金额 1257 万元,调解后实际赔偿 274 万元……2010 年,全市发生医疗纠纷 272 起,同比减少 27%;赔付金额 427.6 万元,同比减少 23%;聚集围闹医院的医疗纠纷突发事件 8 起,同比减少 61%,没有出现堵路等严重扰乱社会秩序的现象。"①

河南省洛阳市医疗纠纷调解委员会的产生和实际运作正好验证了人民调解由乡土社会的一般纠纷走向专业领域的可行性和可能性。其可行性和可能性是通过人员保证、资金保障和社会需要 3 个方面工作的作用来实现的。从洛阳市医疗调解纠纷委员会运作 1 年所取得的效果来看,它不仅为纠纷当事人,包括患者和当事医院节省了社会成本,还为作为主管部门的卫生行政部门解决了相当大的业务困难。并且,这一机制的运作还为保险公司和当事医院省下了用于理赔的经济资源,从而实现了多方"共赢"的局面。

由此,人民调解解纷制度介入专业性纠纷类型也成为一种可以验证的趋势。这种介入有着现实的社会需要,并且这种介入没有脱离人民调解民间性、自治性、群众性的基本属性,只是将这些基本属性进行了扩张,充分动员起社会的自治能力,从而将政府和社会在特定的纠纷类型上拉开距离。这种倾向当然不仅是在医疗纠纷方面,劳动争议、消费者纠纷等本来专属一些特定机构处理的纠纷类型现在也常常出现委托人民调解先行介入的情况。

(四)从私人领域走向公共空间

前文的类型学分析表明,人民调解的解纷范围存在从一般纠纷走向专业纠纷的趋势。这一点在实践中得到了印证。从社会学意义上的类型学来看,

---

① 来自课题组对洛阳市司法局的调研资料。

人民调解的解纷范围还有另一个特征,那就是,越来越跨出私人领域,走向公共空间。当然,走向公共空间并不意味着公民的隐私权利遭受侵犯,这一问题在立法的过程中也备受争论,现代人民调解已经越来越重视保护公民的隐私权利,这在规范上的体现就是当事人要求不公开调解的权利。① 悖论的是,当事人的此种权利以及当事人对此种权利的需求恰恰是人民调解这一解纷系统迈向公共空间的一个重要条件。

现代人的生活方式和生活场域的变化性、流动性大大加强,尽管新的基层社区正在形成,但受到传统工作单位的制约,居住生活在固定区域的单位人不复存在已是不争之实,社会主体的流动化并不能阻却带有集团性特征纠纷出现的可能。走出制约流动的单位后,社会主体之间的公共生活仍然存在相当大的空间交集,如共同的居住社区、共同的消费地点、共同的娱乐场所等。尤其重要的是,尽管个人归属的单位不再如过去那般全能,但新的行业归属感却也在形成的过程中,行业的冲突则带有较多的公共属性。这些社会空间交集的存在使公共性的社会冲突有着现实的土壤。然而,和单位相比,这些公共场域却无力控制参与其中的社会主体行动。这种情形下,公共空间的冲突或者带有公共属性的冲突出现后,对纠纷解决系统的要求就需要有一种能够取代过去单位制约力的体系。在这一点上,尽管行政的和司法的纠纷解决系统能够解决一部分纠纷,但其固有的经济、时间等社会成本的高昂常常会将纠纷的正义程度降低。也正是这种情形的存在,人民调解制度的介入才有了恰当的时机。

实际上,在从“鸡毛蒜皮”的纠纷走向群体性事件,从日常琐事走向专业纠纷的分析中,如果从社会学角度继续挖掘审视,私人领域跨向公共空间的轮廓已经基本显示出来。同时,前文在宏观案件类型的演化趋势的分析中我们也看到,民间纠纷的范围形成了逐渐从私人领域走向公共领域的趋势。如果说群体性纠纷中人民调解的介入表征了这一解纷制度对公共领域的渗透,那么

① 关于不公开调解的理由和立法机关如何处理这一权利的问题,可参见王胜明、郝赤勇主编:《中华人民共和国人民调解法释义》,法律出版社2010年版,第78页;范愉:《〈中华人民共和国人民调解法〉评析》,载《法学家》2011年第2期。

河南人民调解网络向公共生活领域的渗入则在微观层面上印证了这一判断。本题组在河南的人民调解工作调研中，看到如下的情形：

"……建立区域性、行业性人民调解组织，在大中型企业、集贸市场、流动人口聚居区、旅游景区、商贸区建立人民调解委员会，建立了医疗纠纷、交通事故、物业纠纷等人民调解委员会，驻人民法院、公安派出所人民调解工作室和以人民调解员个人名字命名的人民调解工作室等新型人民调解组织。目前，全省现有人民调解委员会57,621个，其中村（居）人民调解委员会近5万个，乡镇（街道）人民调解委员会2358个，企事业单位人民调解委员会1699个、区域性、行业性人民调解委员会1548个，形成了比较健全的调解网络。"①

这里所反映出的信息当然不仅是人民调解由私人领域迈向公共空间，实际上，在专业化道路上，这里的信息也有着重要的证成意义。但我们可以清晰地看到，河南省的调解网络中，企事业单位、②区域性、行业性人民调解委员会已经初具规模。陌生人生活出现交集的物理空间和社会空间都分别成立起对应的调解委员会，从而实现这些空间管理方式的转变。提高纠纷解决的质量，减少纠纷解决的社会成本。旅游景区、商贸区等人民调解委员会的建立恰好在个案层面上证成了人民调解制度向现代公共领域的扩展。

六、结语：行政后撤与调解前伸

经过宏观案件类型的分析和整理和微观层面河南省样本的检验，我们印证了人民调解制度复苏的合理性。诚如前文所言，这种制度复苏的合理性可以从历史的演进脉络中找寻，这一点国内的相关研究已有所涉及。③ 恰其如

---

① 资料来源：河南省司法厅。

② 企事业内部设立人民调解组织始终遭到工会系统的反对，最后达成的妥协是"企业事业单位根据需要设立人民调解委员会"。具体分析参见范愉：《〈中华人民共和国人民调解法〉评析》，载《法学家》2011年第2期。

③ 国内最具有代表性的研究学者为范愉，她很早就预见了中国多元化纠纷解决体系的建构为中国的纠纷解决系统的应然路径，人民调解制度应当是这一体系中的一环。具体可参见范愉：《非诉讼纠纷解决机制研究》，中国人民大学出版社2000年版，第17~27页。实际上，调解的复苏已经是全球趋势，关于各国调解复苏情形的介绍，可参见[奥]娜嘉·亚历山大：《全球调解趋势》，王福华等译，中国法制出版社2011年版，第1~35页。

此,本文更关注于社会语境对人民调解制度复兴所建构出的现实条件。这些现实条件的产生既是社会管理创新的先机,也是社会管理创新的需要。人民调解制度在社会转型期的制度复兴一定程度上迎合了我国社会管理思路的转向,即国家要赋予社会越来越多的自治力,激发社会的创造力。这一过程是历史性的,它的演进有着递进的脉络,但这一过程中的规律却已经凸显出来。如果用一句话概括,我们可以称为行政后撤与调解前伸。这一规律转型不仅能够得到宏观案件和微观案件类型分析的证成,它还符合我国农村基层社会和城市基层社会转型过程中,国家对秩序价值的追求需要。

具体来说,行政后撤与调解前伸分别迎合了农村社区和城市社区的基层秩序需要:

(1)在农村,人民调解能够产生柔性的秩序力量。经过几轮的税费改革,农村基层政权越来越悬浮于农村基层上空,成为一个空架子。"政治牺牲行政"在一定程度上导致了农村社会秩序的失范。这种情形下,社会冲突的解决失去了合理的排压路径,旧有的权威不能、也不愿轻易介入农村东家长、西家短的纠纷中去,取而代之的秩序建构力量没有及时介入,或是由于社会距离太过遥远造成介入不及时,轻微的社会冲突常常出现恶化。当公共的秩序供给不能满足社会需求时,灰色甚至黑色的秩序供给力量就会出现。对秩序的社会需求使黑恶势力有了渗透的空间,学者的相关研究也证成了这一点。① 这种情形下,人民调解借政策推动,以一种亲和的第三方面孔出现在农村基层社会之中,一改过去秩序维护者"由上而下"的面孔,但同时又不失去暴力的后盾,采取"借力打力"的行动策略,尊重基层社会主体的权利,实现基层社会秩序的自生能力培养,恰好填补了行政后撤所造成的秩序失范空间。这种填补的方式是一种柔性的以一种"自治的、民间的、群众的"秩序力量重新建构起国家和基层社会之间的秩序桥梁,这正好契合了国家"十二五"社会管理模式创新的题中之意。

(2)在城市社区,人民调解能够缓解政府公共服务的供应不足。中国城市

---

① 关于农村基层社会黑恶势力渗透的研究,可参见董磊明:《宋村的调解》,法律出版社 2008 年版,第 142 ~ 149 页。

发展的过于迅速也造成了城市社区建设过程中各种公共服务无法及时跟上的弊病，[①]城市新旧居民群体面临着各种各样的矛盾冲突。城市化过程中，城市居民的就业问题，新旧居民之间的群体偏见问题，新兴城市社区未及时更上的物业服务，医疗、卫生、教育、交通设施等公共服务所引发的问题等都需要有解纷的公共服务介入。遗憾的是，社会转型过程中，我国公共管理职能的转换并没有完善地处理好这些新生的问题。于是，政府对于民间应对纠纷的能力就有了需求，这一点从政府购买各式各样的公共服务的实例中得到了验证。人民调解承担的功能是纠纷解决，并且是一种脱离政府的纠纷解决体系，这种纠纷解决体系能够及时地应对城市基层社会出现的一定矛盾，激发出城市社区自我修复的组织能力，完成城市社区的秩序建构，从而也就缓解了政府公共服务供应不足的问题。上海李琴工作室、洛阳医疗纠纷调解委员会的产生正是例证。

当然，最后必须再次强调的是，人民调解只是我国整个纠纷解决体系中的一环，虽然它能够激发基层社会自我修复的自治能力，但这一制度并不是也不可能是万能的。它只是提供了现代纠纷解决的一种思路，即社会管理创新过程中，行政后撤后的秩序维持该当如何？人民调解的柔性特质使它能够担当起一定的解纷责任。但我们仍应该看到，社会纠纷的公共性和专业性程度不断提高后，到了一定的程度，必须要有正规的纠纷解决方式介入才可能实现秩序的维护，在这一点上，我们必须保持清醒的认知，不可一味地万能化任何一项解纷制度，包括但不限于正在运动化扩展的人民调解制度。

---

① 根据最新数据，中国城市化率将超过50%，学者连玉明指出，随之而来的就是“五大矛盾正处于从潜在风险向公共危机转化的临界点上。”一是贫富差距正在进一步扩大，基尼系数超过0.5，逼近社会容忍线；二是社会深层次矛盾日益凸显并有激化的趋势，通货膨胀、社会分配不公、贪污腐败现象乃当前之首；三是社会治安形势严峻，无直接利益关系的群体事件或恶性事件呈现上升趋势；四是仇富、仇官、仇权的社会心态问题日渐突出，极易借助现代传播媒介迅速放大为社会危机；五是非传统安全危机正成为公共安全的主要威胁。在这种形势下，社会管理的创新需求已经成为一个极为迫切的现实需求。丁华艳：《中国城市化率将是50%，五大矛盾引发公共危机》，载 http://china.rednet.cn/c/2011/09/17/2378071.htm，2011年9月19日访问。

农村集体经营性建设用地入市改革的法律思考

——以试点地区为基础的分析

李　丹*

摘要：农村集体经营性建设用地入市改革，改变了以往由政府征收集体土地转化为国有土地后再出让流转的单一用地格局，事关各方利益，意义重大。此过程涉及现行法律的暂停实施和修改、土地规划和用途管制的完善、土地增值收益的合理分配，以及土地市场的培育和风险管控等诸多问题。针对典型试点地区经验的研究表明，未来深化改革的方向应着力于：推进集体建设用地确权颁证；进一步整合土地资源；集体资产折股量化；培育新型集体经济组织和资产托管组织或企业；完善收益分配制度以及相关配套措施，推进新的修法立法工作等。

* 李丹：国际关系学院法律系讲师，中国人民大学法学博士。

关键词：集体经营性建设用地　用益物权　入市改革　集体经济组织

"三农问题"一直以来是我国经济体制改革的重点，也是难点。近年来，国家一直在大力推动社会主义新农村建设，农村集体经营性建设用地入市是其中改革力度最大的动作之一，对于盘活农村的土地资产，提高农村集体经济组织和农户个体的收益意义重大，但同时又因其突破了现有法律制度的框架，触动了各方利益，稍有不慎，将会引致全局性的危机。因此，2015 年国务院率先在全国 33 个市县（市、区）启动农村集体经营性建设用地入市的改革试点。一年多过去，不少试点地区的改革初见成效。本文选取其中具有代表性的地区，力图通过对这些典型试点经验的分析总结，研究我国不同类型的农村地区集体经营性建设用地的入市之路，探索相关法律问题，为优化土地制度改革的创新机制提供思路。

一、改革政策出台背景及解读

（一）我国农村地区现有的建设用地制度

作为社会主义国家，我国实行土地所有权公有制，城市的土地属于国家所有，城市以外的土地属于集体经济组织所有。按照法定的用途，土地又可区分为农用地、建设用地和未利用地。两种分类方法并行，因此，在实践中，除了大量存在的国有建设用地外，也有不少集体所有的建设用地，包括宅基地、公益性公共设施用地以及本文论述的对象——集体经营性建设用地。

1988 年我国《土地管理法》修订后实现了土地所有权与土地使用权的分离，同时《宪法》允许土地使用权依照法律的规定转让。① 目前针对国有建设用地使用权的出让、转让、出租和抵押等，我国已经形成了一套相对完整的制度体系和交易市场，但对于集体所有建设用地的使用权却未进行系统规制。《土地管理法》第 63 条"农民集体所有的土地的使用权不得出让、转让或者出租用于非农业建设"的规定，更进一步将农民集体所有建设用地的使用权长期摒除在自由市场之外，不得随意流转。唯一合法的入市途径，只能经当地政府征收

① 我国《宪法》第 10 条第 4 款规定："任何组织或者个人不得侵占、买卖或者以其他形式非法转让土地。土地的使用权可以依照法律的规定转让。"

转化为国有建设用地后,方能进行土地交易。征地及其后的交易过程中所产生的巨大土地增值收益,大部分都进入了地方政府财政,而作为原产权人的集体经济组织和农户,只能拿到为数有限的征地补偿金。

(二)农村集体经营性建设用地入市改革

如前文所述,严重损害农村集体经济组织和农户利益的单一征地用地模式一直饱受诟病,不仅造成地方政府对于土地财政的深度依赖和土地腐败现象的滋生,且随着农民市场和权利意识的增强,难以为继。[①] 适时解禁农民集体所有土地的使用权,特别是开放集体所有建设用地使用权的流通,已成为社会共识。

2013 年 11 月 15 日中共中央《关于全面深化改革若干重大问题的决定》提出建立城乡统一的建设用地市场。2015 年 1 月中共中央办公厅和国务院办公厅印发《关于农村土地征收、集体经营性建设用地及宅基地制度改革试点工作的意见》,决定在全国 33 个市、县、区建立农村土地改革试点。同年 2 月全国人大常委会通过《关于授权国务院在北京市大兴区等 33 个试点县(市、区)行政区域暂时调整实施有关法律规定的决定》,批准试点地区在改革过程中暂停实施《物权法》、《土地管理法》、《城市房地产管理法》中的相关规定。紧接着,11 月 2 日中共中央办公厅和国务院办公厅联合印发《深化农村改革综合性实施方案》,至此本轮农村土地改革的序幕全面拉开。

相较于宅基地、公益性公共设施用地,集体经营性建设用地无疑是三类集体所有的建设用地中最具活力和经济价值的部分,因此,完善农村集体经营性建设用地使用权的权能,实现其与国有建设用地的“同权同价”,自由入市流转也便成为此次改革的重点内容。所谓农村集体经营性建设用地,一般指具有生产经营性质的农村建设用地,包括农村集体经济组织使用乡(镇)土地利用总体规划确定的建设用地兴办企业或者与其他单位、个人以土地使用权入股、联营等形式共同举办企业、商业所使用的农村集体建设用地,如过去的乡镇企业和招商引资用地。农村集体经营性建设用地入市,则是指在符合国家土地

① 陆剑:《我国农地使用权流转法律制度研究》,中国政法大学出版社 2014 年版,第 164 ~ 193 页。

利用规划和用途管制的前提下,允许农村集体经营性建设用地进入城乡统一的建设用地市场,依法出让、租赁、入股,与国有建设用地享受同等权利。

(三)农村集体经营性建设用地入市改革的重要意义

土地自古就是影响我国历史发展的根本性问题,土地改革涉及国计民生。改革开放后,我国一直在部分农村进行试点,探索适合国情的农村土地发展道路。一方面,这些试点的经验为后期改革的实施提供有利的基础条件;但另一方面由于这些试点均只有地方政策的支持,缺少中央的统筹和国家政策法规的保护,往往触及法律的"灰色地带",难免带有违法之嫌。此次,全国人大作为国家最高权力机关,通过议案,确认前期的试点成果,推动改革的全面深入,并批准在试点地区暂停实施相关法律,不仅名正言顺,更能推动改革依法有序开展。

当前,我国的城镇化发展进入关键阶段,农村人口大量涌入城市,尤其是一、二线城市,进一步加剧了地域和人群的分化。虽然国家大力提倡社会主义新农村建设,农村的经济改革也一直是政府施政的重点,但在不少乡村,特别是经济不发达的中西部地区,新农村的建设之路如滚芥投针,见效缓慢,而城市的扩张也远无法适应飞涨的人口规模。在此时期,推出农村集体经营性建设用地的入市新政,一方面,出让的土地可以用于乡镇企业、集约化工业园、商业中心的建设,拉动农村经济的发展,以工商业反哺农业,为当地农民提供就业岗位,促进城乡一体化;另一方面,农村集体经营性建设用地的产权方直接作为土地入市的主体,减少中间环节,享受土地增值收益,这笔财富无论用于新农村建设还是分红到农户,都能使农村和农民成为最直接的受益者,真正帮助广大农民实现安居立业之梦。

二、典型试点模式分析

(一)贵州湄潭县——典型农业县模式

湄潭县是位于贵州省的一个偏远县城,是我国西部典型的农业县。湄潭县一直是我国农业改革政策的试验田,自近现代土地革命开始,这里就是全国农业改革的先行者和示范者。作为一个西南偏远县城,湄潭县的土地大部分为农用地,建设用地比较少,而经营性建设用地占土地总量就更微不足道。根据湄潭国土资源局的调查数据,当地农村集体经营性建设用地占建设用地总量的2%都不到。但是在本轮试点政策颁布之前,湄潭县就已经开始进行土地资源整理和入市改革。

早在2010年,湄潭县的湄江镇核桃坝村和黄家坝镇官堰村就尝试进行新的土地改革试验,内容主要是集体商住综合用地和宅基地使用权的流转。村集体通过相关的试点政策,引导村民集中居住,一方面改善村民的居住场所和环境;另一方面可以整合土地资源。而整合出来的空余建设用地资源,村集体将其规划为商住综合用地并拍卖,拍卖也逐步打破竞拍人资格的限制,从本村居民逐步扩大到所有自然人。该类土地拍卖起拍价格与当地国有土地价格一样,拍卖收益大部分用于本村的公益设施建设。① 这些前期集体商住综合用地入市的成功,为本轮全国土地改革试点提供了许多经验。

在全国人大和国务院公布本次改革的政策后,湄潭县更是加大了改革的力度。一方面,湄潭县加快落实不动产登记制度改革政策,实行不动产的统一登记,对农村承包地及其他建设用地进行确权颁证,明晰土地权属关系。另一方面,推广核桃坝村和官堰村的经验,通过整合土地资源,给新的集体土地颁发权属证书,在符合土地利用总规划和城乡规划的情形下,进行公开拍卖。

湄潭县试点模式的特点可以归纳为以下4点:(1)农用地多,建设用地少,土地零散可入市土地量占比小;(2)农村工商业欠发达,乡镇企业发展落后;(3)合理拆迁,整合建设用地资源,同时改善乡村居住环境;(4)入市改革与不动产统一登记改革相结合,互相推进。

2015年8月27日湄潭县完成首宗农村集体经营性建设用地拍卖,该地块面积达3332平方米,用途规划为服务业和商业,起拍价格参照当地国有土地价格每亩15万元,最终成交价格为80万元,地块使用年限为40年。该宗地块拍卖实现原有地价的3倍溢价。② 湄潭县作为我国西南部典型农业县,开启了我

① 唐健、夏清波、杨晓红、王元方、李卫红、黎登琴:《关于贵州省湄潭县集体建设用地入市的调查》,载《中国土地资源报》2014年11月17日。

② 王斌:《全国首宗农村集体经营性建设用地使用权拍卖第一槌在湄潭敲响》,载《贵州日报》2015年8月30日。

国新一轮农村用地制度改革统筹城乡的新模式。

(二)浙江德清县——资源开发转型发展模式

2015 年 9 月 8 日浙江省德清县完成第一宗集体经营性建设用地的入市交易。本次交易的拍卖会在当地公共资源交易中心举行,拍卖的土地位于洛舍镇砂村,占地约 20 亩,957 万元起拍,最终以 1150 万元的价格成交,土地使用权最高年限为 40 年,实现了与国有建设用地“同权同价”。在缴纳土地增值收益调节金后,该村集体获得了成交价格 68% 的收益。这笔财产作为村集体资产,被列入集体公积金项目,用于投资和公益,由村民监督委员会负责监督。①

德清县位于浙江省湖州市,东部属于典型的江南水乡,西部则以丘陵为主,矿产资源丰富,曾一度因开发矿业而繁荣。近些年来,随着矿产资源的枯竭,当地经济陷入危机,许多山地、林地也荒废了。经济下行压力倒逼经济体制改革和经济发展模式转型,德清县一边开始发展旅游业和服务业,另一边着手用地制度的改革。

2013 年德清县开始用地改革的前期工作,实施了“三项确权”,明晰宅基地用益物权,农村土地、林地承包经营权,以及集体资产股权,全县约 30 万亩土地、40 万亩林地实现 100% 确权。2014 年德清县开始组建农村综合产权交易流转中心。② 而在本次试点政策颁布前,德清县就已经开始尝试集体建设用地的有限流转。2013 年德清县仙潭村的一块 6.06 亩的建设用地上的厂房被买下,投资商希望改建成民宿酒店,但由于没有获得该幅土地的使用权,无法改变土地用途,厂房一直被荒废,直到 2015 年 8 月在试点政策的框架下,该地块的土地使用权被正式协议转让。③

德清县试点模式的特点可以归纳为以下 4 点:(1)工矿用地有一定存量,可转化为经营性建设用地;(2)确权工作为改革铺路,提前组建交易平台,前期

① 江宜航:《浙江德清敲下农村集体经营性建设用地入市第一槌》,载《中国经济时报》2015 年 9 月 9 日。

② 洪越:《浙江德清县如何试点集体经营性建设用地入市》,载 http://country.cnr.cn/focus/20150516/t20150516_518569434.shtml,2015 年 5 月 16 日、2016 年 8 月 30 日访问。

③ 刘波、张骥鸿:《从两个“全国第一”看德清集体经营性建设用地入市改革》,载《杭州日报》2016 年 6 月 6 日。

工作准备充足;(3)入市收益归政府和村集体所有,主要用于公益;(4)大胆改革,以协议转让建设用地使用权试水改革。

集体土地的相关权益确权、拥有产权证是土地入市的前提,而统一交易平台的建立使交易公开透明化,改革试点在德清县开展顺利。

(三)北京大兴区——工商业区模式

北京市大兴区的农村与上述两县情况都不同。大兴区北部乡镇在北京中心城区的辐射和带动下,城镇化水平较高,工商业传统发达,许多农业用地都转化为建设用地;而大兴区南部乡镇远离城区,发展较为缓慢,仍以农业经济为主。此次改革试点的重点是位于大兴区北部、土地利用程度较高的西红门镇。

同样是在本轮改革试点政策正式颁布前,西红门镇就已初步形成鸿坤金融谷示范效应。[①] 首先,西红门镇各村村民通过集体土地入股、持续分红的形式,转让或出租集体经营性建设用地的使用权。其次,西红门镇政府成立"北京市盛世宏祥资产管理有限公司"对来负责经营入股的建设用地。西红门镇政府对该公司进行规划、产业引入和提供基础设施建设支持,许多优惠政策向其倾斜,直到公司发展成熟,政府退出公司管理,由公司自主经营。各村入股的集体建设用地,都由该公司进行规划,在符合政策的条件下,由公司向大兴区规划分局提出用途申请,并进行土地交易。最后,公司除收取土地租金外,在投资开发项目建成后,还将以"土地换资产"的模式,持有物业的一定产权。[②]

大兴区试点模式的特点可以归纳为以下3点:(1)工商业发达,建设用地较多;(2)有统一的资产管理企业,成为沟通政府、企业、集体的桥梁;(3)土地折股量化,村民持股分红。

大兴区西红门镇的集体经营性建设用地入市,未采取最常见的直接拍卖出让方式,而通过广大村民持股合作的方式,将建设用地的使用权统一交与政府成立的专业资产管理公司。区、镇政府在土地入市前和入市后都将发挥着

① 方王洋、自曾晖:《北京农地入市试点大兴区西红门镇鸿坤金融谷显效应》,载《新京报》2015年3月6日。

② 自曾晖:《北京首次开卖集体经营性用地　西红门地块只限产业用地》,载《新京报》2015年12月15日。

重要的作用。入市前，投资开发商及其项目需要通过北京市盛世宏祥资产管理公司和政府的审核评估，只有优质的项目才能上马，由此降低村集体和村民的投资风险。入市后的一段时间，政府和北京市盛世宏祥资产管理公司既为开发项目提供各方面的支持，又一同对项目的开发建设履行监管职责。事实证明，这种较为高级的入市合作模式，在城镇化进程较快的商业型乡镇能取得不错的效果。

（四）广东南海区——农村综合改革先行者

早在10年前的2005年10月，广东省就颁布了《集体建设用地使用权流转管理办法》，以地方政府规章的形式，开全国集体建设用地入市之先河。2006年至2009年4月，广东省集体建设用地入市流转共5148宗，交易额达77.35亿元。[①] 而素有“广东四小虎”之称的佛山市南海区，是广东经济发达的地区之一，地处改革开放的前沿，有着得天独厚的优势，在农村经济发展，特别是土地改革方面，更是先行者。

佛山南海区原为全国排名第二的百强县，经济发达，城镇化程度高，农村、农民也享受到改革的红利。由于起步较早，南海区现已有一套非常完善的集体土地流转制度。在经济体制方面，南海区各村均成立了新型集体经济合作组织——农村股份经济合作社，集体资产股权量化，确权到户，农户持股成为合作社的股东，股权户内共有，长期不变，股份可以在本合作社内进行转让、抵押等流转交易。至今，南海区共有股份合作社2084个，股东成员78万人。2015年南海区的股权确权颁证工作全面展开，颁证到户，同时也解决了户籍迁移、人口增减等问题。[②] 股份合作社的经济职能专业化和规范化，在集体经营性建设用地入市过程中作为入市主体，股东享受分红收益。

2014年9月南海区率先出台了《集体建设用地使用权流转实施办法》，进一步规范和保护集体建设用地交易。首先，入市土地需要有所有权证和使用权，即须进行所有权和使用权的确权登记，在权利无瑕疵的情况下方可入市。

---

① 张帆：《广东省在全国率先开创集体建设用地直接入市》，广东省政协编：《敢为人先——改革开放广东一千个率先》，人民出版社2015年版，载 http://epaper. timedg. com/html/2015/10/25/content_1365993. htm，2015年10月25日访问。

② 陈志深：《南海集体经济组织股权确权出新规则》，载《南方农村报》2015年3月26日。

其次,严格控制交易土地的数量,由区国土部主导制定年度计划,土地按计划入市流转。再次,集体建设用地的用途也受到了限制,不得用于住宅开发,但村居社区公寓和保障性住房除外。最后,对交易流程和税费、土地增值收益的缴纳也进行了规定。①

2016 年 2 月南海区《农村集体资产管理交易办法》颁布,标志着南海集体经营性建设用地有形市场正式建立。集体资产有区、镇、乡三级交易平台,而集体建设用地入市,只能通过区级公共资源交易中心进行,使交易公开程度更高。②

南海区试点模式的特点可以归纳为以下 5 点:(1)起步较早,综合改革,配套措施完善;(2)成立新型集体经济组织,一村一社,专门行使集体资产的管理职能;(3)集体资产托管,资产股权量化,确权颁证到户,农户享受股东权益;(4)结合"三旧"(旧城镇、旧村庄、旧厂房)改造,促进土地高效利用;(5)完善土地规划,严格控制新增建设用地,保护农用地和预留公共用地。

2015 年 12 月 28 日南海区敲响了执行本轮改革试点政策的"第一锤",出让集体经营性建设用地地块面积约 29 亩,总价 5876 万元,使用年限 30 年,受让的开发商准备将其用于建设幼儿园。由于中央改革试点政策明确,南海区集体建设用地入市再无违法风险。而当地政府也在进一步探索土地流转的新组织形式,如农民专业合作社、农村土地银行等,创新多种补偿方式,进一步扩大受益范围。

三、改革试点中涌现出的主要问题

(一)集体经营性建设用地及其使用权的法律定位不明

如前文所述,基于土地公有制的国情,农村集体经营性建设用地入市,更精确的表述应为农村集体经营性建设用地使用权入市,而这种使用权的权利属性也理应获得法律的正名。虽然普遍观点认为,集体经营性建设用地使用

---

① 陆芬、祝桂峰:《集体建设用地流转的"南海实验"》,载《中国国土资源报》2014 年 11 月 10 日。

② 申于诚:《南海将建立农村集体资产三级交易平台》,载 http://gd.nandu.com/html/201408/31/1034832.html,2016 年 8 月 30 日访问。

权可归属于我国现行法下用益物权属性的“建设用地使用权”，理由是位于《物权法》“建设用地使用权”一章最后一条的第151条“集体所有的土地作为建设用地的，应当依照土地管理法等法律规定办理”确认了集体建设用地使用权的用益物权地位，而集体经营性建设用地又属于集体建设用地的一部分，所以集体经营性建设用地使用权当然可以定位为《物权法》所规定的建设用地使用权的子权利。①

以上分析虽有道理，但也并非无懈可击：其一，根据《物权法》第151条的规定是否就能直接推导出集体建设用地使用权的用益物权属性尚存争议。其二，近年来“集体经营性建设用地”这个词汇，频频见诸中央和政府的各种决议和文件。虽然从字面上看，当属“集体建设用地”的下位概念，但根据现行法律，集体建设用地的范围包括“宅基地，乡镇企业用地和公益、公共设施建设用地”，这意味着集体经营性建设用地的概念尚未获得法律的正式认可，而仅有政策的确认，在此基础上，集体经营性建设用地使用权的法律定位也绝难明晰。

虽然在这次试点活动中，全国人大常委会授权在试点地区停止实施《物权法》和《土地管理法》的相关规定，农村集体经营性建设用地及其使用权的法律定位问题并未凸显，但名不正则言不顺，没有法律的正名，而仅靠政策的支持，显然不是长久之计，且法律的严肃性和稳定性也是政策无法比拟的。实践过程中，一旦政策变更或落实不力，极易造成当事人权益损失，发生交易纠纷，也很可能落入无法可依的窘境。

（二）集体经营性建设用地入市条件难以满足

根据现行政策，农村集体经营性建设用地入市，必须符合土地用途管制、土地规划和确地、确权。换言之，农村集体经营性建设用地的范围，必须严格区分于农村的公益性建设用地和宅基地，更不能侵占农用地，即使合法取得了使用权，要建设也要符合国家的土地规划。这样的入市条件，使试点地区的改革实践遭遇到不少困难。

---

① 房绍坤：《农村集体经营性建设用地入市的几个法律问题》，载《烟台大学学报》（哲学社会科学版）2015年第3期。

首先,按照我国的土地用途管制,国家严格控制建设用地的数量。现实中,具有生产经营性质的农村建设用地面积存量很少,且多集中分布于东南沿海发达地区,广大内陆地区该类用地占比很小,贵州湄潭试点即为此类典型。为了打开局面,用地可入市流转,常见做法是将现有的乡镇企业用地和部分公益性建设用地转化为经营性建设用地,甚至如湄潭一般,通过引导村民集中居住,进一步整合空余的建设用地资源。然而这样的做法也存在一定的隐患,虽然目前的试点文件规定"在符合规划、用途管制和依法取得的前提下,允许存量农村集体经营性建设用地使用权出让、租赁、入股",却很难保证在入市所潜藏巨大经济利益的诱惑下集体经济组织及其成员不逾规,在当地政府的放任甚至默许下,将大量其他建设用地,甚至是农用地擅自变更为经营性建设用地。

其次,我国当前的土地利用总体规划和城乡规划也不尽完善,是深化农村集体经营性建设用地入市改革的重大障碍。土地规划,是指在一定地域范围内对各类用地的结构和布局进行调整或配置的长期计划。土地利用规划是我国政府调控土地资源配置的主要手段,是加强用地管理、促进土地资源合理、高效利用的基础和保证。[①] 在我国现有的国、省、市、县、乡五级土地规划中,城镇规划区内地块的用途都有明确、详细的划分,区内的农村经营性建设用地因而更易成交,增值潜力大,而城镇规划区外的集体用地,则普遍存在创新力度不足、规划方案单一、基础数据较少、程序不严谨等弊病,导致土地规划落实难,可操作性差,交易活跃度和交易收入都难以提高。这在北京大兴和广东南海的试点经验中都有所体现。如何逐步缩小这种城乡间的管理差距,控制土地类型的数量和转化,将是形成未来城乡统一建设用地市场关键之所在。

最后,确地之后还须确权,公开市场操作的土地流转不能无证进行。然而,虽已在个别地区试行多年,集体建设用地使用权的确权登记和颁证工作远未在全国范围内普及。根据国土资源部的统计,至2013年我国集体土地所有权登记颁证率达到97%,但集体建设用地使用权的确权工作却开展得极为缓慢。一些学者的实地调研结果也证实了这一点:在当年调研的72个村庄中,

① 张兵:《城市规划实效论》,中国人民大学出版社1998年版,第78页。

大多数集体建设用地使用权尚未登记,已经领证的仅占28.4%。[①] 且在有些省份,如安徽,不少村庄的土地确权只颁证给村委会,并未确权到村民小组等集体组织。产权明晰是土地入市的保障,在缺少权属登记和权属证书的情况下,尤其是对分属村内两个以上集体组织(如不同村民小组)的土地,一旦流转,极易引发纠纷,交易风险极高。浙江德清县仙潭村2013年厂房土地转让改建民宿酒店不成的例子即为明证。

(三)集体经营性建设用地入市交易主体缺位

我国农村集体经营性建设用地入市的实施主体和代理制度尚存空白。根据《土地管理法》,集体土地所有权本质上为集体成员共同所有,土地使用权入市是一种集体财产的处分行为,应当体现集体成员的共同意志,由集体多数决定。虽然《物权法》第60条原则性地制定了三级农民集体所有的行权规则(属于村农民集体所有的,由村集体经济组织或者村民委员会代表集体行使所有权;分别属于村内两个以上农民集体所有的,由村内各该集体经济组织或者村民小组代表集体行使所有权;属于乡镇农民集体所有的,由乡镇集体经济组织代表集体行使所有权),但在实践中,由于缺乏具体的操作规则,不仅集体土地权利的确权颁证往往只到村委会,而且土地资产的处置也多由村委会决定。作为一级政权组织的村委会同时行使集体资产管理的经济职能,且不论权利来源的正当性问题,作为政务缠身且非专业化的经济管理组织的村委会,是否具备充足的能力来处理这些事务也令人生疑。

在前述试点地区中,广东南海起步最早,各村通过设立新型集体经济合作组织——农村股份经济合作社,集体资产股权量化,确权到户,使集体经济组织成员的权益受到良好保护。北京大兴毗邻城区,镇政府通过设立专业的资产管理公司,吸纳各村村民以集体的土地资产份额入股,同样走资产股权化道路,成绩显著。两个试点的成功虽具有一定的示范效应,但基于其地理位置和经济条件的特殊性,此等成功经验很难在全国范围内推广。

另外,对于那些土地使用协议尚未到期的乡镇企业,企业用地的所有权和使用权事实上分属集体经济组织和企业,这些企业在本轮改革中是否可以申

① 陆剑:《集体经营性建设用地入市的实证解析与立法回应》,载《法商研究》2015年第3期。

请颁证,确认其使用权,甚至上市流转该等使用权?由于以往乡镇企业协议拿地的土地使用价格明显不可与改革后国有建设用地的"同权同价"相比,若允许乡镇企业直接作为交易主体,获取土地增值收益,则必然与土地的所有者——集体经济组织产生利益冲突。若以集体经济组织为确权和上市交易主体,则须待协议到期或者通过合法途径收回土地使用权。如何兼顾两者的合法权益是一个绕不开的问题。

(四)集体经营性建设用地入市收益分配困局

农村集体经营性建设用地入市的核心目标是实现与国有土地"同权同价",则必然引发另一个关键问题——巨额的土地增值收益如何分配?如前文所述,囿于《土地管理法》第43条①所规定的用地制度,在存量国有建设用地不能满足需求,而不得不使用集体土地时,必须通过当地政府征收集体土地变更为国有土地,再由政府出让给建设单位。长期以来,因这种低价征收、高价出让而产生的"剪刀差"的土地增值收益已成为不少地方政府的重要财源。如今集体经营性建设用地绕过征收,直接入市,倒逼缩小征地范围改革,无疑将使地方财政大受影响,地方政府的改革积极性难以提高。以安徽省为例,虽然政策规定市、县政府可以收取集体土地出让价款10%的土地增值收益,但市、县(区)政府普遍认为该比例太低,与巨额的征地收益相比,市、县(区)政府明显缺乏推动政策落实的经济动力。②

对于集体经济组织和农户而言,为避免被低价征地,提高收益,自然希望推动集体土地直接入市。然而基于我国的土地用途管制,集体土地入市前必须符合政府制定的土地规划并通过审批,不能完全放任集体经济组织和农户自行决定。

改革进程不可逆,集体经营性建设用地入市后,政府继续采取获得大部分土地增值收益的征地模式已不现实,但若将该等收益全部留给集体经济组织

① 我国《土地管理法》第43条规定:"任何单位和个人进行建设,需要使用土地的,必须依法申请使用国有土地;但是,兴办乡镇企业和村民建设住宅经依法批准使用本集体经济组织农民集体所有的土地的,或者乡(镇)村公共设施和公益事业建设经依法批准使用农民集体所有的土地的除外。前款所称依法申请使用的国有土地包括国家所有的土地和国家征收的原属于农民集体所有的土地。"

② 黄发儒:《集体经营性建设用地入市路径思考》,载《中国土地》2015年第2期。

或农户，而完全不考虑政府的作用和角色，也不尽合理，且不利于改革的推动。所以，如何在集体组织、农户和政府之间公平、合理地分配土地收益就显得尤为重要。政府是通过土地交易额的分成直接参与收益分配，还是通过税收等手段间接参与分配？多方主体参与增值收益分配比例又应当如何划分？这些都是亟须回答的问题。[①] 公开数据表明，目前改革试点地区常见的做法，是由政府收取土地增值收益调节金，比例为成交价的12%～32%。[②] 此规则是否可以推而广之，适用于全国呢？

四、进一步完善改革的几点思考

（一）修改现行法规，为集体经营性建设用地入市开路

法律具有一定的滞后性，但当新的经济形态和社会变革出现时，法律理应及时修改以反映该等变化。在本轮集体经营性建设用地入市试点阶段，几部现行法的相关规定由于有碍改革而在试点地区暂停实施，前文分析改革试点中所涌现出来的问题也多与当下的法律空白相关。可以预见，当试点工作结束，入市改革在全国范围内开展时，对现行法规的修改和完善势在必行。

当务之急，集体经营性建设用地应在《物权法》、《土地管理法》等主要立法中取得"正式席位"，集体经营性建设用地使用权的用益物权属性也须得以正名，不仅概念明晰，设立、变更、转让和消灭的法律程序也应完备；同时，取消《土地管理法》中对集体建设用地的流转限制，参照国有建设用地的规则进行调整。此外，为了进一步盘活农村土地资产，促进融资，发展生产，还应就集体经营性建设用地使用权的抵押担保问题进行明确规定。

针对我国的土地规划和用途管制，一方面，国家有关部门要继续完善现有的五级规划，特别是城镇规划区外集体用地的规划；另一方面，考虑到现有存量集体经营性建设用地数量有限的现实，通过土地资源整理，新增集体经营性建设用地面积并入市，已不可避免。但在此过程中，当地政府必须严守底

---

① 张占录、赵茜宇、林超：《集体经营性建设用地入市亟须解决的几个问题》，载《中国土地》2015年第12期。

② 梁倩、林远：《15个改革试点农用地相继入市》，载《经济参考报》2015年12月14日。

线——耕地保护的红线、公共设施用地的预留以及农户旧宅拆迁、未到期乡镇企业用地补偿等,把控新增入市用地的总量和用途,不允许集体经济组织和农户出于牟利目的,随意突破已有的土地规划。

(二)不动产统一登记与入市改革并行

"先确权,后交易",确权是土地入市的前提,有证才能有交易。2015 年 3 月随着《不动产登记暂行条例》的正式实施,不动产统一登记工作在全国轰轰烈烈地展开,这也给集体经营性建设用地的入市带来了莫大的契机。

首先,集体经营性建设用地的确权可以与不动产统一登记两相结合。在完成农村集体土地所有权确权颁证工作的基础上,继续推进土地使用权的登记。经营性建设用地应作为集体建设用地新的用途选项正式予以颁证。土地入市前后,若须改变土地用途,应按照新修订的法规和程序申请审批。

其次,确权登记须落实到每一具体集体建设用地地块,颁证到每一个村民小组、村农民集体或乡镇农民集体,而不是村委会。如前文所述,根据我国农村集体土地所有权的分类,村民小组、村农民集体和乡镇农民集体才是集体土地的权利人。对于涉及不同集体经济组织的地块需要调整的,当地政府应当组织协商,通过土地置换、货币补偿、股权量化等方式予以解决。对于擅自变更土地用途的地块,若不违反规划和用途管制,可要求补办手续或重新登记后公开入市;若不符合规划,应责令恢复原用途。

(三)平衡土地收益分配,监管土地收益使用

缩小征地范围与集体经营性建设用地上市改革联动,打破了集体组织、农户和当地政府间原有的利益格局。如何做好新的土地收益分配,决定着改革的成败。无论如何,普遍认可的基本原则,是作为集体经营性建设用地财产权的基本主体,农户的意愿必须在利益分配过程中得到尊重。

首先,应正确定位地方政府角色,规范其参与收益分配行为。不少学者认为,在收益分配机制中,不应该排除政府,这有利于提高政府推动改革的积极性。[①] 那么政府应以何种方式参与分配呢?国土资源部和财政部根据试点情

① 孔祥智、马庆超:《农村集体经营性建设用地改革:内涵、存在问题与对策建议》,载《农村金融研究》2014 年第 9 期。

况,于2016年5月28日共同出台了《农村集体经营性建设用地土地增值收益调节金征收使用管理暂行办法》,规定土地入市须向政府缴纳20% ~50%的土地增值收益调节金。对此调节金的性质和合理性,学界众说纷纭。主流观点认为政府应通过合理税制,如与国有建设用地类似的税种,来参与土地入市收益的分配。笔者认为,当地政府并非集体土地的权利人,只是市场的监管者和服务者,于情于理,均不应直接参与集体土地入市收益的初次分配。合理的税收,显然是更为明智的选择。

其次,农民集体作为所有权主体,土地入市收益应当由集体内所有成员共享。在试点地区,有的将该等收益纳入村委财政收入,有的则通过资产股权量化给予农户分红。笔者倾向于在股权量化的基础上,农户直接参与分配,享受大部分的改革红利,集体保留一部分作为发展资金。集体与成员之间的分配比例,应由集体成员讨论表决,充分尊重农民自决和集体意志。同时,政府和集体的收益应当纳入专用账户,用于农村、农业发展建设,接受村民和社会监督。

最后,对于尚未到期的乡镇企业建设用地的入市,可根据剩余期限的长短,由集体组织与乡镇企业协商,收回土地使用权,给付违约金和补偿;若剩余期限较长,且乡镇企业有意成为入市流转的交易主体,则可向集体组织补交土地出让金,登记成为使用权人;乡镇企业和集体组织亦可共同作为入市交易主体,根据协议确定双方参与土地收益分成的比例。

(四)培育土地交易市场,完善配套制度

本轮改革前的集体土地流转,由于公权力的过度干预以及涉及法律空白,大部分都是隐形流转,缺乏有效的市场机制和良好的市场组织,相应地,在抵押融资、价格评估等方面的中介服务也处于空白状态。① 要推动集体经营性建设用地与国有建设用地同等入市,就必须建立一个与国有土地流转市场机制同等的有形市场。

笔者认为,第一步应在各地设立统一、多层级的交易平台,如重庆市申请

---

① 张四梅:《集体经营性建设用地流转制度建设研究——基于优化资源配置方式的视角》,载《湖南师范大学社会科学学报》2014年第3期。

设立的农村土地交易所,将城市与农村建设用地交易相挂钩。广东南海和浙江德清的公共资源交易中心也是如此。第二步要拓展信息公开、传播途径。在改革初期,市场机制不完善,信息流通缓慢,政府作为服务者,须通过各种渠道加大宣传,招商引资,吸引优质项目。第三步则是要加快发展各类中介服务项目,对入市土地进行专业化评估,避免定价过低损害集体组织和农户利益。第四步为了入市土地能够得到良性开发,进而搞活农村经济,还须完善集体建设用地的抵押融资制度,吸引优质项目落户农村。

此外,为了规范入市交易行为,地方政府还应根据法律和政策,制定具体的市场管理办法和土地挂牌交易规则。以浙江德清县和广东南海区为例,其管理办法涉及入市实施主体和代理、审批程序和项目、入市程序、收益分配方式、监管部门、矛盾纠纷处理程序和救济措施等方方面面。只有搭建一整套完善的制度,改革才能依法有序地进行。

五、结语

通过对当前集体经营性建设用地入市改革试点的实践以及学界观点的分析和探讨,不难发现本轮改革的重心是建立一个完善的集体土地交易有形市场,目的在于推动农村经济发展和农村现代化、城镇化。集体经营性建设用地使用权的用益物权定位和产权归属是改革必须做好的前期工作,而在收益分配机制方面,实践和理论仍处于不断地探索中,需要在以后的改革中继续深入研究。虽然集体经营性建设用地使用权的入市流转是农民集体自主行使民事权利的行为,但政府在此间仍将发挥不可替代的作用,无论是引导、服务,还是监管、保护,当地政府都应积极履行职能。另外,还应坚持以市场配置资源为基础,行政权力不得干预,不得插手交易过程。政府在推动改革时,应做好中间人的角色,在此两者间找到平衡点。

综上所述,笔者建议,未来深化改革的方向应着力于以下方面:推进集体建设用地确权颁证;进一步整合土地资源;集体资产折股量化;培育新型集体经济组织和资产托管组织或企业;完善收益分配制度以及相关配套措施,推进新的修法立法工作等。

城市小商贩治理难题的本质及解决路径

——以小商贩经营的合法化为视角

杨　贝*(河南财经政法大学　河南 郑州 450001)

摘要:城市小商贩与城市管理者之间的冲突源于流动摊贩的经营合法性没有得到法律承认。从弱势群体权利保护、弥补城市市场发展局限等角度来看,小商贩的经营权应该得到法律保障。鉴于小商贩豁免商事登记并不损害登记制度的社会功能,小商贩应不经商事登记而成为独立的一种商事主体,而城市管理也应在尊重小商贩合法权利的前提下对其去弊存利。

关键词:小商贩　管理　立法　合法化

城市小商贩的大量出现是我国社会转型、农村城镇化等时代发展的产物,然而小商贩在出现之时就被冠以"无证商贩"之名而在各个地方受到城市管理部门的查处、取

---

* 杨贝:河南财经政法大学讲师,中南财经政法大学诉讼法博士。

缔,小商贩与城市管理者之间几度呈现出水火不容之势,引起了公众舆论的广泛关注。但是简单地将这一问题归咎于城市管理者或者小商贩都有失偏颇,问题的根源在于我国小商贩这种经营主体到底应该得到法律的承认还是禁止,摊贩经营这种经营形式在我国城市中是否应该取消。因此,本文本着从根本上解决城市小商贩治理难题的宗旨,对城市小商贩的法律主体地位及规制策略进行探讨,以期为我国城市管理和立法完善提供借鉴。

一、城市小商贩的行政治理难题及其本质

(一)城市小商贩的行政治理难题

城市小商贩,一般是指没有固定经营场所的、在城市中从事简单商品交易的小规模经营群体。近年来随着我国城市规模的扩张,大量城市中的无业人员、下岗人员、农村进城务工人员走街串巷,从事着仅能维持生计的小生意。然而不能忽视小商贩给社会带来的负面影响,比如污染城市环境、侵占公共道路、扰乱市场交易秩序等。长期以来我国大部分地区在城市行政管理中对小商贩取主要采取禁止、取缔的管理办法,如《北京市外地来京务工经商人员管理条例》、《北京市城市管理综合行政执法规范条例》等一系列相关法规中都明确禁止小商贩在城区的经营活动,合肥市甚至在 2006 年 4 月提出创建“无摊城市”的目标。小商贩取缔这一任务主要由城市管理部门负责,因此,大街小巷便经常发生城管与小贩之间的“猫鼠游戏”,并引发暴力执法、抗法事件甚至群体性事件。城管打死瓜农、小贩刺死城管的新闻频频见诸报端,往往是一波未平一波又起,成为近年来饱受诟病的社会现象。

对于城市小商贩行政治理过程中引发的种种问题,许多舆论媒体和学者都将责任归结为非人本主义的执法手段和执法程序。“城管人员素质良莠不齐,往往执法手段粗暴单一,导致商贩等弱势群体的负面情绪爆发,引起更深层次的社会矛盾,导致城管执法失灵。要解决此问题,关键是坚持以人为本的执法理念,以文明、宽容的态度对待小贩。”①有学者指出,小商贩的“强制禁

① 黄鑫曌、吴二霞:《城管执法权与小商贩生存权的博弈与对策》,载《企业导报》2013 年第 8 期。

止”治理模式下的单向管制，管理者与管理对象之间形成的关系是简单的“命令—服从”关系。由于缺乏沟通和商谈机制，这种关系极易转变为“命令—抗争”关系，不仅不能取得治理的成效，反而强化社会矛盾。破解小商贩管理困境，必须在“包容式”发展的城市治理理念下，建立新的小商贩治理模式。① 实践中，一些城市管理也正朝着这个方向努力，如加强文明执法、卧底体验，想尽办法改变城管的形象，但诸多试验并没有遏制惨剧的一再发生。② 尽管一些城市尝试构建城管与小商贩的良性互动，改变管理方式，编制摊点设置规划，规范城市秩序等，但只要法律不承认小商贩经营活动的合法性，其经营势必面临被限制、处罚的局面，城市执法者与小商贩的矛盾就无法化解。对此，一些学者指出，城管与小商贩的冲突，事实上根源在于小商贩的生存权与城市“光鲜权”的矛盾，“在城市管理中，特别是名目繁多的各种文明创建过程中，过多强调的是城市整洁和秩序，却忽视了摊贩们的生存需求。正是在这一管理理念的引导下，各大城市普遍对摊贩发出了禁令。”③由于城市小商贩大多具有谋生的性质，他们没有资金，没有技术，从事简单的日常生活用品买卖是他们赖以生存的基本方式，基于硬性需求往往是这边刚刚查处，那边就“春风吹又生”，带来了监管上的进退两难。

（二）城市小商贩行政治理难题背后的本质：小商贩合法化问题

其实，城市管理何以无视小商贩的生存需求而对其经营活动予以取缔？最根本原因还在于小商贩本身在我国并不是合法存在，其不是法律保护的经营主体。根据我国现行商事立法相关规定，自然人要从事商事经营活动必须进行商事登记。2011 年的《个体工商户登记管理办法》第 2 条就规定，有经营能力的公民经工商行政管理部门登记，领取个体工商户营业执照，依法开展经营活动。国务院 2003 年出台的《无照经营查处取缔办法》第 2 条规定，任何单位和个人不得违反法律、法规的规定，从事无照经营。而我国城市小商贩都未履行商事登记，没有取得营业执照，一直处于无证经营、非法经营的状态。这

① 卜瑜婷、杨 芳：《小商贩“强制禁止”治理模式反思》，载《辽宁行政学院学报》2013 年第 12 期。

② 白靖利：《城管与商贩的冲突悲剧如何根除》，载《福建日报》2013 年 7 月 22 日。

③ 牛震：《瓜农之死背后的机制之弊》，载《农村工作通讯》2013 年第 16 期。

主要是因为城市小商贩往往没有固定经营场所,无法取得登记。《个体工商户登记管理办法》第6条就规定,个体工商户的登记事项包括经营场所。第10条规定,经营场所是指个体工商户营业所在地的详细地址;个体工商户经登记机关登记的经营场所只能为固定的一处。另外,小商贩的经营特点是本小利薄,进行登记、办理营业执照等带来的各项税费较多,即便立法允许城市小商贩进行商事登记,因为登记成本过高,小商贩宁愿选择非法经营而不愿选择登记而取得执照。未成为合法经营主体是城市小商贩被取缔、被查封的法律依据。因此,如何使城市小商贩纳入常规的社会管理渠道或者成为正常的社会现象,本质、核心的问题还是要妥当定位城市小商贩的经营合法性问题和法律主体地位,如果城市小商贩是一种非法经营,当然应该禁止;如果允许城市小商贩从事经营,使其合法化,那么其在城市管理中就应该被予以尊重。那么城市小商贩合法化的依据在哪里?小商贩能否不经登记而合法化?合法化之后小商贩是一种什么样的法律主体?这些问题的明晰是解决城市小商贩治理等问题的前提。

二、城市小商贩合法化的现实基础和理论依据

尽管有个别学者反对小商贩合法化,"如果流动摊贩与有固定经营场所的个体工商户享有相同权利却不承担相应义务,个体工商户要建立账簿、纳税、缴纳登记费,流动摊贩却没有这些义务,二者就将处于不公平对待的境地,从而对个体工商户的正常经营以及工商管理带来不利。"①但小商贩问题"堵不如疏"已成为大部分学者的观点。城市小商贩是否有必要合法化从而成为一种法律承认和保护的经营主体,这需要考察城市小商贩这一经营形式存在的现实基础和理论依据。

(一)城市小商贩合法化的现实基础

城市小商贩的产生说到底是一种弱势群体的就业需求,从事城市小商贩经营的一般是社会底层人士。据学者对北京市街头无照经营商贩的生存状况调查,发现商贩们在北京生活异常艰难和低质量,他们为了尽力减少开支,在

① 吕来明:《流动摊贩的法律地位及其商事登记考量分析》,载《商业时代》2010年第24期。

衣、食、住、精神生活等方面大都选择了最低的标准。[①] 对于那些无背景、无资本的城市无业、待业居民以及转移至城市的农村剩余劳动力来说，要在城市生存，小商贩所需资金门槛低、技术含量低等，这就成为他们的最优也可能是唯一选择。因此，对于城市小商贩问题，近年来社会各界逐步认识到其本质是民生问题。城市小商贩经营有必要合法化的现实依据在于城市市容环境、社会管理与生存保障的需求之间，后者具有人权性质，当然应优先保护。如果做不了小商贩，那些无业、待业人员的生存问题无法解决，各种社会不稳定因素也会接踵而至。小商贩现象屡禁不绝，一方面是小商贩自身的需要；另一方面是因为市民生活也离不开商贩的存在。小商贩对于调动城市市场活力必不可少，基于城市居民在日常生活中对小商贩的需要，小商贩在城市具有旺盛的生命力。纽约、巴黎等大城市也都存在跳蚤市场、周末市场等为小商贩提供自由经营的形式，我国城市中小商贩的产生"基本符合市场的发展规律"。[②] 其实如果没有个体经济，我国也不会有改革开放到现在的成果。不少国家在实践中对自然人从事小规模营业采取支持的态度，不仅允许流动小商贩从事经营活动，还尽可能地为他们提供低成本的从业环境，如法国巴黎的"早市"就由来已久，形成了一个传统，因为法国没有城管部门，只要摆摊设点不影响交通，警察也只是采取教育了事——说明"下不为例"，甚至睁只眼闭只眼。[③] 这也说明，城市小商贩的出现和存在是一种必然，我们应该面对这种客观存在对其进行去弊存利，而不是一味地想消灭它。

（二）城市小商贩合法化的理论依据

从根本上来讲，城市小商贩的经营活动需要合法化，原因在于任何自然人都应该享有从事营业活动的营业权。营业权是自然人可自主地选择特定领域或特定事项从事以营利为目的的经营活动而不受到不合理限制和其他任何主体不当干预的权利。[④] 从人类自利理性的角度来看，人都有通过劳动、营业等

---

① 杨晓旭：《北京街头无照经营商贩生存状况调查研究》，载《南方人口》2009 年第 4 期。

② 盛永祥：《地下经济现象的博弈分析和研究》，载《华东船舶工业学院学报》（社会科学版）2004 年第 2 期。

③ 陈学明：《国外管理小摊贩的做法》，载《江淮》2007 年第 6 期。

④ 肖海军：《营业权论》，法律出版社 2007 年版，第 58 页。

多种手段以实现其生存和发展,通过营业获利是人性内在要求在权利上的表达,营业权是一种与主体独立人格相伴随的应然性权利。我国已加入联合国《经济、社会、文化权利公约》,其中公约明确规定“人人应有机会凭其自由选择和接受的工作来谋生的权利”。因此,营业权是一种人权,自然人有从事经营活动的自由,这应该是得到一国立法所确认的。小商贩作为独立从事经营活动的自然人,应然享有营业权,这是一种与就业权具有同等价值的个体经济发展权。这种营业权与城市管理等公共目标相比,更应该得到法律的承认和保护,否则有悖人性的内在需求,有悖于私权优先得到保护的法理。只要小商贩的营业活动没有违反相关主体身份的限制或营业领域的限制,如公务员不能从事经营行为,未经许可不得在法定管制的行业从事经营等,那么基于自然人天赋的营业权,法律便应当确认小商贩合法的地位,准许其在法律允许的范围内以流动摊位的方式自由经营。

三、城市小商贩不登记而成为合法商事主体的制度可行性

当前我国城市小商贩被认定为非法经营主体的根本原因在于未履行商事登记,因而不能成为合法的商事主体。依据我国法律规定,从事商事营业成为商事主体必须履行商事登记,这是源于商事登记制度的重要功能:第一,促进交易便捷,保障交易安全。通过商事登记公示商事主体的经营身份、经营状况、经营能力,确立其经营信誉,可以为商事活动的参加人及时提供交易相对人的准确信息,免除交易相对人费时费力收集交易所需信息的成本,并使交易相对人依据公示的信息选择和决定自己的交易对象,以维护自己的交易利益,以免在交易中受到损害。即便商事主体的登记信息有误,基于登记的权威性,交易相对人信赖该登记信息所为的交易行为也将得到法律的保护,最终达到保护交易安全的目的。第二,便于政府监管和征税。商事登记可以使政府取得各项必要的商事主体信息,及时了解商事主体的经营状态,对各种不同商事主体的设立和经营进行必要的监管,实现对商事主体的法律调整和整个商事活动的宏观规划及调控,并根据登记确立征税依据。

我国立法规定了个人独资企业、个体工商户等经营形式,但如前述小商贩

没有固定经营场所，无法取得商事登记；因为登记成本过高，不愿申请商事登记；出于降低登记成本的考虑，选择流动、无证经营。那么小商贩能否不经登记而成为合法的经营主体？笔者认为，从城市小商贩的经营特点来看，其可以不被强行纳入强制登记制度的适用范畴：第一，从促进交易便捷、保障交易安全来看，小商贩从事的是面对面的交易，经营能力、经营资本等都是公开的，与其他市场主体之间相比，不会涉及交涉力和信息不均衡的问题，而登记作为一种程序要件主要是为了解决信息不对称问题，维护公共秩序。[①] 实践中，消费者也不会因为买 1 斤蔬菜而去工商登记机关查询出卖人的经营信用基础。因此，小商贩不需要专门通过登记建立信息公示制度。小商贩从事的是一手交钱、一手交货的原始交易方式，也不需要通过维护交易相对人对公开信息的信赖，以维护社会信用和交易安全。第二，从加强政府监管、保障税收来看，要求公司、合伙等企业进行登记，是因为这些企业规模巨大，一些企业的一举一动都对全社会产生重大影响，“公司本身拥有很多资源可供解决社会性问题使用”。[②] 政府强制要求这些企业登记，才能掌握相关信息，对经济活动进行调控。大中型企业营利能力强，利润相对丰厚，也需要通过登记确定管控税源，实现税收征缴。而小商贩对全社会的经济影响可以忽略不计，他们的利润微薄，是否对其征税对国家税收收入影响不大，许多国家也对小商贩免于征税，因此，小商贩免于登记并不会影响到政府监管和国家的税收工作。

国外立法及理论界通常使用“小商人”一词来涵盖我国所称的无固定经营场所的小商贩。从各国立法来看，对小商人的范围和法律地位定位并不相同，但共同的一点就是都允许小商人不经登记而从事经营活动，如 1986 年《德国商法典》依商营业的规模，将商人分为完全商人和小商人。依据《德国商法典》第 4 条的规定，有关商号、商事登记的规定，以及一些较为严厉的商法规范，不适用于小商人。1998 年《德国商法典》修改后，取消了小商人的概念，但对小规模经营者仍然适用特殊规定，《德国商法典》第 2 条规定，小规模经营者可以自

① Phillip Blumbeg. limited liability and corporate groups. journal of corporation law, summer 1986:587.

② 刘连煜：《公司治理与公司社会责任》，中国政法大学出版社 2001 年版，第 4 页。

愿在商事登记簿中进行登记,以取得商人资格。这就意味着小规模经营者可以自己选择是否登记,选择登记的便成为商人,适用商法规范,小规模经营者不登记的,就不适用商法。日本理论界依据《日本商法典》的规定,将商人分为固有商人、拟制商人和小商人。《日本商法典》第 8 条规定,本法关于商业登记、商号及商事账簿的规定,不适用于小商人。

综上,强制登记制度对小商贩不应适用,"立法往往是一种利益权衡"。① 在立法政策上允许小商贩不经登记而成为合法的经营主体是可行的。我国现行立法规定所有主体从事商事经营必须登记,其实并没有考虑弱势群体经商的特殊需求,如果豁免小商贩的登记义务,那么其只要没有从事违法经营,就可以基于自己的营业行为而自动成为合法经营主体。

四、城市小商贩合法化之后的立法规制与治理对策

(一)城市小商贩合法化之后的商事主体地位及立法对策

如果承认城市小商贩作为合法的经营主体存在,那么应该是何种性质的主体?一些学者认为城市小商贩应该纳入商主体范畴,但也有一些学者认为,将小商贩纳入商主体会破坏商主体与民事主体相比较的独立性,而且将小商贩纳入商法规制范畴,有违小商贩存在的初衷,不利于发挥小商贩交易灵活等优势,其交易应按照一般民事活动进行规制。② 商事主体的实质判断标准是看主体实施的行为是否构成营利性营业活动。城市小商贩的经营活动无疑具有营利性的特征,但是否具有营业性呢?关于如何判断营业,主要有以下条件:营业活动具备独立性;营业活动应具有有偿性;营业活动系长期的,或者说其活动原则上指向不确定的大量行为;营业活动须对外显示等。③ 许多学者反对小商贩成为商主体就是因为一些小商贩的经营活动具有随意性,一些农村进城务工人员一会儿沿街贩卖,一会儿回家务农。但也有不少小商贩把这种经

① J. R. Macey. Public Choice: The Theory of the Firm and the Theory of Market Exchange . Cornell L. Rev. 74. 1988, pp. 45 – 51.

② 董翠香:《商主体立法基本问题思考》,载王保树主编:《中国商法年刊》,北京大学出版社 2007 年版,第 125 页。

③ [德]C. M. 卡纳里斯:《德国商法》,杨继译,法律出版社 2006 年版,第 30 ~ 32 页。

营作为长期谋生的手段，尽管有时卖牛奶，有时卖水果，有时卖小吃，但是无论如何都是在贩卖日常生活用品的范畴，其经营范围具有相对的确定性，经营活动具有连续性，摊贩经营已经成为他们的职业。因此，对于自然人以小商贩形式偶然实施的商品交易活动，我国法律本来就不禁止，将其纳入民事合同交易的范畴规范即可；对于连续实施以营利为目的的交易行为的小商贩，他们其实就是以一种职业身份在实施商行为，完全具备商事主体实质标准，应该成为商事主体。

持续经营的小商贩如果成为商主体，那么其是何种类型的商主体？目前我国的商个人包括个体工商户、农村承包经营户和个人独资企业。但根据我国《个人独资企业法》、《个体工商户条例》和《个体工商户登记管理办法》等法律、法规的规定，没有固定的经营场所的小商贩是不能登记为个人独资企业、个体工商户的。而且"个体户、独资企业营业后仍面临诸多运营成本。名目繁多的登记、验照规定，不履行这些烦琐的登记、验照程序，将受到限期改正、罚款甚至吊销营业执照等处罚。二者还要负担工商登记费、税务登记费增值税、营业税、印花税、所得税等种种税费。"[①]这些成本是小商贩作为小规模经营者难以负担的，因此，城市小商贩纳入现行立法体例并不合适。小商贩作为相对弱势的经营主体国家应予以特殊照顾，我国可以应对小商贩专门立法，将其作为一种独立的商事主体类型(类似于国外立法中的小商人)来规制。目前不少学者主张在我国起草《商事通则》，城市小商贩问题可以在将来制定商事通则或者商法典时进行专门规定，在针对小商贩的专门立法中，应规定小商贩的特殊规则如作为经营者可以不办理税务登记、不设立商事账簿。

(二)城市小商贩合法化之后的权利义务

允许城市小商贩不经登记而成为合法的商事主体之后，就受到商法的调整和规范，得到商法的保护。其可以享有其他商事主体享有的商事权利，主要有营业权、商业秘密权、财产权等，并且可以自己的权利对抗各种影响其经营的非法干扰。但经过商事登记之后才可以享有的权利如商号权，其主要效力是独占性的使用，需要经过登记公示之后才能具有排他性，小商贩不应该享有

① 李建伟:《对我国商个人立法的分析与反思》，载《中国政法大学学报》2009 年第 5 期。

(这也是小商贩与个体工商户法理待遇的差别之一)。同时,小商贩的经营活动应遵守市场经济中的基本法律规则,遵守《消费者权益保护法》、《食品安全法》、《合同法》等法律、法规的规定合法地开展经营活动。

(三)城市小商贩合法化之后的治理对策

城市小商贩合法化之后,其从事流动性的商事经营活动具有合法性,只要小商贩的商事经营行为没有违反法律的禁止性规定,执法部门就不能随意对其进行处罚。对小商贩进行管理的部门主要是工商机关和城市管理部门,工商机关是政府主管市场监管的机构,负责商事主体资格管理。如果小商贩非法经营,比如出售假冒伪劣商品的,工商机关同样可以对其进行处罚,甚至可以取消其从事商事经营的资格。而城市管理部门基于城市管理法规对小商贩进行执法,不能以侵害商主体权利的方式来维护城市管理秩序,无权剥夺小商贩的经营资格。

鉴于小商贩具有填补正规商业网点空白的功能,“城市存在功能真空,因而小商贩是城市自己产生的”。① 城市小商贩合法化之后,对其管理就应以发挥其功能、消除其不利影响为目的。我国可以借鉴国外的做法,在城市中划分允许小商贩从事商事交易的区域与时段,根据城市居民对小商贩的市场需求以及城市交通管制等客观因素,将城市划分为小商贩自由贩卖区域、限制贩卖区域以及非贩卖区域。在小商贩自由贩卖区域,政府为该区域配备垃圾堆放场地、公共卫生间、移动摊位、基础设施;在限制贩卖区域对其经营活动进行限制,对经营时段进行规定,以不打扰周边居民生活、不影响城市的正常运行为标准;在非贩卖区域,则要严格禁止小商贩在该区域进行任何经营活动。这是一种基于公共利益而设定的城市管理政策,应由地方立法机构出台规定,以构成对小商贩营业权的一种限制。

① 林艳琴:《对我国商自然人法律制度的审视》,载《政法论坛》2009 年第 1 期。

论纠纷解决的合作程序*

周建华**

摘要:合作程序作为一种新型 ADR 方式,旨在重新恢复当事人的决策者中心地位。它的启动必须源于当事人签订的参加协议;开展中实施信息自愿披露和分享、开放式交流,遵守保密原则;为保证当事人决策的准确性,律师的辅助是必须的,而且经常会有多元化职业者团队的参与;为杜绝律师的敷衍态度,适用"剥夺代理资格"条款,即在协商未果时律师将自动终止代理资格,禁止代理后续程序。合作程序有利于吸引律师参与 ADR 和推动社会自治型纠纷解决机制的构建,这正是我国 ADR 的发展重点。我国在合作程序的移植中可借鉴法国式改造经验,采取实体法和程序法的双重立法模式,结合本国国情进行中国

* 本文为北京市社会科学基金项目《民事诉讼调解立法修改研究》(16FXC030)的阶段性研究成果。

** 周建华:北京理工大学法学院讲师,法国蒙彼利埃第一大学法学博士。

式改造。

关键词:纠纷解决　ADR　调解　合作法　合作程序

一、合作程序的引进

合作程序(collaborative procedure)于1990年由美国明尼苏达州的家事律师/调解员斯图尔特·韦伯(Stuart Webb)创立。由于厌恶长期的对抗式家庭纠纷解决方式,他力促客户同自己信赖的律师一起通过非对抗的合作手段促进家事纠纷的和解。其中,律师只代理纠纷的协商谈判阶段,如协商未果,他应自行退出,客户另行委托其他律师代理诉讼。① 这种新纠纷解决方式被称为"合作法"(collaborative law),如今已从家事领域扩展至民商事领域,从美国扩张至英国、苏格兰、澳大利亚、法国、德国、捷克、荷兰、瑞典、新西兰、以色列、肯尼亚、乌干达以及我国香港特区等。②

合作程序作为ADR的一种新型方式,试图寻求其他ADR没有包含或逐渐偏离的某些理念。以往说到调解这一典型的ADR方式,论其优势在于作为相对于诉讼的一种和谐方式,有利于平息纠纷、缓和关系。然而,随着调解强制化趋势的发展(如调解的强制启动),以及调解员的专业化发展日益呈现为一支法律类正规军队伍,调解逐渐偏离了一种纯粹自愿的协商模式。调解员"穿梭"的工作方式有时妨碍了当事人之间的直接接触。美国学者评论,在"穿梭"式会谈("背靠背"调解)中,当事人和其代理人越发感受调解过程的失控,只能选择完全信任调解员能够为他们的利益进行有效和说服性的表达和调和。③ 在调解逐渐背离原有状态的不可逆转趋势下,合作程序的产生是对

---

① Alexandria Zylstra, "A Call to Action: A Client-Centered Evaluation of Collaborative Law", 11 *Pepp. Disp. Resol. L. J.*, 2010 - 2011, pp. 547 - 570.

② Marilyn A. K. Scott, "Collaborative Law: Dispute Resolution Competencies for the 'New Advocacy'", 8 *Queensland U. Tech. L. &Just. J.* 2008, pp. 213 - 237. 据法国2008年司法改革报告的数据,言及已有40多个国家确立,但没有详细列举具体的国家。Serge Guinchard, *L'ambition raisonnée d'une justice apaisée*, Rapport au ministre de la justice, La documentation française, 2008, p. 168.

③ Gay G. Coxt & Robert J. Matlock, "The Case for Collaborative Law", 11 *Tex. Wesleyan L. Rev.* 2004 - 2005, pp. 45 - 69.

ADR 起点时原有状态的一种"返璞归真",重新把当事人置于圆桌上,以他们的需求为中心,由律师和其他专家辅助,采取诚信谈判的方式,共同讨论问题。这种方法可谓 ADR 的一种新乌托邦式构想。此外,合作程序引导律师工作模式从"对抗"模式向解决问题的"合作"模式的转移,旨在重新调整律师和客户的关系,"从律师指向型转为客户中心型"。①

结合我国情况,合作程序的引进具有三重意义:(1)合作程序是一种吸收律师必须参与的协商程序,它将律师们逐渐引入到纠纷的协商解决中,律师在提供纠纷解决服务中着眼点发生转移,不再只追求官司的胜利,而是寻求更符合客户需求的解决结果。(2)律师的加入将有力地推动我国社会自治型纠纷解决机制的构建。我国从国家社会向市民社会的过渡,权力逐渐回归至民间,国家主导型的纠纷解决机制将集中于少量纠纷的高质量裁判,发挥其模范性效果。律师作为公民权利维护之卫士,本身是自负盈亏的自由职业者,更容易遵循市场发展的规律在纠纷解决市场中实现优胜劣汰,从而摸索和总结出更符合客户需求的纠纷解决结果。(3)随着我国律师服务行业的发展,律师和客户之间的关系要逐渐改变,转入一种律师更注重客户需求的客户中心主义模式,从而获取客户更多的信任。信任是一个行业发展的持续性动力,客户的信任推动律师行业的蓬勃发展。

那么,应当如何引进合作程序?各国在移植中均根据本国情况进行本土化改造,其中法国式改造经验值得我国借鉴。

二、合作程序的基本特征

美国自 2001 年开始从州立法或州法院规则层面对合作程序进行规范。②

---

① Marilyn A. K. Scott, "Collaborative Law: Dispute Resolution Competencies for the 'New Advocacy'", 8 *Queensland U. Tech. L. & Just. J.* 2008, pp. 213 - 237.

② 2001 年,美国得克萨斯州第一个将合作法立法化,确立在其家事法典中。

2009 年,美国统一法律委员会(Uniform Law Commission)发布《合作法统一规则》[①](以下简称《规则》),2010 年修订,总共 21 条,其中 17 条对合作程序的基本特征进行统一规范。结合《规则》和实践做法,合作程序的基本特征可总结为下列 6 个方面:

1. 合作程序的启动必须基于当事人签订的参加协议(participation agreement)

《规则》第 5 条规定,合作程序在当事人签订参加协议时启动;法院不能在当事人提出反对时,强迫命令其参与到合作程序中。因此,合作程序必须以当事人自愿为启动的前提。依据《规则》第 4 条第 1 款,参加协议必须符合下列条件:(1)书面形式;(2)由当事人签署;(3)表明当事人愿意依据本规则通过合作程序解决纠纷事项的意愿;(4)确定解决事项的性质和范围;(5)确定代理当事人参与合作程序的合作律师;(6)合作律师表明其只在合作程序中代理当事人的声明。

《规则》坚持的理念,是在保证最低要求的遵守之外,给予当事人足够的自由度。当事人在参加协议中不能改变合作程序原有的本质特征,不能排除对当事人的保护性条文。例如,当事人随时无理由终止合作程序的权利(第 5 条),剥夺合作律师代理资格条款的适用(第 9 条、第 10 条、第 11 条),客户同意参与合作程序前获取信息全面告知的权利(第 14 条),律师查清当事人之间是否存在强制或暴力关系的责任(第 15 条)。除此之外,当事人可以对参加协议的内容自由约定(第 4 条第 2 款)。例如,共同约定合作程序中交流信息的自愿披露范围或保密范围,共同聘请中立专家参与到合作程序中,共同决定是

① 该文件的全名为《合作法统一规则/法案》(Uniform Collaborative Law Rules/Act),载 http://www.uniformlaws.org/Act.aspx? title = Collaborative + Law + Act,2016 年 6 月 30 日访问。依据官方文件说明,《合作法统一规则/法案》由各州决定如何转化,或通过法院规则(rule),或通过立法(act),或同时采取两种方式,具体采取何种试取决于该州法院和立法部门之间的权限划分。规则和法案的内容是相同的,只是在述及转化程序时有所不同。本文中为叙述方便,选择对《合作法统一规则》进行介绍。据查,亚拉巴马州、夏威夷、密歇根州、蒙大拿州、新泽西州、华盛顿州采取立法转化;亚利桑那州采取法院规则转化;马里兰州、犹他州则是两者都有。载 https://www.collaborativepractice.com/professional/resources/collaborative-practice-legislation-and-reform.aspx,2016 年 6 月 30 日访问。

否豁免他们的保密义务。

2. 参加协议中应包含“剥夺代理资格”条款(disqualification agreement)

“剥夺代理资格”条款是合作程序的核心条款和本质特征，指合作程序结束时，如协商未果，纠纷转移至其他解决渠道，此时合作律师不能继续代理。《规则》第7条至第11条规定：(1)“剥夺代理资格”条款适用于合作律师和其所在事务所的其他律师。(2)但是，这些律师在合作程序达成协议时可向法院申请批准，或在继任律师还未来得及代理的情形下可先帮助当事人申请法院发出紧急命令。(3)此外，合作程序终结后，如果当事人年收入证明其符合事务所无偿代理的标准，参加协议也有约定，同时保障合作律师在之后的纠纷解决程序中不会参与进来，合作律师所在事务所的其他律师依然可以无偿代理当事人在后续的有关合作程序解决事项，或参与其他相关事项的后续纠纷解决过程。如果一方当事人为政府或政府分支、代理处或机构时，也适用同样的规定。

“剥夺代理资格”条款的适用具有三重意义：(1)约束律师全身心地投入合作程序的协商服务当中，真正抛弃对对抗式诉讼程序的偏爱。(2)推行采取一种“解决问题式”新谈判方法。“各方在开始之初便知道对方和自己因为高昂的纠纷解决成本而束缚着手脚。通过聘请两个合作法实践者，当事人明确告知对方他们想真诚合作以友好解决纠纷。”①(3)有利于解决“囚徒困境”(prisoner’s dilemma)，当事人因“剥夺代理资格”条款对纠纷解决成本增加产生担忧，在谈判中会约束自己作为真诚合作者参与，而非狡猾的逃避者。

3. 鼓励信息披露和尊重保密特权

信息的互相披露和分享对合作程序的顺利进行至关重要。依据《规则》第12条，一方当事人依据另一方当事人的申请，实施及时、全面、坦白和非正式的实体信息的披露，同时对于更改的信息及时披露。当事人可以在不违反其他法律的前提下自由界定披露范围。作为信息披露的后盾，相应地确立了保密原则。合作过程中的口头和书面交流应当遵守保密原则，保密范围由当事人约定或州法律规定(第16条)。紧随的是保密特权的保护(第17条至第19

① Scott R. Peppet, “The Ethics of Collaborative Law”, 1 *J. Disp. Resol.* 2008, pp. 131–161.

条),合作程序中的交流信息,包括当事人和其他人员提出的,均享受保密特权的保护。提供者有权拒绝在合作程序之外进行披露,拒绝出现在开示程序中和作为证据被采纳。

当然,保密原则和特权的适用存在例外情形:(1)如果是正常出现于发现程序中的证据或信息,不能因为它在合作程序中披露或采用过就不被采纳或免于开示。(2)明确下列信息不享有特权:要求公开的信息;有可能对身体构成伤害或暴力犯罪的;试图计划犯罪、实施犯罪、掩盖现行犯罪行为或活动的;所有当事人同意的。(3)如果法院发现某些信息作为证据的利益需求大于保密原则所保护的利益,如在有关重罪或轻罪的诉讼程序中,可以允许披露。

信息提供方有权以书面或口头的方式明确豁免保密特权。一方对合作信息的披露对他人造成损害时,此时不能主张特权,但受损害方的披露只限于必要的内容。例外情形下披露的信息限于必须披露的范围,且不能用于其他目的。对于当事人事先约定不受特权保护的豁免情形,不适用于在交流开始前当事人未收到参加协议通知的情形。

4. 合作程序与诉讼程序的关系

《规则》第6条至第8条对合作程序与诉讼程序的关系进行处理,旨在保证合作程序的独立性和安全性。当事人有权通过签订参加协议,及时告知法院而中断诉讼程序。合作程序终止时当事人也应当及时书面告知法院,从而恢复诉讼程序;但告知中不能透露终止的具体理由。法院可以要求当事人和合作律师提供一份有关合作程序的说明报告,但报告只能记载合作程序是否继续或终止,不能包含有关合作程序和合作法解决事项的报告、判断、评估、意见、发现和其他交流信息。对于这些信息,法院不能采纳。因当事人未及时提起恢复诉讼的申请,法院在作出撤诉裁定之前,应当告知当事人并给予辩解的机会。在合作程序中,法院有权为保护一方当事人或家人的健康、安全、安宁或利益[①]发布紧急命令。法院有权依申请对合作程序达成的和解协议进行批准。

此外,依据《规则》第20条,当协议没有完全记载法定内容或合作律师未

① 对利益做宽泛解释,不限于物质方面的安全,可以是经济利益或名誉利益。

完全履行信息全面告知义务时，法院对当事人签订的有瑕疵的参加协议是否应当履行具有裁断权。法院判断当事人都愿意实施和解协议，并且有理由相信他们会参与合作程序的，可认定参加协议的有效性。法院依据正义原则裁断，要求当事人执行协议，适用剥夺代理资格和保密特权条款。

5. 律师新纠纷解决能力的培养

合作程序是文明、程序化、非对抗式、以谈判为基础的通向法律实践的途径。一方面，它依然建立在律师的传统专业知识和才能上，如作为法律专家，擅长于法律分析和问题解决，规划解决纠纷所需信息的能力。另一方面，律师在提供法律意见时采取一种不同的途径，和同行建立友好非对抗式的合作关系，替代原有的法律辩论模式，采取一种有关法律问题的对话和讨论方式。有学者总结，律师需要培养纠纷解决新技能，除在法律的背景下进行谈判外，同时运用原则性谈判理论（principled negotiation theory）和微技术（micro-skills），并且遵循调解的自主性哲学（empowering philosophy）。①

在传统对抗模式的谈判中，利益经常被扭曲，采取一种输赢的诉讼策略。当事人基本站在一种极端的立场进行谈判。谈判由律师统率，律师起草和发送函件，当事人被排除在外，很少有直接接触的机会。这样的谈判容易远离当事人的真实需求。合作程序中新谈判方式则把当事人的目标转移至深藏的各类需求、价值和目标。目光会放在比较远的利益上，而不是固守于法律立场。合作程序注重于过程指向性，需要律师构建和保障诚实谈判的安全环境。一名优秀的合作律师应当包括下列能力：有效管理会谈；推动合意进程；起草多方协议；多功能入手，开展创造性、乐观和控制性活动；替代传统律师思维，着重于协商性辩论和批判式途径。②

当然，律师在合作程序中应当遵循一定的义务，参见《规则》第 13 条至第 15 条。其中，特别强调律师应当履行信息全面告知义务。在签订参加协议前，合作律师应当评估纠纷，判断是否适合于合作程序；律师应当充分告知客户合

① Marilyn A. K. Scott, "Collaborative Law: Dispute Resolution Competencies for the 'New Advocacy'", 8 *Queensland U. Tech. L. & Just. J.* 2008, pp. 213 – 237.

② Marilyn A. K. Scott, "Collaborative Law: Dispute Resolution Competencies for the 'New Advocacy'", 8 *Queensland U. Tech. L. & Just. J.* 2008, pp. 213 – 237.

作程序的优劣以及和其他纠纷解决手段（如诉讼、调解、仲裁和专家评估）的优劣比较，以便其作出正确的决定；律师还要告知其有关合作程序的重要权利内容，如启动和终止合作程序、剥夺律师代理资格的权利。

6. 多元化职业者团队合作方式的运用

各国对合作程序中辅助当事人的人员采用“合作实践者”（Collaborative Practitioners）或“合作职业者”（Collaborative Professionals）的名称，旨在包含多领域、多专业人士的参与，如律师、财税顾问、心理健康学家、社会工作者和调解员，体现了一种多元化职业主义。① 例如，在离婚纠纷中，借助于律师以外的专家的帮助，客户能对他们的生活从未来视角进行一个长期的重新规划，离婚法定程序只是一个步骤，专家们能帮助客户进行一个走向新世界的过渡，重组而不是摧毁他们的生活。②

合作法中多元化职业者团队参与的工作方式，能避开诉讼程序或排除律师在外的调解程序的缺陷。例如，诉讼过程可能出现随着给予参与者各种压力使冲突局面更加恶化；调解类的规则中经常排除律师的辅佐作用，当事人在谈判阶段经常得不到相应的法律咨询服务，无法考虑清楚法律后果。合作程序则能集中于客户决策制定中信息的促进和催化。③ 实践中，有可能在参加协议中直接约定由多位专家组成的纠纷解决团队。④ 例如，离婚纠纷中由律师、心

① 依据“合作职业者国际协会”（IACP）2010 年的一项调查，对 2006 年 10 月 16 日至 2010 年 6 月 6 日的 932 件合作实践案件（其中 815 件来自美国，97 件来自加拿大，17 件来自英国，2 件来自澳大利亚，1 件来自苏格兰）进行分析，43% 的案件只聘请了律师，43% 采取团队模式（其中 79% 包括一名财税专家，82% 包含至少一名心理健康专家），14% 采取咨询模式（其中 71% 包括一名财税专家，45% 包含至少一名心理健康专家）。仅 3% 聘请了调解员。Linda K. Wray，“The International Academy of Collaborative Professionals Research Regarding Collaborative Practice”，https://www.collaborativepractice.com/media/2794/2011_08_26_CollaborativePracticeReport_shortversion.pdf，2016 年 4 月 18 日访问。

② Marilyn A. K. Scott，“Collaborative Law: Dispute Resolution Competencies for the ‘New Advocacy’”，8 *Queensland U. Tech. L. & Just. J.* 2008，pp. 213－237.

③ Marilyn A. K. Scott，“Collaborative Law: Dispute Resolution Competencies for the ‘New Advocacy’”，8 *Queensland U. Tech. L. & Just. J.* 2008，pp. 213－237.

④ 有学者提出，所有参与的职业人士都应当签订程序协议，遵守他们对客户的职业伦理规则，同时学会在不同职业之间跨越界限的沟通。Marilyn A. K. Scott，“Collaborative Law: Dispute Resolution Competencies for the ‘New Advocacy’”，8 *Queensland U. Tech. L. & Just. J.* 2008，pp. 213－237.

理健康医生、儿童专家、中立的财政顾问等组成团队共同合作。在团队中，甚至会指定一名案件管理员指挥和领导团队工作。此时，律师不再是孤军奋战，而是可以依托于其他专业人士的辅佐，更有效帮助客户从多视角“完美”解决纠纷。

三、合作程序的改造

鉴于合作程序对中国而言是一个全新事物，部分处于业务开展前沿的国际化律师事务所可以在国外合作实践者协会[①]的帮助下，先行开展合作法的实践业务，如可以在涉外离婚纠纷中适用。同时，我国应当意识到合作程序纳入多元化纠纷解决机制构建的重要性，采取官方推动的积极手段，及时立法，从立法上指引和推动合作程序的应用。各国在移植合作程序的过程中均依据具体情形有所改造，其中法国的改造具有非常明显的特征。“合作程序”在法国被改名为“参与程序”。通过比较中国与法国的相关情况，笔者认为法国式改造的途径和方法可以为我国所借鉴。

1. 采取双重立法模式

法国参与程序的立法模式颇有自己的特色，采取实体法和程序法的双重规定。(1)《法国民法典》第 3 卷“取得财产的各种方式”第 17 编“参与程序协议”(第 2062 条至第 2068 条)，对参与程序协议的合同内容、效力等作出实体性规定。该编与第 15 编“和解”、第 16 编“仲裁协议”，均为以纠纷解决为标的的特殊合同。(2)《法国民事诉讼法典》第 5 卷“纠纷的友好解决”第 2 编“参与程序”(第 1542 条至第 1564 条)，对依据参与程序协议如何，开展参与程序的过程和步骤做出程序性规定。

我国民法学者已经提出在《民法典》中仿照法国民法典的做法增设一项有名合同，即和解合同。而和解本身已在《民事诉讼法》中有所规定(只是不太完善)，因此，和解的未来立法很有可能跨越实体法和程序法的双重规定。[②] 合作程序的内容包含参加协议和合作程序的展开两个部分。前者是后者的前提和

---

① 在合作程序的全球发展中，一些国际协会发挥了关键的推广作用，如“合作职业者国际协会”(IACP)已在 15 个国家和我国香港特区开展合作法业务。

② 周建华：《和解：程序法与实体法的双重分析》，载《当代法学》2016 年第 2 期。

基础,有关前者的实质构成要件、审查和效力等方面应当由《民法典》规定。关于后者,我们面临多种选择,一是单独制定一部 ADR 法,把合作程序和调解等其他手段统一规定在 ADR 法中;二是模仿《人民调解法》,制定一部单独的《合作程序法》或《合作程序条例》;三是仿照法国做法,将 ADR 直接纳入《民事诉讼法》,其中包含合作程序。立法步骤上,可以先由全国律协制定有关合作程序的准则,供律师们适用中参考;同时,法院也积极加入,实践中开展合作程序与诉讼程序的衔接工作,把合作程序协商结果看为和解协议的一种;等到时间成熟时,可以将上述准则上升为条例,继而上升为立法。立法上是采取单独立法还是统一立法,这取决于 ADR 立法的整体构思选择,或纳入《民事诉讼法》,或制定统一的 ADR 法。

2. 实现内容的特色式改造

《法国民法典》规定,参与程序协议是指"纠纷当事人之间通过签订契约,约定在纠纷诉诸法院或仲裁庭之前,以诚信的方式共同协商解决他们的纠纷"。当事人只有在律师的辅助下才能签订此协议。在参与程序中的辅助是律师的一项垄断专利,其他人员不能担任此责。协议必须采取书面形式,包括期限、纠纷标的、纠纷解决所需的证据材料和信息,以及它们的交换方式等,否则无效。协议具有阻碍法院受理的效力,一旦启动参与程序,法院将不受理该纠纷;但是,当一方当事人不履行此协议时,法院有权受理当事人的起诉。当事人可以在紧急情形下向法院提出临时措施或保全措施的申请。在达成协商结果时,他们可请求法官的批准,赋予该协议执行效力。如协商未果,当事人可以起诉,此时有可能免除法律规定的先行调解。协议的签订具备中断诉讼时效的效力;协议期满之日起,诉讼时效重新计算,期限不低于 6 个月。

《法国民事诉讼法典》把参与程序的适用分为两个部分,即协商程序和必要时寻求判决的程序。协商程序可能出现三种结果:一是全部协商成功;二是部分协商成功;三是协商均未果的。三种结果都可以和法院进行关联:第一种是寻求法院对协议的批准;第二种是申请对成功部分批准,同时对未果部分判决;第三种是对纠纷继续审判。法国法律特别侧重于两个程序之间的快速衔接,寻求纠纷的及时解决。为此,法国法律没有确立协商程序中保密原则的遵守，而是把此决定权授予当事人。如果当事人没有约定保密范围，协商程序中的信息可由当事人在后续诉讼程序中援引。法国立法者在移植中甚至取消了美式合作程序中的核心因素，即“剥夺代理资格”条款。在参与程序和解失败后，律师仍可继续代理当事人，且在无保密的特殊约定下，可利用协商程序中的信息直接做好防御答辩工作。法国法律中也落实了信息披露的应用，规定在协商程序中，由律师依照协议中约定的方式进行书面文件和证据材料的交换；各方可以采用任何适宜的方式，以便对方知晓；完成交换后，应当制作材料的清单，这份清单将有可能呈交给法院。此外，还规定当事人可以在参与程序中共同求助于技术专家，帮助澄清纠纷中的某些事实，并就该专家如何开展工作的细节作出明确规定。

法国法律中的规定大多可以为我们所借鉴，如参加协议的构成要件、法院介入权限的事项、合作程序与诉讼程序的衔接等。即便是对“剥夺代理资格”条款的抛弃，也可借鉴。因为中国律师对于 ADR 的运用非常少，如果确立此条款，估计律师们推动适用合作程序的概率会非常低；而且，当事人对于协商式手段的认同比较低，聘请律师时大多希望通过对抗制诉讼获取胜诉，有着对诉讼结果的一种盲目的、非理性的判断。合作程序如果断然切断律师的后续进程，会增加纠纷解决成本，当事人将很可能不会选择合作程序。合作程序对我们而言是一个全新事物，初始阶段是推动大家对它的认识和尽可能保证它的启动和引用。但是，考虑到我国法律实践环境中非诚信的情形的存在，我国应当确立保密原则，要求当事人和他们的律师，以及其他参与者应当对合作程序中交流的信息履行保密义务，防止合作程序沦为一个套取信息的虚假程序。可能有人担心后续诉讼程序难以开展，其实如同调解中保密原则确立的目的一样，①我们只是通过保密原则忽略掉合作程序这个阶段的存在，纠纷解决回复至原点而已。当事人如果想加快诉讼进程，可以通过声明放弃保密原则，使合作程序中的交流信息直接进入诉讼程序，从而快速解决纠纷。

合作程序对我国而言是一个全新的事物，因此，一切都需要在实践中进行摸索和探讨。

---

① 周建华:《司法调解的契约化》，载《清华法学》2008 年第 6 期。

生命的自决:知情同意权的分化与重构*

马　特**

摘要:我国《侵权责任法》第55条确立了患者的知情同意权。该规则来自英美法,如何融入我国既有的民事权利体系是个重要问题。侵犯知情同意权可以构成独立的侵权类型。但需要分别构建“知情”和“同意”的规则。“知情”和“同意”两项权利可以从合同关系和侵权责任两个层面展开:医疗机构违反告知说明义务可以产生违约责任,除了损害赔偿之外还包括实际履行、解除合同等责任形式;而同意权属于隐私权的范畴,即便没有造成对生命健康权的侵害,单纯侵犯同意权本身也可构成独立的医疗伦理型侵权行为。为了便利于患者寻求合理的救济,应当准确地定位知情同意的权利基础,完成知情同意权的分化与重构。

关键词:知情同意权　侵权损害赔偿　医患关系

* 本论文为教育部人文社科研究项目“生命权的伦理反思和制度重构”(11YJC820081)阶段性研究成果。

** 马特:法学博士,对外经济贸易大学法学院教授。

一、问题的提出

继2012年衡阳弑医案、哈尔滨弑医案之后,2013年10月,浙江发生了轰动一时的温岭弑医案。患者基于对医生治疗的不信任,采取极端手段报复医院,导致3名无辜医生遭受暴力袭击,造成一死二伤的悲剧。可以说,温岭弑医案是我国目前医患矛盾的一个缩影。中国社会之所以医患关系如此紧张,人体试验如此毫无规制,都可以归结为一个问题,就是知情同意权没有发挥应有的功能。如果在实施治疗方案、人体试验之初,医生和研究者对信息上处于劣势的患者和受试者充分披露风险、说明情况,在使对方知悉了解的条件下征得同意,很多纠纷就会防患于未然,化解于无形。知情同意权有助于在信息不对称的医患关系中重建平衡,从而缓和日益紧张的医患关系,维护患者和受试者的合法权益。

患者知情同意权,是指临床上具备独立判断能力的患者,在非强制状态下充分接受和理解各种与其所患疾病相关的医疗信息,在此基础上对医疗人员制定的诊疗计划自行决定取舍的一种权利。[①] 2009年《侵权责任法》第55条第1款规定:"医务人员在诊疗活动中应当向患者说明病情和医疗措施。需要实施手术、特殊检查、特殊治疗的,医务人员应当及时向患者说明医疗风险、替代医疗方案等情况,并取得其书面同意;不宜向患者说明的,应当向患者的近亲属说明,并取得其书面同意。"据学者所称,《侵权责任法》第一次在法律上明确了患者的知情同意权。[②] 但作为侵权责任的客体,该权利在我国民法体系中如何定性,在理论界和实务界存在争议。

二、知情同意权的由来

知情同意规则(principle of informed consent)是医患关系的金科玉律。这是因为医疗行业本身专业性强,医生往往掌握着大量患者不知道或者不可能知道的专业知识和行业规则,医患之间信息的不对称使患者时常处于弱势地

① 龚赛红:《医疗损害赔偿立法研究》,法律出版社2001年版,第224页。

② 王利明:《侵权责任法研究》(下),中国人民大学出版社2011年版,第421页。

位,患者对医生的安排通常只能被动地接受,无形之中就使自己的权益受到侵害并因此带来很多法律问题。知情同意规则实际上反映了医患关系从传统以医生为中心的父权制医患关系转型为近现代以患者为中心的互动式医患关系。

知情同意规则来自普通法。最早涉及知情同意规则的案例可追溯到1767年英国的Slater v. Baker &Stapleton案。① 该案中法院认为,在实施手术前取得患者的同意是外科医生的"惯例和法则"。在普通法上,医生不告知说明而取得患者的同意进而实施手术等治疗措施,可能构成殴打等诉因。1914年的Schloendorff v. The Society of NewYork Hospital案中,美国大法官卡多佐曾言:"每一个心智健全的成年人都有权利决定其身体可以接受何种处置。外科医师如果没有取得患者的承诺或同意即对其进行手术,则构成人身攻击,应当承担损害赔偿责任,除非存在患者意识不清和同意获取前有必要进行手术的紧急情形。"②知情同意原则从医疗伦理走向法律规制,有其历史原因和现实需要。现代意义上的知情同意原则公认肇始于"二战"后纽伦堡医生的审判,乃是对"二战"中纳粹医生实施活体实验惨痛教训的反思。1948年《纽伦堡法典》提出了"自愿同意"的法则。1964年第18次世界医学大会通过的《赫尔辛基宣言》采纳了《纽伦堡法典》的观点,正式确认了患者的知情权(Right to Information)和自主决定权(Right to Self determination)。而正式在司法实践中使用"知情同意"一词是在1957年的Salgo v. Leland stanford案③中。绍尔戈案不仅创立了"知情同意"一词,而且突出了医生的判断应该与"充分的"告知相一致。

---

① Slater v. Baker & Stapleton 95 Eng. Rep 860(K. B. 1767).

② Schloendorff v. Society of NewYork Hospital, 211 N. Y. 125, 129 - 130, 105 N. E. 92, 93 (1914).

③ 此案的起因是医生对马丁·绍尔戈(Martin Salgo)一男性患者实施胸部大动脉造影治疗造成了该患者下肢瘫痪。当时这一检查方法是先进的,但患者及其妻子认为,由于医院和医生没有说明可能瘫痪的风险,所以对于这一后果完全处于一无所知的境地。法院认为医生有义务告知"可以让病人作出明智选择的事实"。

虽然也有学者认为知情同意规则为英美法系的产物而持怀疑的态度。[①]但我国立法及司法实践均已承认该规则。我国《执业医师法》、《医疗事故处理条例》、《医疗机构管理条例》等法律、法规都明确规定医疗机构的告知说明义务和患方的知情同意权。《侵权责任法》第55条是以往立法经验的整理和总结。对于侵权法上的知情同意规则,很多学者将第55条的规定概括为知情同意权,这也符合我国的司法实践。最高人民法院(法〔2011〕41号)《关于修改〈民事案件案由规定〉的决定》修改后的《民事案件案由规定》新增了三级案由"351.医疗损害责任纠纷",下设"(1)侵害患者知情同意权责任纠纷"和"(2)医疗产品责任纠纷"两个四级案由,该规定实际上明确了医疗损害责任侵害的客体之一就是"患者知情同意权"。"知情同意"在理论上和实务中均被作为一种民事权利。

三、知情同意权能否成为侵权责任的客体

确定知情同意权的法律后果在于患者的"知情"和"同意"成为独立的法益,受到侵权责任的保护。《侵权责任法》第55条第2款规定:"医务人员未尽到前款义务,造成患者损害的,医疗机构应当承担赔偿责任。"关于该条的解释,损害是指人身或精神损害,还是知情同意权的损害,亦即未造成生命健康的身体权的侵害,而只是纯粹的知情同意权受侵,能否独立地提起侵权之诉,该问题也不无争议。一是否定说,为我国司法实务所采。北京市高级人民法院(京高法发〔2010〕第400号)《关于审理医疗损害赔偿纠纷案件若干问题的指导意见(试行)》第39条规定:"未尽告知义务,损害患者生命权、健康权、身体权等人身及财产权利的,医疗机构应当承担侵权责任。未尽告知义务,仅损害患者知情同意权而未损害患者人身、财产权利的,医疗机构不承担赔偿责任。"因为医疗机构未尽到该义务主要侵害的是患者一方的知情权、同意权、选择权,并不直接导致患者遭受物质损害。[②] 据此,没有造成生命、健康、身体等

① 聂精保:《知情同意在中国不适用吗——"文化差异论"的认知错误》,载《医学与哲学》2002年第6期。

② 林文学:《侵权责任法医疗损害责任规定若干问题探析》,载《法律适用》2010年第7期。

物质性人格权的侵害,仅仅精神上的知情同意权受到侵害,不发生损害赔偿责任。二是肯定说,以杨立新教授为代表。该说认为,违反告知义务的医疗伦理损害,损害的是患者的知情权和自我决定权,损害事实主要不是人身损害,而是知情同意权、自我决定权的民事权利的损害。① 如果医务人员没有履行告知义务,即使没有给患者造成实质上的损害,也构成违反医疗告知义务的侵权行为,应当承担侵权责任。②

笔者赞同肯定说,理由在于:

第一,患者的知情同意构成独立的法益,这种法益是纯粹精神性的,与生命、身体、健康等物质载体无必然关系。因为医方违反告知说明义务,导致患者"不知"和"不能自主决定",即便治愈疾病,也不排除构成对患者意志自由的侵犯,是把患者物化,贬低其作为人应当享有的人格尊严。例如,韩国大法院判决认为:"医师应当本着尊重患者的原则,事先向患者说明疾病的症状、治疗方法和内容、必要性、愈后和能够预见的对于生命、身体健康的危险性及副作用等重要事项,使患者能够独立决定是否接受手术或者用药。如果医师未履行这些说明义务便实施治疗,即使医师无治疗上的过失,亦属于侵害患者同意权的违法行为。"③由此可见,只要医师没有履行说明义务,就侵犯了患者的知情同意权。

第二,从解释论上看《侵权责任法》第 55 条第 2 款规定的是"造成患者损害的",该损害既包括人身损害,也应当包括精神损害,而精神损害可以不依赖于身体健康受损,仅因侵害知情同意权也可发生。北京市高级人民法院《关于审理医疗损害赔偿纠纷案件若干问题的指导意见(试行)》把侵权法的"损害"偷换概念,变成"损害患者人身、财产权利",大大地限缩了侵权责任法的保护范围。医疗机构违反知情同意规则造成患者人身损害,自当产生医疗损害责任。问题在于如果没造成人身损害,单纯侵犯知情同意权能否独立诉讼索赔?这种案件也并不鲜见。例如,日本发生过著名的"花子案",患者花子由于宗教

---

① 杨立新:《侵权责任法》,法律出版社 2010 年版,第 422 页。

② 杨立新:《中华人民共和国侵权责任法草案建议稿及说明》,法律出版社 2007 年版,第 899 ~ 890 页。

③ 金玄卿:《韩国的医师说明义务和患者的知情同意权》,载《法学家》2011 年第 3 期。

信仰的原因在治疗过程中拒绝接受输血,但医生在手术中违背其意志擅自输血抢救。日本最高裁判所认为,病人的意思决定权作为人格权的内容之一应该得到尊重,并且当医师的治疗方针与病人的意思有冲突时,医师应该说明治疗方针,使病人对治疗方针作出承诺与否的选择。侵犯知情同意权,即便不造成患者的人身损害,也构成医疗侵权,因为违反患者的自主意志本身即为不法侵害。[①]“病人的意思决定权作为人格权应该得到尊重……本案医生剥夺了花子决定是否接受有输血可能性的手术的权利,侵害了其人格权,因此,应当对患者的精神痛苦负赔偿责任。”[②]

第三,《侵权责任法》第55条第2款规定“造成患者损害的,医疗机构应当承担赔偿责任”。也就是说,“不造成患者损害的,医疗机构则不承担赔偿责任。”值得注意的是,立法此处仅限定为“赔偿责任”,而我国侵权法采多元化的责任形式,医方违反告知说明义务,没有造成患者任何身体或精神损害,只是不得请求损害赔偿责任,但不能排除赔礼道歉等侵权责任。[③]赔礼道歉的适用也证明存在侵犯知情同意权的独立类型。

第四,知情同意规则不仅适用于医患之间的治疗关系,还适用于人体试验等场合。《医疗机构从业人员行为规范》第27条规定:“严格遵守药物和医疗技术临床试验有关规定,进行实验性临床医疗,应充分保障患者本人或其家属的知情同意权。”《涉及人的生物医学研究伦理审查办法(试行)》第14条第1项确立了知情同意原则。人体试验即便不造成试验对象的健康损害,但不对其告知说明征得同意,属于严重违背医学伦理的行为,不保障试验对象的民事请求权,无异于把活体生命降格为小白鼠,在法律效果上有违公平。1972年美国媒体曝光出来的“塔斯基吉案(tuskegee)”,揭露了自1932年起美国政府在阿拉巴马州以免费治疗梅毒为名隐瞒真实信息对400多名黑人长期进行人体梅毒试验,该丑闻导致美国社会对生命伦理的关注。学者批评道:“人类社会

---

① 夏芸:《患者自己决定权和医师裁量权的冲突——评“病人基于宗教信仰拒绝接受输血案”》,载《南京大学法律评论》2003年第1期。

② 赵西巨:《从知情同意原则的历史渊源和发展轨迹看其所保护之权利及其性质》,载《南京医科大学学报》2005年第4期。

③ 王竹:《解释论视野下的侵害患者知情同意权侵权责任》,载《法学》2011年第11期。

极端反道德的标志,原来是纳粹的活体试验,现在让位给了塔斯基吉试验。"①随着发达国家的规制日趋严格,医药研发巨头们转向第三世界国家利用民众进行大规模的医学试验,曝光出来的违法人体试验事件层出不穷,最具有代表性的就是发生在2008年的湖南省衡阳"黄金大米"试验事件。② 侵犯知情同意权责任的确立,使人类受试者在不能验明人身损害的情况下也可以针对不法人体试验提起独立的诉讼,这对于落实医疗伦理、规制人体试验具有积极意义。

四、知情同意的权利基础辨析

承认侵犯知情同意权的独立性,与之伴随的问题是该种权利到底属于何种性质?生命权、身体权、健康权,独立的自主决定权,抑或是其他权利。对此众说纷纭,大致可以归为两类:一是独立权利说。该说认为,患者的知情同意权应当属于人格权的范畴,在未来人格权立法中,应当对此加以规定。③ 还有学者认为,知情同意权属于自我决定权;④二是既有权利说。该说把知情同意权纳入现行立法的既有权利体系中,如有学者认为,知情同意权是一种患者对医疗机构提出积极作为义务的特殊人格权,属于身体权的内容。⑤

(一)知情同意权不是独立的人格权

笔者首先排除了知情同意权为独立的人格权的观点,理由在于:

---

① Robert. John. Levine:《美国人类受试者使用的历史》,载《医学与哲学》2001年第12期。

② 2012年8月,汤光文等在《美国临床营养杂志》发表了题为"'黄金大米'中的β-胡萝卜素与油胶囊中β-胡萝卜素对儿童补充维生素A同样有效"的论文,内容是研究菠菜、金水稻(俗称"黄金大米")和β—胡萝卜素胶囊中的类胡萝卜素在儿童体内的吸收和转化成维生素A的效率。2008年5月20日至6月23日,含"黄金大米"实验组的试验在湖南省衡南县江口镇中心小学实施,试验对象为80名儿童,随机分为3组,其中1组25名儿童于6月2日随午餐每人食用了60克"黄金大米"米饭。课题组没有向受试者家长和监护人说明试验将使用转基因的"黄金大米",现场未发放完整的知情同意书,仅发放了知情同意书的最后一页,学生家长或监护人在该页上签了字,而该页上没有提及"黄金大米",更未告知食用的是"转基因水稻"。

③ 王利明:《侵权责任法研究》(下),中国人民大学出版社2011年版,第424~425页。

④ 杨立新、袁雪石:"论医疗机构违反告知义务的医疗侵权责任",载《河北法学》2006年第12期。

⑤ 王竹:《建议将身体权作为精神性人格权规定》,载《中国社会科学报》2011年8月9日第8版。

(1)患者知情同意权本身只是在具体的医患关系中的体现,不能脱离医患关系的具体场合而独立存在,不具有普世性,不是固有、必备的人格权利。可以说,《侵权责任法》第55条的知情同意权只属于患者及其近亲属,而不是所有民事主体的。

(2)患者知情同意权的客体尚无定论。知情权的客体是信息,同意权的客体是自由,这两种不同的权利能否整合为统一的人格权,实属难题。

(3)患者知情同意权具有期限性,随着医患关系的终结,所谓患者的知情同意权随之消灭,这与人格权的属性也不符。

根据奥卡姆剃刀原理,如无必要,勿增实体。如果在既有的权利体系内能够得到有效的解释,则无须新增一种权利类型,否则只能体现我们法学理论解释力的苍白。所以,知情同意权的定位并非独立的人格权,而是特定人格权在医患关系中的具体表现。因此,患者知情同意权必有其他权利基础作为依托。

(二)知情同意权不是自主决定权

知情同意权是否可以被界定为一种自主决定权?有学者认为,患者知情同意权归根结底是出于现代法律对自然人的自主决定权的尊重,该权利在宪法上是人格尊严的体现,本质上是一种宪法上的权利。① 台湾地区学者大都将自我决定归入宪法上的人格尊严。李震山教授认为,人得以自治自决,不应处于被操控的他决地位,这是宪法中人性尊严的核心之一。一个人在其基本权利行使的正当范围内,若缺乏自治自决的机会,将丧失其尊严,因此,自决权应受国家及他人之尊重。② 黄丁全教授也采此说,认为"人格尊严"之自觉,遂使医疗上自我决定权具体地在一般人的意识中萌芽,同意原则也因此自然地确立。③ 我国也有学者主张,基于宪法人格尊严的保护在民法人格权体系中创设独立的自主决定权。④ 这种观点值得商榷。

首先,宪法上的人格尊严等基本权条款,在我国不是裁判规范,不能作为

① 赵西巨:《医事法研究》,法律出版社2008年版,第61~66页。

② 李震山:《从生命权与自决权之关系论生前预嘱与安宁照护之法律问题》,载《"国立"中正大学法学集刊》1999年第2期。

③ 黄丁全:《医事法》,中国政法大学出版社2003年版,第261页。

④ 杨立新、刘召成:《论作为抽象人格权的自我决定权》,载《学海》2010年第5期。

请求权基础。《侵权责任法》第55条规范的只能是民事权利而不可能是宪法权利。宪法上的人格尊严条款是人格权民事立法的授权渊源,但不能直接适用,否则就架空了部门法。①

其次,自主决定不是独立的民事权利,而是权利行使的一种表现。举例来说,你不能把支配权当做一种权利,因为物权有支配性、知识产权有支配性、人身权有支配性,支配性是权利的效力,而不是权利本身。就人格权来说,自主决定权可能体现在婚姻自主权、性自主权、人身自由权、隐私权,甚至身体权等不同方面。在权利体系上,不可能从各种权利中抽象出一个独立的自主决定权来。

最后,现行的人格权体系中无法容纳一项独立的自主决定权,在逻辑上将会与既有人格权发生体系冲突。人格权体系涉及人格权的分类。格雷说:"分析法学的任务就是分类,包括定义,谁能够对法律进行完美的分类,谁就能获得关于法律的完美的知识。"②合理分类有助于明确各种人格权的特点,划分人格权的边界,构建科学的权利体系。兹举几例:梁慧星教授对人格权的分类:(1)生命健康权;(2)姓名权;(3)肖像权;(4)名誉权;(5)人格尊严;(6)自由;(7)荣誉权;(8)个人秘密。还有公民婚姻自主权、休息权、不因信仰或不信仰宗教而受歧视等。③ 张俊浩教授对人格权的分类:(1)物质性人格权;(2)精神性人格权。物质性人格权又分为:生命权;身体权;健康权;劳动能力权。精神性人格权又分为:标表型精神人格权;自由型精神人格权;尊严型精神人格权。标表型精神人格权又分为:姓名权;肖像权;商号权。自由型精神人格权又分为:身体自由权;内心自由权。尊严型精神人格权又分为:名誉权;荣誉权;隐私权;贞操权;精神纯正权;信用权。④ 在我国通说的人格权分类体系中,都不存在独立的自主决定权一说,就是因为尽管自主决定是自然人必需的法益,但很难独立地类型化为一种具体民事权利。

---

① 马特:《人格权与宪法基本权关系探讨》,载《安徽大学学报》2008年第5期。

② John Chipman Gray, The Nature and Sources of the Law, 2ed. The Macmilian Company, 1931, p. 3.

③ 梁慧星:《中国人身权制度》,载《中国法学》1989年第5期。

④ 张俊浩主编:《民法学原理》,中国政法大学出版社1991年版,第140页。

(三)知情同意权不是生命权、健康权、身体权

生命权、健康权和身体权,在《民法通则》中被统称为"生命健康权",作为物质性人格权,为人格所依附。患者的知情同意权与该种权利关系密切,但能否以生命权、健康权、身体权为基础解释知情同意呢?笔者持否定立场。

其一,生命权是以自然人的生命安全利益为客体的人格权。生命权具有特殊性,一般只有导致死亡才能构成侵犯生命权,故知情同意权与生命权无关。

其二,健康权是指自然人以其身体外部组织的完整和身体内部生理机能的健全,使肌体生理机能正常运作和功能完善发挥,从而维持人体生命活动为内容的人格权。健康权主要是一种消极性的权利,一般在受到外来侵害时发生作用。在理论上,生命和健康都被认为是权利人不得处分的权利,故此,患者不能对自身健康享有自主决定的权利。

其三,身体权是指自然人维护其身体完整并能自由支配其身体各个组成部分的权利。身体权的客体是自然人的身体,身体权设定的目的在于保持人的身体的完整性和完全性。身体权能否作为患者知情同意的基础,关键在于对身体权的定义。如果依照通说,狭义的身体权仅是对身体完整性和安全性的保有和禁止他人侵害,则身体权的意义仅在于作为侵权责任的客体,为权利人提供保护,身体权与知情同意权无关。如果把身体权理解为广义的对身体的自主支配权,则患者对自己身体状况的知情和同意,成为身体权的延伸,亦无不可。但带来的副作用是广义的身体权,将涵盖人身自由、人格尊严、个人隐私等,成为一种变相的一般人格权,与所谓的自主决定权无异,必将导致既有人格权体系的颠覆。

因此,早有学者指出,知情同意权不同于生命健康权,它并不是直接以权利人的人身为客体,而是以权利人的其他人格利益为客体。换言之,前者是侧重于物质方面的人格权,而后者则是侧重于精神方面的人格权。①

① 龚赛红、董俊霞:《论患者知情同意权的限制》,载《中国社会科学院研究生院学报》2009 年第 5 期。

五、知情同意权的解析:知情和同意分离

《侵权责任法》第55条规定的患者知情同意权,在现行权利体系中到底如何安顿呢?基于上述分析,笔者的思路为:一分为二,分别定性。在此前提下重构我国民法上的知情同意规则。

(一)知情权与同意权是两项不同的权利

有学者认为,患者知情同意权是一个包含知情和同意两个方面内容但又是一个完整的、不可分割的权利,知情的目的是同意,同意的前提是知情。[①] 但实际上,知情与同意虽然紧密相连,但并非是同一事物。例如,我国《执业医师法》第26条第2款规定:“医师进行实验性临床医疗,应当经医院批准并征得患者本人或者其家属同意。”该条只规定了患者的同意权,没有明确知情权。而《医疗机构管理条例实施细则》第62条规定:“医疗机构应当尊重患者对自己的病情、诊断、治疗的知情权利。在实施手术、特殊检查、特殊治疗时,应当向患者作必要的解释。因实施保护性医疗措施不宜向患者说明情况的,应当将有关情况通知患者家属。”该条仅规定了“患者的知情权”,并未对同意权作出规定。由此可见,知情权和同意权本质上是两种不同的权利,而非同一权利。两者区别在于:(1)知情权是“知”的权利;同意权是“决”的权利。(2)知情权的客体是相关信息;同意权的客体是身体自由。(3)知情权是一种请求权,对应的是医方的告知说明义务,该义务是积极义务;同意权是一种支配权,是对自己身体相关医疗事务的决定,医方对患者的同意不负有积极义务,只负有容忍和尊重的消极义务。

(二)知情权来自于医疗合同关系

1. 知情权属于合同权利

知情权来自于医疗合同关系。知情权(The Right to Know)最早见于美国AP通信社专务理事肯特·库勃(Kent Cooper)于1945年1月做过的一次讲

① 唐芬:《患方知情同意权法理基础之重构》,载《社会科学家》2011年第7期。

演。最初意义上的知情权,即知政权,是指获取官方的消息、情报或信息的权利。[①] 该权利开始仅是公法上的权利,其针对的义务主体仅限于政府,后来知情权的概念被广泛用于社会生活的方方面面。患者的知情权和医疗机构的告知说明义务,是双方医疗服务合同效力的体现。在英国"希德薇"案中,汤普曼勋爵认为:"医患关系一开始即构成一种契约关系,在这种关系中,医生提供诊疗服务,对价是患者所支付的医疗费用。"[②]最高人民法院也承认医疗活动的契约性,2011 年修订的《民事案件案由规定》第 120 条三级案由"服务合同纠纷"项下专门列举了"医疗服务合同纠纷"作为第四级案由。在医疗服务合同中,就医疗机构而言,其权利是请求患者给付报酬,其义务为:(1)为患者利益实施诊疗行为;(2)在采取诊疗措施之前遵循告知说明义务;(3)尽最大的努力履行合理诊疗义务,达到最佳疗效。笔者认为,患者知情权的性质不是法定的人格权,而是属于合同权利,理由在于:第一,知情权具有相对性。知情权是一种相对权,而非对抗第三人的绝对权。知情权对应的是告知说明义务。在医患关系中,医疗机构仅对与其发生特定医疗关系的患者负有告知说明义务,亦即只有患者享有对医疗机构的知情权,如果脱离了具体的医患关系,剥离了患者的身份,是不存在一般意义上的知情权的。第二,知情权是可以放弃的权利,这与人格权的专属性不同。如果患者主动放弃知情权,拒绝听取医生的说明,完全委任医疗机构采取治疗措施,在各国实践中均予以认可。第三,承认医患关系的契约属性使患者可以适用《消费者权益保护法》,有利于对处于弱者一方的患者优先保护。患者作为医疗服务的消费者,依据合同享有消费者的知情权。

2. 医患关系中知情权的适用条件

(1)患者知情权的主体

关于医患关系中知情权的主体,有单一主体说(患者本人)与双重主体说(患者本人及其近亲属)的争议。[③] 笔者赞同单一主体说,根据合同关系的相对

---

① 杜钢建:《知情权制度比较研究——当代国外权利立法的新动向》,载《中国法学》1993 年第 2 期。

② Sidaway v. board of Governors of Bethlem Royal Hospital(1985) AC 871.

③ 季涛:《谁是医疗关系中知情同意权的主体?》,载《浙江社会科学》2010 年第 2 期。

性,知情权作为合同权利只能由患者本人享有。这也符合我国《侵权责任法》第55条第1款的规定:正常情况下,患者本人是告知说明的对象,只有在“不宜向患者说明的”条件下,近亲属才可以成为告知说明的对象。“不宜向患者说明的”,是保护性医疗的特殊要求,仅限于濒临病危或罹患绝症的患者,此时听取真实病情可能对患者造成极大的精神折磨,往往会导致绝望和精神崩溃,对于后续的治疗产生消极甚至抵触情绪。基于人道主义和有利于治疗考虑,由患者的近亲属代替患者本人行使知情权。注意,近亲属不是合同关系的当事人,也不是知情权的主体,此时成立的是代理关系,近亲属作为患者的代理人接受告知说明的信息,并为患者的利益最大化进行判断。

关于告知说明义务的主体是医疗机构还是医生,在法律上也不无争议,如《医疗机构管理条例》第33条规定的是“医疗机构”,《侵权责任法》第55条规定的是“医务人员”,《医疗事故处理条例》第11条规定的是“医疗机构及其医务人员”。根据医疗服务合同关系的性质,笔者认为告知说明义务的主体应当是医疗机构,而不是医务人员,因为合同关系是在医疗机构与患者之间发生,与医务人员无关。就法律地位而言,医务人员属于医疗机构的工作人员,其履行告知说明义务只是基于职务关系的代理行为,如果拒不告知或者错误说明,根据用工责任由医疗机构代其承担无过错责任。此处的医务人员是指医疗机构授权的员工,一般而言是指对患者负责的主治医师,特殊情况下也可依照转代理规则委托其他医师实施,但缺乏行医资格的护士或其他医护人员不能履行告知说明义务,只能作为信使传达信息。

(2)患者知情权的内容和标准

患者知情权的内容,亦即医疗机构告知说明义务的内容,可以分为两类:一般的说明义务和特殊的说明义务。①一般的说明义务,是指在所有诊疗活动中,医疗机构就患者的病情和医疗措施所负的说明义务。需要说明的内容,主要为疾病情况和诊疗措施,包括疾病的性质、严重程度、变化趋势、诊断依据、拟采用的医疗方案、各种治疗措施的利与弊、治疗效果、所需费用等。②特殊的说明义务,是指在法律规定的外科手术、特殊检查、特殊治疗等特定诊疗活动中,医疗机构对于医疗风险、替代方案等情况所负的说明义务。需要说明的内容，除了一般说明义务包括的疾病情况和诊疗措施之外，还应当及时向患者说明医疗风险、替代医疗方案等信息。所谓医疗风险，是指医疗措施可能出现的并发症、后遗症、副作用、不良反应等风险；所谓代替医疗方案，包括可选择的方案及各自利弊。例如，实施手术时，医疗机构应当告知手术过程中可能承受的不适、手术失败的后果及潜在危险，手术的成功率、目的、方法、预期效果等。① 之所以法律规定特殊的说明义务，是因为此时患者的病情比较严重，威胁生命健康，医疗机构采取的特殊诊疗措施本身即具有一定的“侵袭性”，可能造成患者的人身危险，治疗本身也是伤害，实属两害相权取其轻。为了维护患者的生命健康权，尊重患者的自主决定权，对于特殊诊疗措施必须及时、详细、如实地向患者披露，使其充分知悉疾病和治疗的风险，以便于理智地权衡和选择。由于需要特殊说明的情况对于医患双方都有重大的利害关系，为了证明医疗机构或医务人员已经履行了该说明义务，避免日后发生纠纷时举证困难，法律要求履行特殊说明义务后应当取得患者的书面同意。

关于告知的内容需要达到的标准，一般认为须确保患者行使知情权所掌握的信息达到使其能够作出当合理的判断的程度。② 但如何界定“合理”判断的程度，在学说上有三种不同观点：一是合理医生标准（reasonable physician standard），它是指应当将说明义务的范围、程度交由医疗机构来判断，依照具体专科的医疗习惯而定。二是合理病人标准（reasonable patient standard），该理论源于 1972 年美国“卡特伯里案”，是以患者为标杆，医疗机构说明义务的范围、程度由“一个理性的患者，在通常情况下想要知道的信息”作为判断标准。③ 三是具体病人标准，即要根据具体患者的不同情况决定说明义务的范围和程度。笔者认为，三种观点均值得商榷：①合理医生标准，只要业内同行能够理解即为履行完毕说明义务，该标准忽视了病人的理解能力，有偏袒医方之嫌。②合理病人标准，属于折中立场，但所谓“理性病人”过于抽象，具体判断委任法官自由裁量，而且把重病患者与普通患者以同等的抽象标准对待，未免有失

---

① 唐德华：《〈医疗事故处理条例〉的理解与适用》，中国社会科学出版社 2002 年版，第 158 页。

② 赵明华：《医疗损害纠纷案件适用侵权责任法初探》，载《人民司法》2010 年第 11 期。

③ Canterbury v. Spence., 464 F. 2d 772 (D. C. Cir. 1972).

公允。③具体病人标准,虽然对于患者保护最为有利,但对于医疗机构过于严苛,我国医疗资源分布极不平衡,供求关系结构性失衡,在医疗水平相对落后的很多中西部地区,贯彻具体病人标准未必符合中国国情,况且实践中我国医生工作压力极大,每天需要接诊大量患者,大小病例均采用具体病人标准对于医生而言责任过重。因此,笔者认为应当区别对待,采纳综合说:对于普通病患的一般说明义务,医务人员大都标准化地批量处理,适用合理病人标准未尝不可;对于重大病患的特殊说明义务,医务人员必须让特定患者充分了解病情、风险和替代方案等信息,适用具体病人标准更为妥当。

(3)医方违反告知说明义务的责任

作为一种合同权利,如果医方违反告知说明义务,患者基于合同关系不仅可以请求损害赔偿,更重要的是可以主张依法解除医疗合同或者实际履行。如果医疗机构不履行说明义务,患者可以请求其实际履行,必须如实告知病情、诊疗方案等信息,以便治疗活动继续;如果医疗机构仍然拒不提供相关资料,经患者催告还不履行,患者可以选择解除医疗服务合同,请求退还医疗费用,如果延误诊疗造成损失的,可以并用损害赔偿责任。实际履行和解除合同,是合同法特有的违约责任形式,这两种救济方式单纯依靠侵权责任是无法提供的,而对于患者而言,在医疗纠纷中更符合患者的实际需求。因此,明确医患关系中知情权的性质有助于患者在医方违反知情同意规则的情况下选择适当的维权途径。

(三)同意权来自患者隐私权

同意权来自患者的隐私权。我国《侵权责任法》第2条第2款首次规定了独立的隐私权,该权利是现代社会中的一项新型权利。隐私权发端于美国,继而为世界各国所接受,从域外经验来看,现代社会中的隐私权的涵摄范围越来越宽泛,私人事务均受其调整,被称为“私生活权”,已经不再是个人资料保护的局部性权利。故此笔者认为,“隐私权的核心权能在于私生活的自主决定权。从免受打扰的权利到个人信息资料的控制,再到私生活的自主决定,隐私权的发展脉络凸显了现代社会中私人领域与公用领域区分的必要,这种区分是多元社会中维护个人私生活自由的基本屏障。”[①]患者对诊治方案、医学试验的同意权就是当事人自决隐私权在医疗事务中的具体化。

医患关系中同意权的适用条件:

(1)患者具有决定的意思能力。患者同意权行使的前提是其必须具有同意的能力,同意的能力就是对于医疗事务作出决定的意思能力。该意思能力包括两个方面:一是患者必须具有完全民事行为能力。完全民事行为能力表明患者能够自主从事民事法律行为并自担风险。如果患者是未成年人或者精神病人,由于行为能力不健全,必须征得其监护人的同意方可实施治疗。值得注意的是,有学者建议,出于对于未成年人的特殊保护,在实施人体试验的场合,应当比诊疗活动采取更为严格的标准,此时适用“双重同意”原则,不仅需要监护人许可,还需要未成年人本人“愿意”。[②] 二是患者对于医疗机构所告知的内容具有合理的理解和判断能力。民事行为能力仅是行为人作出或接受意思表示的资格,对于诊疗事务这种高度专业化的信息,只有行为能力是不够的,还需要患者具备理解其同意的内容及意义的能力。

(2)医疗机构已履行了特殊说明义务。根据《侵权责任法》的规定,一般说明义务,医方在诊疗活动中告知说明即可,无须专门征得患者同意,只要患者不明确反对即推定其同意。只有在外科手术、特殊检查、特殊治疗等诊疗事项中,医务人员履行特殊说明义务,必须取得患者明示的书面同意。据此,患者的同意权与医疗机构的特殊说明义务是相互对应的关系,同意权的行使必须以告知说明义务的履行为前提。

(3)患者行使同意权必须采用书面形式。对于外科手术、放化疗、试验性治疗等具有高度危险性的特殊诊疗措施,患者的同意权必须以书面形式行使,一般体现为在各类知情同意书上签字,如实施手术之前的《手术知情同意书》等。知情同意书是医患关系中的重要医学文件,是医疗诉讼中证明告知说明义务是否履行的主要证据。但患者签署了知情同意书,并不意味着医疗机构当然免责。知情同意书只是与知情同意权相关的证据性法律文件,并非当然

---

① 马特:《无隐私即无自由》,载《法学杂志》2007 年第 5 期。

② 徐喜荣:《论人体试验中受试者的知情同意权》,载《河北法学》2013 年第 11 期。

有效的免责条款。该协议书不但受到《合同法》第29条、第40条、第41条对格式条款的规制,还受到第53条“人身伤亡免责无效”的限制。根据《侵权责任法》第60条,我国专门规定了医疗损害责任的法定免责事由,即便知情同意书上披露了医疗风险并征得了患者自愿承担风险的承诺,只要医疗机构未尽到合理诊疗义务而存在医疗过失的,就应当承担赔偿责任。

六、结语

我国《侵权责任法》引入英美法系中普遍适用的知情同意规则,对于医患纠纷的解决无疑具有里程碑式的意义。但是该项英美法系的规则如何融入我国民事权利体系,则是一个理论上的重要问题。笔者认为,医患关系中的知情同意权并不是一项独立的人格权,在具体建构上,应当区分“知情”和“同意”:知情权来自医患双方的医疗服务合同关系,医方违反告知说明义务,患者可以主张违约的救济,除了损害赔偿之外,更重要的是解除合同或者请求实际履行;同意权来自于患者的隐私权,现代隐私权具有私人事务自主决定的权能,该私人事务包括身体健康等医疗事务。即便没造成患者的生命、健康、身体等权益侵害,单纯地违背患者意思擅自实施治疗或试验,也应当构成独立的侵犯患者同意权的侵权责任,发生精神损害赔偿、赔礼道歉等后果。

电影业完片担保制度浅析

李梦佳*

摘要:完片担保制度兴起于20世纪50年代的美国,是一种专门针对电影行业的担保制度,保证一部电影能够按照预定时限及预算拍摄完成,否则给投资方银行造成的损失由完片担保公司承担。完片担保制度与我国银行贷款中保证人担保制度有一定相似之处,但也存在诸多差异,完片担保公司不同于通常融资贷款中的保证人角色。完片担保制度是电影产业发展到一定程度时,电影、法律、金融三者结合的产物,其对于帮助中小电影制片公司融资拍摄,促进电影市场繁荣,并且对保护银行投资利益起到了极大作用。本文将探寻美国完片担保制度的兴起、运作流程及其益处,分析完片担保制度在我国适用的困境,并结合我国有关行业实践及制度设计提出相应完善建议。

* 李梦佳:北京市法学会影视娱乐法学研究会理事,中国政法大学比较法学研究院硕士研究生。

关键词:完片担保　保证人担保　电影经济　投资安全

我国"十三五"规划纲要明确提出"繁荣发展广播影视事业,推动影视制作等传统产业转型升级",通过政策有力助推中国由电影大国向强国迈进。目前我国电影产业正如火如荼蓬勃发展,2015年全国电影总票房高达440亿元,然而在快速发展的背后亦潜藏着危机。我国每年生产的600多部电影中有7成未能上映,无法完片成为其中最大的问题,不少影片曾遭遇在拍摄期间资金断裂、无限延期拍摄的"烂尾"困境。一面是电影市场的火热繁荣,另一面是行业秩序的亟须建立。2010年,中国人民银行会同中宣部等九部委联合发布了《关于金融支持文化产业振兴和发展繁荣的指导意见》,其中特别提出了"探索开展知识产权侵权险,演艺、会展、动漫、游戏、各类出版物的印刷、复制、发行和广播影视产品完工险、损失险"。此处的"完工险"落实到电影行业就是完片担保制度。完片担保制度兴起于20世纪50年代的美国,是一种专门针对电影行业的担保制度,保证一部电影能够按照预定时限及预算拍摄完成,否则给投资方银行造成的损失由完片担保公司承担,其对于帮助中小电影制片公司融资拍摄、保护银行投资利益起到了极大作用。① 完片担保制度在美国发展了六十余年,成功为好莱坞电影保驾护航,目前仍显示出蓬勃的生命力。他山之石,可以攻玉。合理借鉴、逐步引入完片担保,促进相关制度在我国落地,有利于保护我国电影产业的健康发展,加快影视制作产业的转型升级。

一、完片担保制度的产生及内涵

(一)美国完片担保制度的兴起

电影完片担保(Completion Guarantee, Completion Bond)制度起源于美国。从20世纪20年代开始,当时的八大电影公司"米高梅、派拉蒙、华纳兄弟、二十世纪福克斯、雷电华(RKO Radio Pictures Inc.)、哥伦比亚公司、环球及联艺(United Arists)"控制了好莱坞主要市场。② 这些公司自然不存在资金问题,

① Moore, Schuyler M., "Financing Drama," Los Angeles Lawyer, Vol. 31(2008), pp. 26－32.

② 宋海燕:《娱乐法》,商务印书馆2014年版,第5页。

即便拍摄过程中发生意外，也能利用其丰厚的资源完成影片的拍摄。随着电影行业的不断繁荣，从20世纪50年代开始，一些小的制作公司甚至个人开始独立筹拍电影，资金不足成为最大的障碍，同时其也没有足够的财产向投资方（通常为银行）担保进行贷款，也无法向投资方证明其有能力按时完成影片拍摄、放映，进而将资金还给投资方。于是，他们寻求保险公司的帮助来承保这些风险，这就是“完片担保”的雏形。①

随着完片担保业务的增多，逐步发展出独立的完片担保公司专门承接这种业务。此外，电影制片方还会与电影发行公司签订预售发行协议，只要制片方将影片按时拍摄完成并交予发行公司行使发行权，发行方便会向其支付足额的合同价款。有了预售发行协议的资金后盾，加上完片担保公司担保影片将在预算内如期完成，便可取得投资方信任，帮助电影拍摄顺利融资。如果影片超支或超期完成，超支部分由完片担保公司支付，投资方无须再投入新的资金；如果制片方中途无法完成影片拍摄，完片担保公司需要接手制片环节，重新完成影片拍摄制作；如果电影项目最终夭折，完片担保公司则须对投资方进行全额退款。但是完片担保并不保证一部影片的营利能力、市场口碑、票房成绩，只要一部影片能在预算内按期完成，完片担保方的义务就履行完毕。② 经过半个多世纪的发展，“完片担保模式”在英美等影视发达国家已逐步成熟。目前国际著名的完片担保公司有 Film Finances Inc.、Cinefinance Insurance Services、LLC、The Motion Picture Bond Company 等。③

（二）完片担保的著名案例

1999年，好莱坞著名导演泰瑞·吉列姆准备拍摄一部名为《谁害了堂吉诃德》（The Man Who Killed Don Quixote）的影片，该片投资高达3210万美元。然而在拍摄开始的第一周，影片中饰演堂吉诃德的主演让·罗切福德因突患疾病，无法继续进行影片的拍摄。由于该名主演与导演就角色展开讨论及培训已有两年之久，短期之内无法撤换演员，剧组不得不等待该主演康复，提前

① 吴晓武：《为什么完片担保在中国举步维艰》，载《电影艺术》2011年第1期。

② 郭晓芳：《“金融时代”背景下的中国完片担保体制》，载《青年文学家》2013年第4期。

③ 吴晓武：《为什么完片担保在中国举步维艰》，载《电影艺术》2011年第1期。

进行其他戏份的拍摄。然而祸不单行,在拍摄过程中,暴雨引发的洪水又将戏中的重要场景冲毁。制片方客观上已无法继续进行影片的拍摄再加之投资方强烈要求取消拍摄,电影项目最终夭折,完片担保公司随之介入。在向影片投资人赔付了1500万美元损失后,完片担保公司按照协议约定拥有了电影拍摄权利。直至2008年,本片原导演泰瑞·吉列姆与主演之一约翰尼·德普寻找到资金来源,并从完片担保公司手中买回了剧本版权,随之重新启动了该电影项目。[①] 影片面世后,口碑不俗。正是由于完片担保公司的保驾护航,才使剧组在发生突发事故时,投资人的利益获得了及时救济,同时影片拍摄也得以延续。

(三)完片担保的运作流程

通常而言,一个完整的电影完片担保的过程具有复杂的运作流程,具体如下:(1)制片人向完片担保公司提出申请。(2)完片担保公司结合剧本、制作班底既往拍摄成果等因素对申请进行筛选,申请的电影项目被选中后,完片担保公司会要求制片人提供更为详细的资料,进一步评估项目风险性。(3)成功立项后,由完片担保公司法务部门起草相关法律文件,双方签约,收取相应保费(费率在影片总预算的5%~6%)。此外,完片担保公司还会要求制片方向保险公司投保"一般保险"及"基本电影保险",以防发生演员人身意外伤亡、道具财产损失等意外事件,通过保险有效地帮助双方止损。(4)完片担保公司正式向投资方出具一份"完工保函",同时制片方还须向投资方提交与发行公司签订的预售发行协议,向投资方确保电影能按时完工并获得相应发行款项。[②] (5)拍摄制作前期,完片担保公司参与制定拍摄计划、确定拍摄人员。(6)拍摄过程中,完片担保公司派驻代表在拍摄现场,监管整个拍摄制作过程,以防突发状况发生。此外,还要监督每日资金使用状况,进行财务监督。甚至个别情况下,完片担保公司可对导演、副导演、制片人、摄影师、制片会计等进行人员更换。(7)影片拍摄完成,完片担保公司进行后期制作的监督。(8)如果电影

---

① 吴晓武:《为什么完片担保在中国举步维艰》,载《电影艺术》2011年第1期。

② Moore, Schuyler M., "Financing Drama," Los Angeles Lawyer, Vol. 31(2008), pp. 26–32.

在完片担保公司的监督之下在预算内按期拍摄完毕，送交发行方，则完片担保公司义务履行完毕。(9)如果影片出现严重超支等状况，致使制片方无法继续拍摄，完片担保公司须赔偿投资方所有投资。同时，完片担保公司获得该片版权，并全面接手制片环节，另行选派导演、制片人完成影片拍摄。① (10)如果电影项目最终无继续拍摄的可能性，完片担保公司须对投资方进行全额赔款。

(四)完片担保的益处

完片担保制度在美国发展了六十余年，为无数好莱坞电影保驾护航，好莱坞电影在世界范围内取得的卓越成绩与完片担保公司的功劳密不可分。完片担保制度在美国电影行业经久不衰，目前仍显示出蓬勃的生命力，自有其长存的价值与裨益。总结起来主要有如下几点：

1. 促进电影市场多元化繁荣发展

完片担保最直接的受益者是中小电影制片公司，他们拥有好的创意却囿于资金问题无法拍摄。通过完片担保公司的帮助，中小电影公司能顺利筹得拍摄资金，将好的剧本创意呈现为精彩的电影，也为观众带来良好的视觉体验与艺术享受，优秀的小众文艺片便是其中的典型代表。同时，完片担保也为投资不菲的大片保驾护航。《速度与激情7》的主演保罗·沃克意外去世，影片却依然得以顺利上映，制片方的巨额投保起到了关键作用。可见完片担保制度为各种类型各种题材的电影都起到"保护神"一般的作用，有利于促进电影市场多元化繁荣发展。② 由于完片担保公司对于制片有着丰富的评估经验，掌握着第一手的演艺人员、费用支出、实际拍摄资料，其在决定是否承保影片时肯定会对该部电影作出全面、客观、综合的评价，这对电影决策者而言是行之有效的风险评估建议，有助于其节省后期调查时间和作出是否继续拍摄的决策；同时，也是对电影进行优胜劣汰的选择，有利于提高电影行业的整体质量。

2. 投资安全性

完片担保，顾名思义，关键在于"保"。完片担保公司在电影融资中充当了

① 朱怿秋、李莉：《浅谈我国电影完片担保的法律实践》，载《学理论》2014年第30期。

② [美]巴里·利特曼(Barry R. Litman)：《大电影产业》(The Motion Picture Mega-Industry)，尹鸿、刘宏宇、肖洁译，清华大学出版社2005年版，第15页。

一个保证人的角色,由其向投资方银行作出保证,担保一部电影能够按照预定时限及预算拍摄完成,并送交发行商。① 若电影制片方无法继续拍摄电影、偿还银行资金时,完片担保公司要代为承担责任,偿还银行所有投资金额,甚至有学者直接将完片担保定性为保险,如学者朱怿秋将完片担保制度定义为一种电影完片险,"用于独立投资的电影制作中,由电影制作方购买完片险,根据与投资方双方确定的剧本、演员和制片预算,按时完成并送交发行方。这种分析模式将电影制片方看做投保人,完片担保公司是保险人,由投保人向保险人缴纳一定保费。② 被保险的标的是电影在预算内按期完成,若无法实现上述条件,则由保险人向受益人即投资方承担责任,赔付一定金额。完片担保公司为了分散自身风险,通常会通过再保险的方式,找到真正的保险公司针对可能阻碍电影拍摄的意外事件再次投保。"这种风险的承担和普通财产保险的消极承担完全不同,这需要完片担保公司即保险人渗入整个影片的监制过程。"③由此可见,这加强了银行投资的安全系数,即便银行将钱投给名不见经传的小公司也能旱涝保收。

3. 高度专业性

美国专业的完片担保公司多方位引进各类人才,各部门分工明确。首先具备专业的电影人才,熟悉剧本、拍摄安排、影视拍摄细节,具有电影知识素养。值得一提的是,美国有些完片担保公司的创始人之前本身就是非常优秀的电影制作人,因此,对电影行业行规谙熟。完片担保公司还会吸纳各类具备金融知识的人才,了解各类财务报表,甚至还要了解版权交易、影片发行等资金回收手段以便理赔后能够为到手的影片版权寻找出路。完片担保公司对剧

---

① John J. Lee Jr, The Producer's Business Handbook, (Focal Press, 2000), p. 15.

② 此处笔者认为在我国语境下,不应完全将完片担保等同于保险性质。所谓保险是指由特定经济组织经营的,对于合同约定的可能发生的事故因其发生所造成的财产损失承担赔偿保险金责任的一项金融业务。保险的特性决定了其只能由我国特定的金融组织即保险公司来经营,而完片担保公司是独立的电影金融公司,并不具备保险公司的属性,在我国并不能经营保险业务,因此,不宜将完片担保归为保险属性。然而也应看到,随着金融业与电影业的不断繁荣发展,保险公司也在尝试开设专为电影行业量身打造的险种。同时中国也不似美国,尚未形成由完片担保公司专营完片担保业务的行业定局,因此,我国可以尝试由保险公司下设一个部门专营完片担保业务,开设完片险险种。

③ 朱怿秋、李莉:《浅谈我国电影完片担保的法律实践》,载《学理论》2014 年第 30 期。

本、制片方必须具有极佳的判断力，才能确定哪个电影项目具有可运作性。只有保证剧本好，才能以防拍摄中断完片担保公司接过版权大旗，独立继续拍摄出的电影有卖座的可能性。

4. 保障电影的艺术性与完整性

完片担保制度对于制片人而言有个显著优势：完片担保公司不会干预影片的艺术性、政治性，只是从纯商业的视角评判影片拍摄过程，因此，制片人、编剧仍能保留自己的原始创意，保障电影的艺术性。当影片拍摄出现严重问题、原制片方无法继续拍摄时，完片担保方将全面接手制片环节，通过美国导演、演员工会等薪酬体系，选择与原片相同等级水平的制片人、导演、演员来完成影片的拍摄，保障电影的完整呈现，体现出对艺术与观众的尊重。

二、完片担保制度与银行贷款保证人担保制度之比较

完片担保制度作为电影行业新兴的融资担保手段，与传统融资担保方式有相似之处，二者具备一定可比性，但本质上分属电影、金融不同行业领域中的两种制度，仍存在诸多差异。

（一）银行贷款保证人担保制度

现行《担保法》中规定的银行担保贷款形式主要有三种：抵押担保贷款、质押担保贷款及保证人担保贷款。前两种是用财产做担保，即物的担保；后一种保证属于人保，以保证人的信用保障债权的实现，故又称为信用保。[①] 具体而言，保证人担保贷款是指由借款人以外的第三人作为保证人，与贷款银行签订保证合同，向银行保证，若借款人到期不能偿还贷款，由保证人按照约定代借款人承担还本付息的责任。在保证人担保贷款中，保证人的清偿能力、履约能力是决定债权能否实现的关键。[②]

按保证方式划分，有一般保证和连带保证两种形式。一般保证是指保证人仅对债务人不能履行的债务承担补充赔偿的责任。一般保证人享有先诉抗辩权，根据《担保法》第 17 条的规定："一般保证的保证人在主合同纠纷未经审

① 曹士兵：《中国担保制度与担保方法》，中国法制出版社 2015 年版，第 126 页。

② 曹士兵：《中国担保制度与担保方法》，中国法制出版社 2015 年版，第 126 页。

判或者仲裁,并就债务人财产依法强制执行仍不能履行债务前,对债权人可以拒绝承担保证责任。”也就是说,在一般保证中,银行必须等待审判、仲裁结束,不能越过借款人直接要求保证人还款。并且一般保证必须明确约定,若当事人对保证方式没有约定或者约定不明确的,按照连带责任责任承担保证责任。连带责任保证是指保证人在债务人不履行债务时与债务人承担连带责任的保证,保证人不享有先诉抗辩权。银行贷款如果采取此种担保方式,显然十分有利。银行无须对借款人的财产强制执行,便可要求保证人履行保证债务,即使是在借款人有能力履行还款义务的情况下,银行也可要求保证人先履行保证责任。[①] 由此看出,连带保证中保证人需要承担的责任更为严苛。此外,银行贷款担保对于保证人有一定的限制条件,如具有良好的信用记录和还款意愿、具有稳定的收入来源和按时足额偿还贷款本息的能力等。

(二)完片担保与银行贷款保证人担保的联系

1. 二者均有利于保障投资安全

完片担保也译做“完片保证”,从广义而言,完片担保公司本身就是保证人的一种。完片担保与保证人担保的本质属性均在于“担保性”,二者通过向银行提供保证,当借款人不能履行债务之时,由保证人代为向银行承担责任,目的在于保证贷款人的债权能够实现,从而保障其投资安全性。因此,具有代为清偿能力是保证人的基本资格要求。

2. 二者均属帮助融资的有力手段

完片担保公司通过向银行出具保函,保证人通过与银行签订保证合同,以其自身信用做保证,保障了银行投资的安全性,取得银行的信任,因此,银行愿意将资金贷给借款人。若无保证人的担保作用,仅凭借款人一己之力难以获得银行融资。企业法人等借款人在顺利融资后,将资金用于商业贸易活动,从长远而言,有利于商业经济的持续发展。

3. 二者均对保证人设定准入条件

保证人为借款人向银行提供保证,目的是保证债权能够实现,具有代为清

---

① 陈倩阳:《试论我国担保法在银行担保贷款中的运用》,载《山西农业大学学报》1999 年第 4 期。

偿能力是保证人能够替人作保的基本条件，[①]因此两种担保制度都对保证人设定了一定准入条件。银行贷款中的保证人必须具有良好的信用记录、偿还能力，此外，《担保法》第8条、第9条、第10条明文规定了禁止担任保证人的主体：国家机关，[②]学校、幼儿园、医院等以公益为目的的事业单位、社会团体，企业法人的分支机构、职能部门。电影行业的完片担保制度本身具备高度专业性，决定了只能由经验丰富的完片担保公司专门担任保证人。

（三）完片担保与银行贷款保证人担保的区别

1. 保证人承担责任的方式不同

在银行贷款保证中，以是否享有先诉抗辩权为划分依据，可将保证方式划分为一般保证与连带保证。一般保证须经当事人明确约定，一般保证的保证人享有先诉抗辩权，在主合同纠纷未经审判或者仲裁，并就债务人财产依法强制执行仍不能履行债务前，对债权人可以拒绝承担保证责任。而在连带保证中，保证人不享有先诉抗辩权，银行既可以先要求借款人履行还款义务，也可以先要求保证人履行保证责任。总体而言，无论是一般保证还是连带保证，只要在保证期间和保证债务的诉讼时效之内，借款人无法还款，保证人都须承担还款责任。

完片担保制度中并无一般保证与连带保证的划分，完片担保公司承担责任的方式相对单一，其只保证电影在预算及预定期限内拍摄制作完成，此外不承担任何担保责任。换言之，只要电影按照上述条件拍摄完毕，完片担保公司义务就履行完毕，即便事后制片方因电影不卖座或其他原因无法向银行还款，完片担保公司也不承担任何责任。[③] 只有在未完片情形下，即影片拍摄中断或是电影项目最终无法进行，制片方无法还款时，完片担保公司才承担还款责任。[④]

---

① 曹士兵：《中国担保制度与担保方法》，中国法制出版社2015年版，第125页。

② 《担保法》第8条同时规定了例外情形，“经国务院批准为使用外国政府或者国际经济组织贷款进行转贷的”的国家机关可以担任保证人。

③ Eve Light Honthaner, The Complete Film Production Handbook(Focal Press,2001), p.27.

④ Sherri Burr, Entertainment Law(Thomson Reuters, 2012), p.12.

2. 合同关系不同

在银行贷款保证中,涉及两组合同关系,其一是银行与借款人之间的借贷合同关系,其二是银行与保证人之间的保证合同关系。借贷合同是主合同,保证合同是从合同。根据债法的一般原理,主合同的存在和有效是从合同生效的前提。所以,借贷合同被确认无效后,保证合同也当然无效。① 而在完片担保制度中,只有借款人(制片方)与保证人(完片担保公司)一组合同关系,完片担保公司并不直接与银行签订保证合同,只是向其出具一份"完工保函"。

上述两种担保制度在合同关系方面还存在一个显著差异——完片担保制度存在预售发行协议。预售发行协议由借款人与合同关系外第四方(发行公司)订立,而银行贷款保证制度中根本不存在此种协议,因此,完片担保制度涉及的合同主体数量更多,关系更为复杂。具体而言,预售发行协议是由电影制片方与电影发行公司签订的,双方约定国内、国际的影片及音像版权的发行事宜,只要制片方将影片按时拍摄完成并交予发行公司行使发行权,发行方便会向其支付足额合同价款。②

因此在完片担保制度中,一套完整的合同关系流程如下:首先,制片方与发行方签订预售发行协议,双方约定只要制片方按时完成影片并送交发行方,发行方便会向其支付合同款项。其次,制片方与完片担保公司签订完片担保协议,完片担保公司为电影项目按时在预算范围内完工并送交发行方提供保证。再次,制片方将预售发行协议、"完片保函"提供给银行,由于制片方以后期发行回款做抵押以及完片担保公司做信用担保,银行放心地将款项贷给制片方。最后,制片方在完片担保公司监督下如期拍摄制作完毕,将电影交予发行方,获得相应发行价款,并用发行价款返还银行借款。

---

① 陈倩阳:《试论我国担保法在银行担保贷款中的运用》,载《山西农业大学学报》1999 年第 4 期。

② 朱怿秋、李莉:《浅谈我国电影完片担保的法律实践》,载《学理论》2014 年第 30 期。

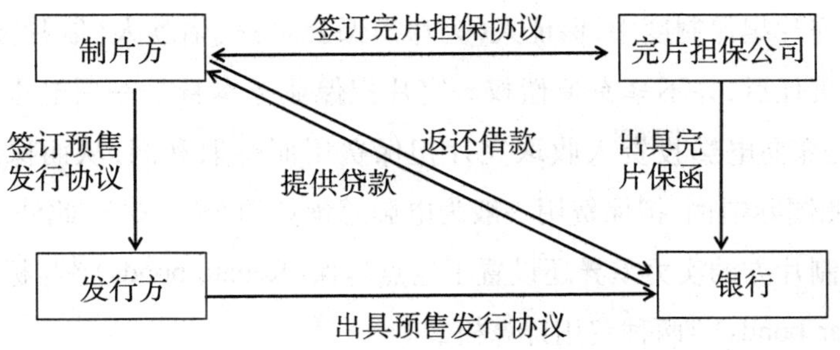

图1　完片担保合同关系

3. 保证人的选任条件不同

在银行贷款保证制度中，除《担保法》第8条、第9条、第10条以列举的方式规定了一些主体不得作保证人之外，对自然人、法人做保证人的主体资格未做一般性强制要求，只要具备良好的信用记录、偿还能力即可。而完片担保制度的保证人选任条件近乎严苛，不仅需要高度的专业性，并且需要极强的主观能动性。当制片方无法继续拍摄电影时，完片担保公司获得该片版权，并全面接手制片环节，需要另行选派导演、制片人完成影片拍摄。因此，完片担保的保证人需具备高于常人的电影、金融、法律知识，具有独到的剧本判断力。

在银行贷款保证制度中，若由公司担任保证人的，根据《公司法》第16条“需依照公司章程的规定，由董事会或者股东会、股东大会决议”。而完片担保制度中则不存在此问题，完片担保的保证人本身就是独立的完片担保公司，电影担保是其公司的主营业务，自然不需要董事会、股东会决议等烦琐程序。

4. 保证人保障利益的方式不同

在银行贷款保证制度中，我国《担保法》第31条明确规定，保证人在承担保证责任后，可以向债务人追偿，称为保证人的追偿权。保证人追偿权成立不以保证人实际承担保证责任为前提，但保证人行使追偿权须以其实际履行保证责任为条件。最高人民法院《关于适用〈中华人民共和国担保法〉若干问题的解释》第42条第2款的规定，保证人对债务人行使追偿权的诉讼时效，自保证人向债权人承担责任之日起开始计算，期间为两年。①

① 曹士兵：《中国担保制度与担保方法》，中国法制出版社2015年版，第140页。

而在完片担保制度中,保证人(完片担保公司)代借款人(制片方)向银行履行还款责任后,并不享有追偿权。完片担保业务本身是一项电影行业的专业服务,是靠向电影投资人收取完片担保费用而赚取利润,从而保障自身利益。[①] 依照国际惯例,担保费用一般为电影总预算的5% ~6%,此外,完片担保公司根据制片方的实力差异还设置了返点担保(Rebate bonds)[②]与标准保费担保(Regular bonds)[③]两种费用计算模式。

三、完片担保制度在我国适用之困境

完成一部电影到底有多难?中国每年生产的600多部电影中有7成未能上映,其中更有不少在拍摄期间遭遇资金断裂、无限期延期拍摄的"烂尾"现象。一面是电影市场的火热繁荣,另一面是行业秩序的亟须建立,而我国目前并无专营完片担保业务的独立公司。不能完片一方面给投资方银行带来重大利益损失,借款无法收回,变成不良资产;另一方面也不利于扶植中小电影制作公司,观众无法与小众的优秀文艺作品见面,加剧电影行业大制作公司垄断的局面,不利于电影产业形成"百花齐放"的文化格局。除立法空白、行业发展起步晚等客观限制之外,我国电影行业主管机关的行政审批制度也为电影完片增加了风险。具体而言,完片担保制度在我国落地面临如下问题。

(一)立法空白

为了督促制片方积极履行完片义务,避免拍摄过程中出现意外状况,英美等国通过立法的强制手段规范了制片方的责任。例如,英国法规规定,所有的制作单位必须投保限额不低于1000万英镑的雇主责任险;为了减少拍摄造成

---

① 参见凡影周刊 NO. 31:《完片担保——电影工业中的守护神》,载影视工业网,http://107cine.com/stream/59242/,2016年10月31日访问。

② 返点担保,指的是完片担保公司在前期向制片人收取较高百分比保费,如果制片人可以及时在预算内完成影片的制作并对发行公司交片,担保公司将从保费里按提前谈好的返点返还一部分给制片人。在面对第一次合作或风险评定危险性高的制片人时,完片担保公司一般都会采取这种保费形式。

③ 标准保费担保,指的是完片担保公司收取的全额保费将不会返还给制片人,即使该电影在预算及摄期内完片,但该保费费率较"返点担保"更低。有良好纪录的制片人通常会获得这样的标准保费,而较低的保费会增加拍摄预算的现金流。

的环境损害赔偿责任,美国法律要求,影视相关制作单位在利用机场等市政设施进行拍摄时,要保500万~1000万美元的责任保险。而目前我国电影产业相关法律甚少,多以条例等行政法规为主,关于电影制作的立法更是几乎空白。① 尽管2010年九部委在联合下发的《关于金融支持文化产业振兴和发展繁荣的指导意见》中提到探索开展"广播影视产品完片险",但该指导意见法律位阶较低,且规定较为笼统模糊。② 制片方在拍摄过程中没有强制性法律、法规约束,出于节约成本考量,很少投各类保险,一旦出现意外事件,缺乏纠纷解决机制、减损机制,制片方不得不花大量资金弥补意外事件造成的损失,导致拍摄制作资金匮乏,电影拍摄也由此搁浅。因此,目前电影制作行业法律、法规亟待完善,需要强有力的手段保障电影制作机制良好运行。

(二)行业发展限制

直至20世纪90年代初期,我国电影一直由国有制片厂制作,电影的制作、发行、放映是计划经济下的产物,缺乏迫切的资金、市场需求,电影业、保险金融业似两条平行线并无融合之处。近年来随着经济不断发展,越来越多民资、外资才逐步融入电影市场,促进电影行业的市场化。

目前从整体而言,我国影视产业的保险意识还相对薄弱。就影视制作机构而言,并非所有机构都会购买保险,有些小制作的影视机构,为降低成本就不考虑购买保险,实践中存在大量的不购买保险的情况。就保险业务的范围而言,影视机构目前在人身保险方面的投保意识尚可,会就这方面投一些保。但对财产保险则重视程度较低,除非是出现爆炸等危险性极高的大场面和在保护性建筑群或著名景点拍摄时,剧组才考虑投保财产安全险。就保险专业机构而言,我国目前并无专门针对影视产业提供保险服务的公司,只有极少数传统保险公司在影视领域新开展了业务,③直接导致保险业很难向影视产业提

① 何圣捷:《中国电影完片保险现状初探》,载《福建论坛》2014年第2期。

② 郭晓芳:《"金融时代"背景下的中国完片担保体制》,载《青年文学家》2013年第4期。

③ 目前,只有中国人民财产保险股份有限公司、中国太平洋财产保险股份有限公司、中国出口信用保险公司三家试点公司开展影视领域相关业务。

供完善的服务。[①] 电影基本险与完片保险目前在我国尚处于概念缺失状态,仍须保险行业与电影行业共同合作探索。

(三)电影行政审批限制

与西方电影审查机制不同,我国电影项目须经过广电部门两道行政审查——拍摄许可与公映许可。电影在拍摄之前需要获得《摄制电影许可证》,并将相关剧本梗概提交备案,对于重大革命和重大历史题材影片、重大文献纪录影片、中外合作摄制影片,需要报送剧本进行立项审查。而在影片拍摄完成之后,还须获得《电影片公映许可证》。电影成片审查标准除《电影管理条例》制定的"十不准"规定之外,[②]原国家广电总局于2006年发布了《电影剧本(梗概)备案、电影片管理规定》,进一步细化规定电影片有9种情形之一的,应删剪修改。[③] 尽管我国对电影拍摄及成片审查制定出一系列标准,但这些标准仅是导向性的原则标准,过于宽泛,对于每一部有具体类型和剧情的电影而言,审查的可操作性并不强,这便使电影在拍摄前后面临许多难以预测的风险。

---

① 张辉峰:《期待版权担保融资模式中投资方的风险及控制分析——以中国电影产业为例》,载《新闻大学》2011年第4期。

② 2001年国务院发布了修改后的《电影管理条例》第25条规定:"电影片禁止载有下列内容:(一)反对宪法确定的基本原则的;(二)危害国家统一、主权和领土完整的;(三)泄露国家秘密、危害国家安全或者损害国家荣誉和利益的;(四)煽动民族仇恨、民族歧视,破坏民族团结,或者侵害民族风俗、习惯的;(五)宣扬邪教、迷信的;(六)扰乱社会秩序,破坏社会稳定的;(七)宣扬淫秽、赌博、暴力或者教唆犯罪的;(八)侮辱或者诽谤他人,侵害他人合法权益的;(九)危害社会公德或者民族优秀文化传统的;(十)有法律、行政法规和国家规定禁止的其他内容的。电影技术质量应当符合国家标准。"

③ 2006年《电影剧本(梗概)备案、电影片管理规定》第14条规定:"电影片有下列情形,应删剪修改:(一)曲解中华文明和中国历史,严重违背历史史实;曲解他国历史,不尊重他国文明和风俗习惯;贬损革命领袖、英雄人物、重要历史人物形象;篡改中外名著及名著中重要人物形象的;(二)恶意贬损人民军队、武装警察、公安和司法形象的;(三)夹杂淫秽色情和庸俗低级内容,展现淫乱、强奸、卖淫、嫖娼、性行为、性变态等情节及男女性器官等其他隐秘部位;夹杂肮脏低俗的台词、歌曲、背景音乐及声音效果等;(四)夹杂凶杀、暴力、恐怖内容,颠倒真假、善恶、美丑的价值取向,混淆正义与非正义的基本性质;刻意表现违法犯罪嚣张气焰,具体展示犯罪行为细节,暴露特殊侦查手段;有强烈刺激性的凶杀、血腥、暴力、吸毒、赌博等情节;有虐待俘虏、刑讯逼供罪犯或犯罪嫌疑人等情节;有过度惊吓恐怖的画面、台词、背景音乐及声音效果;(五)宣扬消极、颓废的人生观、世界观和价值观,刻意渲染、夸大民族愚昧落后或社会阴暗面的;(六)鼓吹宗教极端主义,挑起各宗教、教派之间,信教与不信教群众之间的矛盾和冲突,伤害群众感情的;(七)宣扬破坏生态环境,虐待动物,捕杀、食用国家保护类动物的;(八)过分表现酗酒、吸烟及其他陋习的;(九)违背相关法律、法规精神的。"

若成片无法通过广电部门的审查、取得公映权,制作方势必需要不断修改、剪辑,从而增加制作成本,不断延长制作期限。而国外没有这样的强制行政审批,因此,在创制完片担保制度时自然也未考虑过这样的问题。

(四)制度差异限制

英美国家在电影拍摄过程中是"制片人中心制",由制片人选任导演、演员等主创班底、筹集资金、管控财务,整体把控拍摄流程。而中国是"导演中心制",导演拥有极大的话语权,导演的个人名气会影响电影的卖座程度,投资方都愿意与大导演合作,小导演缺乏财力支持。[①] 而完片担保制度开始运行主要依靠制片方的作用,且完片担保公司需要派驻代表在拍摄现场予以监督,必要时甚至可以撤换导演、副导演,这一点无疑与我国目前"导演中心制"相背离,很难想象在摄制过程中第三人一直干涉导演的拍摄权利。

此外,中国缺乏电影工会制度,尚未形成一套具备可操作性的行业评估指标体系。保险公司由此无法利用市场积累的数据来评估每位导演、演员的相应身价和票房号召力等,由此也无法评估出整个作品完成过程的风险指数。[②] 在美国,当制片方拍摄中断,完片担保公司接手时,可从工会体系中寻找对等水平、对等薪酬的导演、演员班底予以替换,重新拍摄。而中国目前缺乏系统、明晰的薪酬体系,从而阻碍了完片担保的实践进程。

(五)缺乏专业的完片担保公司

如前述分析,完片担保公司需要具备高度的专业性,对电影业、金融业都极度熟悉。国外的完片担保业务已经发展了几十年,积累了丰厚的经验,许多完片担保公司的创始人本身就是非常优秀的电影制作人。完片担保公司需要根据制片人的需求进行审核:剧本、预算、授权文件、拍摄日程、劳务、设备、场地等,堪称事无巨细。而完片担保在我国尚处于起步阶段,各方面经验都非常匮乏,缺乏专业的完片担保公司,只能逐步在摸索中前进。

---

① 郭晓芳:《"金融时代"背景下的中国完片担保体制》,载《青年文学家》2013 年第 4 期。

② 张辉峰:《期待版权担保融资模式中投资方的风险及控制分析——以中国电影产业为例》,载《新闻大学》2011 年第 4 期。

四、我国有关实践及制度完善建议

(一)完片担保制度在我国的初步实践

尽管完片担保制度在我国实践过程中尚面临一些困惑,但由于其给电影产业带来诸多益处,起到行业秩序的规范保障作用,我国官方机构与民间公司均着手引进该制度,逐步探索完片担保的实践之路。

1. 部委规章扶植

2010年,中国人民银行会同中宣部、财政部、文化部、广电总局、新闻出版总署、银监会、证监会和保监会九部委联合发布了《关于金融支持文化产业振兴和发展繁荣的指导意见》(以下简称《指导意见》),其中特别提出了"探索开展知识产权侵权险,演艺、会展、动漫、游戏、各类出版物的印刷、复制、发行和广播影视产品完工险、损失险"。此处的完工险落实到电影行业就是完片担保制度。尽管《指导意见》没有对完工险做细致的规定,但至少可以看到完片担保制度已被我国部门规章正式承认,具有实践发展的可能性,今后可做进一步细化规定。①

2. 国外完片担保公司在国内完片担保设立公司

2015年1月,全球业务量最大的完片担保公司——美国电影金融公司(Film Finances Inc.,FFI)在中国上海开设了分公司。《长城》、《卧虎藏龙2》这两部中美合拍片,均与其签订了"完片担保"服务协议。由张艺谋、袁和平这样的大导演领头实践完片担保制度无疑是一个好的信号,吸引了广大本土电影从业者的注意。

完片担保制在拍摄过程中,着实也发挥了极大的作用。袁和平执导的《卧虎藏龙2》台前幕后共300多场,在新西兰拍摄期间一度遭遇片场大火,通过完片担保公司保驾护航,最终依旧得以在4个月内杀青。《长城》作为投资超8亿元、中美工作团队近千人的古装巨制,有了完片担保公司的保证可以有条不紊地拍摄。FFI总裁兰瑟霍夫对中国完片担保实践情况如是评价:"虽然中国迟早会成为世界第一大电影产业国,但现在这里的完片担保理念尚在'襁褓

① 朱怿秋、李莉:《浅谈我国电影完片担保的法律实践》,载《学理论》2014年第30期。

期’,我们对制作方近乎严苛的要求可能被指责是‘管家婆’。”兰瑟霍夫坦言,“当我们通过制约现金流来约束行规,确实会有部分中国电影人产生抵触情绪,但我认为,久而久之这种约束有利于现金流的透明化,更利于行业的健康发展。”①

3. 国内完片担保业务的开设

目前国内已有文化产业融资担保公司开设完片担保业务,北京国华文创融资担保有限公司以及上海盛万投资有限公司便是其中典型代表。北京国华文创融资担保有限公司作为政策性国有融资担保机构,背后的国有资源及相关平台成为其天然优势。早在几年前完片担保制度引起了其注意,其意识到中国不适合照搬好莱坞,必须践行“中国式完片担保体系”。目前该公司已运作了 3 个电影项目,并且开创了适合我国的“融资担保和完片担保并举”的形式,在逐步探索中前进。

2014 年 6 月 16 日,第 17 届上海国际电影节举行了完片担保——影视金融产品本土探索论坛暨《如果还能遇见你》与《双重记忆》项目完片担保的签约仪式,上海盛万投资有限公司和中影国际两家机构成为上述两个影视项目的担保方,《双重记忆》由上海盛万投资有限公司提供完片担保服务。《双重记忆》作为该公司首个完片担保标的,运行情况良好,并未出现严重的逾期超支情况。②

（二）制度完善建议

上述实践活动让我们看到新兴的完片担保电影制度正在中国悄然酝酿,完片担保在中国刚起步,投资巨大的合拍片是国外完片担保公司的主要客户,相信随着行业制度不断地透明化、规范化,在国内广泛运用完片担保制度也指日可待。具体而言,我国可以通过以下措施来发展完片担保制度,从而促进电影产业发展。

---

① 腾讯文化:《为什么说中国电影需要“完片担保”制度?》,载 http://cul. qq. com/a/20150120/022472. htm. ,2016 年 10 月 25 日访问。

② 郑洁:《中国文化报,中国式“完片担保”的独特生态》,载 http://news. idoican. com. cn/zgwenhuab/html/2015 - 04/11/content_5400963. htm? div = - 1. ,2016 年 10 月 25 日访问。

1. 完善立法

目前我国电影产业缺乏相关单行法律,导致制片方在拍摄过程中没有强制性法律、法规约束,其出于节约成本考量,很少投各类保险,一旦出现意外事件,制片方不得不花大量资金弥补意外事件造成的损失,进而搁浅电影拍摄计划。为了督促制片方积极履行完片义务,避免拍摄过程中出现意外状况,应通过立法的强制手段规范制片方的责任。可以先通过制定条例等行政法规、部门规章的方式,初步规范电影制作。在立法中可以借鉴有关国外成熟经验,如英国法规定,所有的制作单位必须投保限额不低于1000万英镑的雇主责任险;为了减少拍摄造成的环境损害赔偿责任,美国法律要求,影视相关制作单位在利用机场等市政设施进行拍摄时,要保500万~1000万美元的责任保险。① 我国在制定影视制作规范条例时,也可以规定影片预算高于一定数额时,必须强制投保,且投保费用不低于总预算的一定的百分比。为避免电影摄制过程中对环境造成严重污染损害,可以强制制片方另行投保。在申请电影摄制许可与公映许可时,须向审查部门提交上述保险合同证明,结合我国电影审查制度确保上述制度得以实施。

2. 设立完片险险种

应当完善保险体系,开设完片险险种。如果将保险险种比喻成一座“金字塔”,一般保险(General Standard Insurance)位于底层,保证最基础的人身意外伤亡、财产损失;电影基本要素保险(Essential Elements Insurance)位于中间,是专门针对电影拍摄创制的一种保险,范围覆盖演员、道具等;而位于顶层的是完片保险(Completion Guarantees),保证影片在预算内按期完成。② 我国尚未形成由完片担保公司专营完片担保业务的行业定局,可以尝试由保险金融公司下设一个部门专营完片担保业务,配合保险公司的完片险提供“一条龙”服务。我国保险金融行业多以国有资源作支撑,拥有雄厚的资金实力,较之民营私有的完片担保公司,更易赢得制片方的信任。

---

① 何圣捷:《中国电影完片保险现状初探》,载《福建论坛》2014年第2期。

② Moore, Schuyler M., “Financing Drama,” Los Angeles Lawyer, Vol. 31(2008), pp. 26-32.

图2　电影保险综合解析①

3. 设立“融资＋完片”双担保模式

完片担保制度在美国运行时银行需要“完片保函”和“预售发行协议”。而目前我国电影行业在发行时按行规几乎不可能取得预售协议，除了几大制片公司的个别影片能够获得一些“保底”承诺外，一般发行公司都不会对电影进行买断式发行，这对银行而言缺乏资金回笼保证。因此，我国完片担保公司除提供完片担保服务外，还须提供融资担保服务，即充当银行贷款担保中保证人这一角色，这也意味着完片担保公司责任更为重大。完片担保公司可以相应调整自己的策略，加强监管，如在电影第一次题材送审通过之后才介入，以规避“题材风险”。此外，还可以借鉴已有的一些创新做法，如规定一旦影片面临“流产”风险，制片方也要承担相应的工作责任，制片方投入的自有资金完片担保公司不必赔付，只赔付该影片向其他机构融资的资金部分，同时设立IP（知识产权）出现风险“流产”时的版权转让机制。

4. 完善电影行政审批制度

电影拍摄许可、公映许可两项行政审批为电影完片增加了不确定性，可以通过完善电影行政审批制度来增加完片的可预测性。我国《电影促进法（草案）》取消了一次性的《电影摄制许可证（单片）》，提出企业、其他组织只要符

① 吴晓武：《为什么完片担保在中国举步维艰》，载《电影艺术》2011年第1期。

合电影摄制所需的资金、人员等条件,就可以申请《电影摄制许可证》,有利于降低市场门槛,下放电影摄制审查权。此外,还提出取消一般题材电影剧本审查,只须将电影剧本梗概予以备案,只有特殊题材电影须送国务院电影主管部门或省、自治区、直辖市电影主管部门审查。以上规定若出台将很大程度降低电影拍摄被禁止的风险性。还可以建立信用体系,对于按时、按期、按预算公映的影片予以奖励并累计至信用记录,使该制片方在下次申请公映许可时增加通过的可能性。该信用记录将进行数据公开,完片担保公司可以通过数据判断该制片方是否具有良好的信用记录、是否值得合作,一定程度上降低完片担保公司的风险。①

5. 合资、入股方式设立本国完片担保公司

国外已有许多经验丰富、运作成熟的完片担保公司,国内公司可以通过合资、入股等方式与其共同设立完片担保公司。一方面可以汲取成熟的完片担保经验;另一方面国内公司可以结合我国电影行业制度作出改善调整,发展一条适合中国本土的完片担保道路。

五、结语

中国电影行业欣欣向荣,然而行业内立法空白与制度缺陷等因素限制了电影如期完片的步伐,阻碍了电影产业的发展进程,行业秩序亟待调整。美国的完片担保制度具备高度的专业性,其为电影在预算内如期完成提供了强有力的保障,不仅有效地帮助制片方完成电影融资及拍摄制作,同时也增加了银行的投资安全性,客观上促进了电影市场的多元化繁荣发展,值得我国学习借鉴。由于我国的行业制度、行政体制、发展速度与海外有诸多相异之处,因此,在借鉴引进的过程中不能一味地采用“拿来主义”,需要结合我国的实际情况、行业体系探索出适合自己的完片担保制度。相信中国电影市场有了完片担保制度的保驾护航,定会更加健康繁荣。

① 吴晓武:《为什么完片担保在中国举步维艰》,载《电影艺术》2011 年第 1 期。

保荐机构先行赔付与现行法律的冲突及其制度重构

张馨天*

摘要：证监会制定的IPO保荐机构先行赔付制度虽然在落实中介机构责任、遏制欺诈发行行为、强化投资者保护方面将发挥积极的作用。但是，该制度内含的行政许可强制属性，缺少上位法依据，违背民事赔偿归责原则，加重了保荐机构责任并剥夺了其诉权，与现行法律存在冲突。万福生科案例表明，先行赔付承诺本质上是一种自愿行为，属民事主体意思自治范畴；保荐机构与投资者达成的赔偿协议属于诉外和解，没必要强制要求保荐机构事先承诺。利用《证券法》修法的良机，借鉴域外发达国家经验改造现有的投资者保护基金，对先行赔付进行制度重构，建立国家投资者保护基金与证券民事责任主体先行赔付相结合的模式，应不失为既能解决当下制度冲突的问题，又能规范市场

* 张馨天：美国圣路易斯华盛顿大学法学硕士。

行为、强化投资者保护的良策。

关键词:先行赔付　法律冲突　制度重构

2015年11月,证监会宣布在推行股票发行改革中要建立保荐机构先行赔付制度。同年12月证监会发布的《公开发行证券的公司信息披露内容与格式准则第1号——招股说明书(2015年修订)》(以下简称《准则第1号》)第18条明确规定,招股说明书扉页应载有如下声明及承诺:"保荐人承诺因其为发行人首次公开发行股票(以下简称IPO)制作、出具的文件有虚假记载、误导性陈述或者重大遗漏,给投资者造成损失的,将先行赔偿投资者损失。"在最新的IPO招股说明书中,也已有保荐机构作出的相关承诺。保荐机构先行赔付制度的建立,在落实中介机构责任、遏制欺诈发行行为、强化对投资者保护方面将发挥积极作用。近期兴业证券股份有限公司(以下简称兴业证券)因其保荐上市的丹东欣泰电气股份有限公司(以下简称欣泰电气)财务造假欺诈发行一事,已公告拟斥资5.5亿元设立投资者先行赔付基金,使先行赔付制度的现实意义更加凸显。① 但是,也有不少专家学者对这项制度的法律依据提出质疑,认为该制度与现行法律存在冲突。② 有的外资证券公司甚至宣称将暂不会签署先行赔付声明。③ 笔者认为,为有效地发挥保荐机构先行赔付制度保护投资者权益、规范市场行为的作用,有必要对该制度与现行法律的冲突进行研究,并在此基础上探讨如何协调法律冲突问题,进行制度重构。本文拟以现有法律、法规为基础,结合先前案例和域外经验进行研究分析,以期对该制度的完善有所裨益。

一、先行赔付制度与现行法的冲突

所谓先行赔付制度是指保荐机构按照证监会的规定,承诺在因其为发行人IPO制作、出具的文件有虚假记载、误导性陈述或者重大遗漏,给投资者造

---

① 2016年7月8日,兴业证券公告拟设立欣泰电气欺诈发行先行赔付专项基金的基本情况,其中包括确定赔付范围的原则、赔付金额的计算原则等内容。

② 高翔:《保荐机构先行赔付制度宜慎行》,载http://www.guancha.cn/GaoXiang/2015_12_10_344186.shtml,2016年7月19日访问。

③ 外资投行质疑IPO先行赔付制度。

成损失的,将在发行人及其他连带责任人承担赔偿责任之前先行赔偿投资者损失,然后再由其向发行人及其他连带责任人进行追偿的制度。笔者认为,该制度与现行法有以下四个方面的冲突。

(一)缺少上位法依据

先行赔付制度系监管部门以规范性文件的方式,要求保荐人出具先行赔付承诺,这种规定缺少上位法依据。无论是我国《证券法》还是《公司法》,都没有要求保荐机构对 IPO 投资者的损失进行先行赔付。虽然从形式上来看,监管部门的规范性文件《准则第 1 号》规范的对象是发行人出具的招股说明书,保荐机构在其中的先行赔付承诺似乎是一种自愿行为。但是,由于该承诺是招股说明书的必备事项,没有该承诺就不符合相关信息披露的内容与格式,证券发行申请就不会被证监会接受,相关证券发行就无法取得核准。保荐机构要想开展保荐业务,就必须接受该承诺条款。因此,这实际上等于在法律明文规定之外,又设定了新的行政许可条件。① 按照我国《行政许可法》第 16 条第 4 款的规定:"法规、规章对实施上位法设定的行政许可作出的具体规定,不得增设行政许可;对行政许可条件作出的具体规定,不得增设违反上位法的其他条件"。《准则第 1 号》从法律层次上属于部门规章范畴,其规定的事项应属于落实《证券法》相关 IPO 核准制度的具体规定。所以,其不能增设《证券法》没有规定的有关证券发行的行政许可条件。

(二)违背民事赔偿归责原则

先行赔付承诺将保荐机构承担民事赔偿责任的归责原则,由法定的过错推定原则变为实际的严格责任原则。民事赔偿责任的归责和免责,是判定民事侵权责任是否成立的关键。《证券法》和最高人民法院《关于审理证券市场因虚假陈述引发的民事赔偿案件的若干规定》(以下简称《若干规定》),对发行人承担民事赔偿责任的归责,都是按照严格责任原则加以规定的,即除非发行人证明投资人的损失与其行为之间没有因果关系等,应当对投资者的损失

① 高翔:《保荐机构先行赔付制度宜慎行》,载 http://www.guancha.cn/GaoXiang/2015_12_10_344186.shtml,2016 年 7 月 19 日访问。

承担赔偿责任。① 而对保荐机构的民事赔偿责任的归责,则是按过错推定原则进行规定的,即如果保荐机构能够证明投资人损害的发生并非自己的过错,或者投资人的损失与保荐机构行为之间没有因果关系,保荐机构应予免责。② 保荐机构承担民事赔偿责任被配置为过错推定原则,其基本理由在于保荐机构并非虚假记载、误导性陈述或者重大遗漏的控制者,即使作为发行人的保荐人,保荐机构在信息准入上所受的限制也是相当大的,这是对其配置过错推定原则的现实依据。在理论层面来讲,这些主体仅负有勤勉尽责的注意义务,虚假陈述等并非其均能发现的,如对其配置过于严格的归责原则,必将导致其基本行为的自由受到限制,进而影响到证券市场的效率。唯有配置恰当的归责原则,使其处于警戒之中,善尽职责,才合乎自由与安全相协调的基本精神。由此可见,归责原则在证券民事责任体系中的配置,绝非任意所为,而是严格遵照其基本的价值判断逻辑,结合证券民事责任的特殊性进行的。③ 而保荐机构先行赔付承诺的规定,实际上意味着迫使保荐机构放弃了法定的无过错免责抗辩条款。这不仅使其将承担与发行人的严格责任无差异的赔偿责任,违背既定的民事赔偿归责原则,而且等于在法律规定的连带责任体系中,将保荐机构设为第一次序责任人,这会彻底解构现行的证券民事责任体系。④

(三)加重保荐机构的责任

先行赔付承诺使保荐机构与投资者之间形成了新的保证合同法律关系,保荐机构违反承诺将增加一项合同责任,而非仅仅现行法所界定的侵权责任。尽管民商法学界就整体的证券民事责任性质,究竟是侵权责任还是合同责任,抑或二者的竞合争议很大。⑤ 但就保荐机构对 IPO 投资者的民事赔偿责任性质应定为侵权责任而言,并没有大的分歧。《证券法》和《若干规定》都承继了这种观点,都是以侵权责任而非合同责任加以界定。⑥ 究其原因,主要是在保

---

① 参见《证券法》第 69 条;《若干规定》第 21 条。

② 参见《证券法》第 69 条;《若干规定》第 23 条。

③ 候水平:《证券法律责任》,法律出版社 2005 年版,第 188 页。

④ 陈洁:《证券市场先期赔付制度的引入及适用》,载《法律适用》2015 年第 8 期。

⑤ 候水平:《证券法律责任》,法律出版社 2005 年版,第 131 ~ 132 页。

⑥ 参见《证券法》第 69 条明确规定了发行人、保荐人等应承担赔偿责任和连带赔偿责任的情形;《若干规定》第五、六部分,分别以"归责与免责事由"、"共同侵权责任"为标题加以规定。

荐过程中保荐机构与投资者之间毕竟没有合同关系，仅与证券发行人之间存在保荐合同关系。[①] 与投资者直接存在合同关系的是证券发行人而非保荐机构。[②] 而当保荐机构出具先行赔付承诺之后，因声明将在因其制作、出具的发行文件出现问题并给投资者造成损失时要承担先行赔偿责任，这就在其与投资者之间形成了保证合同法律关系。投资者可以据此要求其承担违约责任。也就是说，在《证券法》等法律规定的侵权责任之上，保荐机构又因其先行赔付承诺增加了一个合同责任，[③]使其应承担的法律责任由单一的侵权责任，变为侵权责任与违约责任的竞合。尽管按照我国《合同法》第122条规定，在出现侵权责任与违约责任请求权竞合情况下，受损害方仅能选择其中一种请求权进行诉讼，保荐机构在最终责任的承担上也仅会承担一种责任。[④] 但是，这势必加大了保荐机构进行免责抗辩的难度，无形中加重了保荐机构的法律负担。

（四）剥夺保荐机构的诉权

先行赔付承诺剥夺了保荐机构的法定诉权。所谓诉权不仅包括起诉的权利，也包括参与诉讼进行抗辩的权利。强制要求保荐机构为了取得证券发行核准的目的而作出先行赔付承诺，等于监管机关通过行使行政许可权力，剥夺了保荐机构参与民事诉讼的权利。这意味着未来无须经过法院的正当程序审理，保荐机构就要对投资者承担巨额民事赔偿责任。而且，如果在保荐机构先行赔付后对发行人所提起追偿诉讼中，法院判定发行人所应承担的赔偿金额少于保荐机构先行赔付的金额，甚至判定发行人没有过错从而无须承担赔偿责任时，已经先行赔付的保荐机构等于承担了其依法不应承担的责任。而保荐机构显然无法向已经获赔的投资者追回额外的赔偿。这样的制度设计，对

① 郭峰：《虚假陈述证券侵权赔偿》，法律出版社2003年版，第156～157页。

② 证券发行人与投资者之间的证券募集合同关系是通过发行人发布招募说明书、投资者提交认购书及发行人核实等环节达成的。

③ 《准则第1号》2015年修改之前的2006年版，虽然也要求保荐人在招股说明书正文后声明，但其内容为"本公司已对招股说明书及其摘要进行了核查，确认不存在虚假记载、误导性陈述或重大遗漏，并对其真实性、准确性和完整性承担相应的法律责任"。这里只是规定承担"相应的"法律责任，而法律责任的内容并不具体，所以应不构成保证合同责任。

④ 《合同法》第122条规定："因当事人一方的违约行为，侵害对方人身、财产权益的，受损害方有权选择依照本法要求其承担违约责任或者依照其他法律要求其承担侵权责任。"

保荐机构显然并不公平,更有违法治的基本原则。[①]

二、先前案例及域外经验研究

由于证监会在宣布建立 IPO 保荐机构先行赔付制度时指出:"这一制度安排,有万福生科等案例行之有效的实践经验可以借鉴",[②]而域外发达国家通过自身立法和司法实践,在证券市场投资者保护方面已积累了丰富经验。所以,有必要对先前已发生的万福生科案例和域外发达国家经验进行研究,以期找出化解先行赔付制度与现行法律冲突的办法。

(一)先前案例分析

2012 年 9 月 14 日,证监会对万福生科(湖南)农业开发股份公司(以下简称万福生科)涉嫌财务造假立案稽查。保荐机构平安证券股份有限公司(以下简称平安证券)和另外两家中介机构及相关责任人员涉嫌出具的相关材料存在虚假记载,后续被立案调查。万福生科于 2013 年 3 月发布公告,承认于 2008 年至 2011 年累计虚增收入 7.4 亿元左右,虚增营业利润 1.8 亿元左右,虚增净利润 1.6 亿元左右。5 月 10 日,证监会宣布对万福生科罚款 30 万元,保荐人平安证券也因其在保荐过程中未尽到勤勉义务被处以 7665 万元罚款、暂停保荐资格 3 个月。[③] 在证监会查处过程中,平安证券推出了对受损投资者的先行补偿方案,并以自有资金 3 亿元设立"万福生科虚假陈述事件投资者利益补偿专项基金"(以下简称专项补偿基金),委托中国证券投资者保护基金有限责任公司(以下简称保护基金公司)担任基金管理人。专项补偿基金采取"先偿后追"模式,即平安证券与每个适格的投资者达成自愿和解协议,平安证券先以基金财产偿付符合条件的投资者,然后通过法律途径向万福生科虚假陈述的主要责任方及连带责任方追偿。平安证券主动承担先行赔付责任的做法,开创了我国资本市场投资者损失先行补偿的先河,受到了证券市场监管机

---

① 高翔:《保荐机构先行赔付制度宜慎行》,载 http://www.guancha.cn/GaoXiang/2015_12_10_344186.shtml,2016 年 7 月 19 日访问。

② 《2016 年 1 月 22 日证监会新闻发布会消息汇总》,载中国经济网,2016 年 1 月 22 日访问。

③ 沈安贝:《平安证券遭史上最严处罚,3 亿补偿投资者获肯定》,载 http://www.yicai.com/news/2013/05/2694102.html,2016 年 6 月 28 日访问。

构的肯定和鼓励,证监会在行政处罚上对平安证券予以较轻处理。[①] 但是,从平安证券先行补偿方案及其实施情况来看,其与当前证监会实施的先行赔付制度有以下不同:

(1)平安证券并非基于其事先在招股说明书中的承诺而做的先行赔付。由于万福生科 IPO 时,证监会要求招股说明书中应该载明的内容尚没有保荐人先行赔付承诺事项,平安证券的先期赔付并非基于事先承诺而为,这与目前实施的先行赔付制度要求保荐机构事先作出承诺有本质的区别。

(2)平安证券先期赔付完全是一种事后的自愿行为。尽管会有维护其市场信誉和专业机会的强大压力,并且不排除系为争得证监会的"从轻发落"而事先与监管有所沟通。但从根本上说,这种行为是平安证券的一种自觉自愿行为,而不像先行赔付制度中的保荐机构处于表面自愿、实际被迫的境地。

(3)保荐机构与投资者之间是一种自愿和解。在具体赔付流程中,平安证券要与每个适格的投资者达成协议,该协议的性质应属于诉外和解。如果投资者不接受和解,可直接起诉,不影响其诉讼权利。而事实上在此案中,仍有不少投资者并不接受诉外和解,选择了直接到人民法院提起诉讼的方式进行维权。平安证券也依法参与了诉讼,进行了答辩。

综上,万福生科案例反映了先行赔付的本质是一种以自愿为前提的民事行为。在其实施过程中没有过多的行政权力干预(虽然有保护基金公司参与,但仅仅是参与而已,且是应平安证券的委托作为基金管理人进行参与),不像证监会规定的先行赔付制度那样是一种强制行为。因此,以该案例作为 IPO 先行赔付制度的佐证,忽视了其系以自愿为前提这一重要不同。也正是这一区别,对我们化解先行赔付制度与现行法的冲突,进行制度重构有着重要启示:先行赔付有没有必要强制?在设计模式时可不可以让其回归本质:基于自愿而为?

(二)域外经验

对证券市场投资者因发行人虚假陈述等造成的损失赔偿问题,域外发达国家并不存在类似我国的先行赔付制度。但是,先行赔付归根结底是一种对

① 陈洁:《证券市场先期赔付制度的引入及适用》,载《法律适用》2015 年第 8 期。

投资者的保护制度。在证券市场对投资者的保护方面,域外发达国家积累了很多经验。其中,以投资者保护基金方式对投资者在特定情形下所造成的损失予以补偿比较常见。主要分为以美国"公平基金"为代表的行政补偿机制和以加拿大为典型的自律补偿机制。由于这种投资者保护基金的功能,与先行赔付制度的功能有相似之处,在很大意义上都是对投资者投资损失的一种金钱补偿,以便最大限度地保护投资者的利益,故本文对其进行考察。

1. 以美国"公平基金"为代表的行政补偿机制

美国"公平基金"制度(fair fund),是指美国证券及交易委员会(SEC)判罚的民事罚款添加到罚没基金之中,将其用于补偿证券违法行为受害人的制度。① 早在公平基金创立前,美国即通过法院判例确立了证券违法行为人(包括证券交易商在内)的"吐赃制度",并在1966年和1988年先后通过判例得以适用于内幕交易和虚假陈述等案件。② 1990年《证券执法救济与低价股票改革法》(The Securities Enforcement Remedies and Penny Stock Reform Act of 1990)明确授权SEC,可通过入禀联邦法院或在其自身的行政程序中追缴证券违法行为人的非法所得,并补偿给受害投资者。在此基础上,2002年《萨班斯—奥克斯利法案》(The Sarbanes-Oxley Act)正式确立了投资者公平基金制度,其第308(a)条"添加民事罚款于追缴基金以救济受害者"中规定:法院在SEC提起的行政及其他诉讼中判处行为人返还违法所得或行为人同意交出违法所得,且SEC对行为人处以民事罚金时,法院可经SEC提议或指示,将该部分民事罚款添加到为补偿受害投资者而设立的公平基金中。③ 基金的赔偿对象一般只针对散户投资者,且并不保障投资人因市场波动所遭受的损失。对基金的最高赔偿金额也有所规定,每位客户最多可获得50万美元的赔偿,其中现金部分最高可达25万美元。④ 现行的SEC在2006年发布的《实践规则以

---

① 公平基金的名称并非来自其"公平性""fair",而是"联邦投资者赔偿账户"的简称(Federal Account for Investor Restitution)。汤欣:《公司治理与资本市场法制》,法制出版社2015年版,第214页。

② 赵晓钧:《借鉴公平基金制度 完善投资者赔偿机制》,载《上海证券报》2013年3月27日。

③ Sarbanes-Oxley (Pub. L. 107-204, Title Ⅲ, § 308, July 30, 2002, 116 Stat. 784).

④ http://www.sipc.org/for-investors: SIPC protects the accounts of customers, up to $500,000 for securities and cash (including a $250,000 limit for cash only).

及关于公平基金和追缴款计划的规则》,对公平基金分配方案的制定、基金管理人、方案的公告及确定等其他工作程序做出了详细规定。①

2. 以加拿大为代表的自律补偿机制

加拿大投资者保护基金(CIPF)组建于1969年,基金发起人由证券业自律组织组成。这些自律组织包括加拿大投资交易商协会、多伦多股票交易所、蒙特利尔交易所、加拿大创业交易所和温尼伯股票交易所。保护基金的资金主要源于自律组织会员的缴费及其投资收益。在加拿大并非所有的证券交易商都参加自律组织。因此,也不是所有的客户都受到保护基金的保护。一些证券交易商不愿加入自律组织,一方面是因为自律组织往往制定比证券法更严格的行业标准,如自律组织成员比直接注册交易商要达到更高的资本标准等;另一方面是因为参加自律组织要缴纳投资者保护基金费用和自律组织会费,有些证券交易商不愿意承担这部分费用。在CIPF的保护规则上,投资者一旦成为基金会员的客户,就享受保护基金的保护,而保护基金对不属于自律组织会员单位的客户账户资产不提供任何保护。② 目前,加拿大投资者保护基金由5家自律组织根据协议建立,本质上属于自律性质的机构,政府没有任何参与,保护基金同其他任何自律组织一样接受省级证券委员会的监管。投资者保护基金对证券市值变化和不适当投资所引起的损失均不做保护,客户每个账户可以享受最多100万加元的赔偿。③

从上述美国和加拿大投资者保护基金的立法与实践情况可以看出,在美国为代表的行政补偿机制中,源于证券交易商的款项是其返还的违法所得或支付的民事罚金;在以加拿大为代表的自律补偿机制中,证券交易商所缴费用是基于其作为自律组织成员的义务。国家没有通过行政规范方式,强制要求证券交易商对投资者的损失作出先行赔付承诺。证券交易商加入自律组织后

---

① SEC, Rules of Practice and rules on Fair Fund and Disgorgement Plans, 17 C. F. R. §201. 1100 - 1106.

② 马险峰:《加拿大投资者保护基金运作基本情况及启示》,载 http://www. Docin. com,2016年7月10日访问。

③ "Chief Compliance Officers", CSI Chinese & English Version, C. W. Kenneth Keng, PH. D, page 2.8 - 2.9.

虽然要缴纳一定费用，那只是其作为自律组织成员的自愿行为。

我国证监会在宣布建立先行赔付制度时，已经意识到了在没有法律规定的前提下，先行赔付应属于自律规则范畴，其新闻发言人指出："承担保荐责任的保荐机构基于其事先的自律承诺先行赔付投资者，并相应取得向发行人依法追偿的权利这一制度安排，将按程序由证券业协会制定专门的制度规则。"① 证券业协会是由证券公司等作为会员自愿参加的自律组织，先行赔付制度的具体规则由其制定确属其职责范围。但是，在自律组织证券业协会没有制定规则之前，作为行政机关的证监会已经在《准则第1号》中规定了保荐机构必须承诺先行赔付，发行人的招股说明书才符合信息披露的内容与格式。这与先行赔付制度属于保荐机构的自律承诺相矛盾。

域外发达国家通过设立国家层面的投资者保护基金对证券市场投资者的损失进行赔偿的做法，给予我们很多启示。其制定的包括法定赔付对象、赔付范围和赔付限额等在内的一整套的规则体系，对投资者因发行人虚假陈述等所造成的实际投资损失的补偿更加有效。我国也建立有投资者保护基金制度，但其并不包括对投资者投资损失的赔偿。② 能否借鉴域外经验对现有投资者保护基金制度进行改造，以使其能与先行赔付制度相结合，更好地发挥对投资者的保护作用，值得进一步探讨。

三、先行赔付制度重构

基于上文分析，先行赔付的性质从本质上应该是保荐机构的自愿行为，域外发达国家通过设立国家层面的投资者保护基金，加强对证券市场投资者进行保护的做法值得借鉴。因此，在重新构建我国先行赔付制度时，可从以下三个方面考虑。

（一）重新认识先行赔付的自愿属性，不做强制规定

先行赔付承诺从本质上讲是保荐机构的一种自愿行为，属民事主体的意

---

① 《2016年1月22日证监会新闻发布会消息汇总》，载 http://fincnce. ce. cn/rolling/2016/01/t20160122_8496671. shtml，2016年1月22日访问。

② 后文对此将予以详述。

思自治范畴。基于这种认识重新构建先行赔付制度,就不会与现行法律发生冲突了。

之所以没必要强制要求保荐机构进行先行赔付承诺,理由有四:一是由于先行赔付本身就是一种和解的制度安排,而和解制度的有效执行,应以当事人自愿为前提。二是如果强制保荐机构单独履行先行赔付义务,实际等于在法律规定的连带责任体系中,将保荐机构设为第一次序的责任人,可能使其他连带责任人,特别是发行人产生责任松懈。三是在连带责任体系中,如发生需要追究连带赔偿责任的场合,投资者自然会选择最有赔偿能力又最便于追偿责任的对象。而通常情况下,保荐机构往往是投资者追究赔偿的第一选择。既然通过投资者自由选择就可以达到的结果,法律当然不必强制规定。四是在市场配置资源的作用下,保荐机构是否表明承担先行赔付义务,会直接影响证券发行人的价格策略和投资者的投资判断。如果承诺先行赔付的证券更容易得到投资者的认可、更利于发行,保荐机构自然会因市场竞争而选择承担先行赔付义务。所以,对于保荐机构是否承诺先行赔付,完全不必强制规定。[①] 而尊重先行赔付的自愿属性,也正是化解目前该制度与现行法律冲突的关键所在。

(二)采取保荐机构先行赔付与投资者保护基金相结合的立法模式

保荐机构先行赔付虽然不必强制规定,但因在万福生科等案中,平安证券的先行赔付已经显示了良好的效果,这种证券民事责任主体主动对投资者进行赔付的方式,应该得到肯定和鼓励。而域外设立国家层面投资者保护基金的经验,也启示我们可以研究在我国建立类似基金的必要性。因此,利用我国立法机关正在修改《证券法》的机会,搞好顶层设计,对先行赔付制度模式进行重新规划,正逢其时。有学者认为,采用证券民事责任主体先行赔付和国家投资者保护基金先行赔付相结合的模式,形成"法定最低赔付 + 自愿赔付"的双轨制先行赔付制度结构,是符合我国实际的先行赔付的最佳选择,笔者同意这种观点。首先,应当鼓励和支持证券市场违法行为的责任主体通过设立"专项补偿基金"等方式主动赔付投资者损失,弘扬市场自救精神,通过先行赔付达

① 陈洁:《证券市场先期赔付制度的引入及适用》,载《法律适用》2015 年第 8 期。

成与投资者间的和解,从而实现投资者保护和纠纷解决的双重目标,责任主体先行赔付后可向其他有关责任主体追偿。其次,当责任主体不明或者欠缺先行赔付意愿和能力时,则应借助国家投资者保护基金在法定赔付对象、赔付范围和赔付限额内,对投资者提供先行赔付。[①] 兴业证券因其保荐上市的欣泰电气财务造假欺诈发行一事,在其公告拟斥资 5.5 亿元设立专项补偿基金进行先行赔付后,欣泰电气却获得了证监会 A 股首张“退市令”,欣泰电气董事长称退市后将走破产程序,[②]兴业证券 5.5 亿元的先行赔付显然不能满足对投资者的赔偿。而在先行赔付 5.5 亿元之外,如果兴业证券和欣泰电气均无能力再赔,还有投资者没有得到赔偿,也许就需要国家层面的保护基金发挥作用了。国家投资者保护基金是责任主体赔付不能情形下的次优保护和底线保护,既不能取代责任主体的先行赔付,也不应成为责任主体逃避责任的工具。这种市场主体与国家层面共同组成的双轨制模式,将对投资者的利益搭建最优的保护屏障。

(三)改造我国现有的投资者保护基金制度

我国现有的投资者保护基金制度于 2005 年正式建立。[③] 但由于制定该制度时,国内不少证券公司因出现很多违规风险问题,正在被全面综合治理。所以,该基金设立的目的,仅局限于“防范和处置证券公司风险的长效机制”,基金用途系“在防范和处置证券公司风险中用于保护证券投资者利益的资金”。现在情况发生了很大的变化,证券公司经过综合治理后,已进入了规范经营和创新发展阶段。投资者保护基金的设置目的和用途,也应该有所调整。仿效域外经验,改造我国现有的投资者保护基金制度,建立起真正意义上的投资者保护基金,搭建国家投资者保护基金与证券民事责任主体先行赔付相结合的模式,不仅有利于发挥投资者保护基金的作用,而且有利于解决市场主体先行

① 张东昌:《证券市场先行赔付制度的法律构造——以投资者保护基金为中心》,载《证券市场导报》2015 年第 2 期。

② 刘慎良:《欣泰电气获 A 股首张退市令,兴业证券 5.5 亿先行赔付》,载《北京青年报》2016 年 7 月 9 日。

③ 2005 年全国人大常委会修订通过的《证券法》第 134 条对“国家设立证券投资者保护基金”作了原则性规定,同年证监会据此制定了《证券投资者保护基金管理办法》。

赔付的不足。

我国现有的投资者保护基金制度与域外的投资者保护基金最大的不同点在于其基金的用途上，赔偿的并不是投资者的投资损失，而是证券公司破产、关闭或撤销时，对证券公司非法动用投资者资产所遭受的损失进行补偿。只要通过扩展投资者保护基金的用途，就可以使之承担起证券市场先行赔付的功能，在更广的层面上填补投资者因证券市场虚假陈述等欺诈违法行为造成的损失。另外，在仿效域外经验改造我国现有的投资者保护基金制度时，以下问题也需要重点考虑：一是要对法定赔付对象、赔付范围和赔付限额予以明确规定。域外只对散户不对机构客户赔付是适当的，因为机构客户毕竟多是专业投资者，应有抗风险能力和自担风险意识。域外对散户不做足额赔付也是有依据的，因为国家层面基金的性质本质上是补偿而非赔偿。而且足额赔付会导致投资者放松对投资风险的识别，进而产生道德风险。二是扩大资金来源。我国投资者保护基金现有的资金来源有交易所、证券公司上缴交易经手费和基金的费用（这一点类似域外自律补偿机制），同时又有申购冻结资金利息收入、向有关责任方追偿所得和从证券公司破产清算中受偿收入、捐赠等（这一点类似域外行政补偿机制）。需要改进的是应仿效域外经验，把违规上市公司及其高管的罚款也纳入基金。由于证监会每年的罚款也在增多，①这样可以使投资者保护基金的先行赔付模式更具有稳定性和持续性，也充分体现了其“取之于市场，用之于市场”的原则。② 三是具体流程要进一步明确。参考域外做法，要对基金分配方案的制定、方案的公告及确定等其他工作程序作出规定。在这方面万福生科案虽已有一定实践，但是赔付方案确定流程中没有听证程序，是被诟病最多的事项。③ 为增加其公信力，建议增设听证程序。

综上所述，证监会制定的 IPO 保荐机构先行赔付制度因其与现行法律存

---

① 根据证监会2015年6月发布的年度报告显示，中国证监会2015年罚款和公司非法收益收缴所得达到1.13亿美元，同比上涨280%。麦迪逊·马里奇：《中国证监会去年收缴罚没款增加近两倍 仍远远少于英美》，载《英国金融时报》2015年8月3日。

② 《证券投资者保护基金管理办法》第5条：“基金按照取之于市场、用之于市场的原则筹集。”

③ 汤欣、谢日曦：《专项补偿基金能否擎起赔偿模式大旗》，载《证券时报》2014年11月15日；王婧娟：《欣泰电气因欺诈将退市如何填补巨额赔偿》，载《第一财经日报》2016年7月11日；桑彤：《保荐机构先行赔付制度待改进》，载《经济参考报》2016年7月15日。

在冲突,其适当性受到质疑。利用《证券法》修法良机,借鉴先前案例和域外经验,改造现有的投资者保护基金,对先行赔付进行制度重构,建立国家投资者保护基金与证券民事责任主体先行赔付相结合的模式,应不失为既能解决当下制度冲突问题,又能规范市场行为、强化投资者保护的良策。

违约精神损害赔偿问题研究

赵佳丽*

摘要：传统民法理论对违约精神损害赔偿持反对观点，然而在司法实践中，不少当事人都在违约纠纷中提出了精神损害赔偿的请求，有些获得了法院支持。由于缺乏统一的规范，对违约精神损害赔偿的可行性及具体适用产生了很大的争议。本文采用实证研究法，对实务中的违约精神损害赔偿案件进行类型化研究，分别探讨给付不能、给付迟延、不完全给付以及给付拒绝四种违约形态中的精神损害赔偿适用情形、裁判理由及相关问题，提出构建我国违约精神损害赔偿制度的设想。

关键词：违约　精神损害赔偿　实证分析　适用情形

* 赵佳丽：北京理工大学法学院2014级民商法学硕士研究生。

一、违约精神损害赔偿概述

(一)违约精神损害赔偿的内涵

违约精神损害赔偿,即对违约导致的精神损害可以主张合同法上的赔偿救济措施。[①] 从我国《合同法》第 113 条第 1 款规定的字面含义来看,违约损失是否包含精神损害,当事人可否请求违约方承担精神损害赔偿的问题并未明确。然而,传统民法理论认为,精神损害赔偿只存在于侵权领域中,是侵权损害赔偿与违约损害赔偿的重要区别之一。

否定违约纠纷中的精神损害赔偿请求权,不等于否定违约也同样能引起精神损害的事实。随着社会的发展,合同交易的内容和对象也随之发生了变化,一些交易本身就存在潜在的危险,债务人不仅负有给付义务,还基于诚信原则负有相关的附随义务,如运输合同中的承运人,负有将旅客、货物安全运输到约定地点的义务,对运输过程中旅客非因故意、重大过失的伤亡承担损害赔偿责任。合同法也兼顾起保护当事人固有利益的重担,与侵权责任的界限逐渐变得模糊,在这种加害给付的情形下,难谓受害人没有生理上的痛苦。还有一些合同本身就是以获取精神利益为目的,如观看演出合同、婚庆合同等,提供服务的一方不履行或者不适当履行合同义务,将致使守约方缔约目的丧失,期待的精神利益不能实现,甚至遗憾终生,心理上的痛苦可想而知。[②] 因违约引起的精神损害,包括但绝不限于上述情形,违约精神损害是客观存在的,且绝非小概率事件。实务中的部分判决已突破了传统学说的枷锁,显示出更为包容和开明的姿态。

需要注意一点,虽然我国采用“民商合一”的立法模式,但实质上有民事合同和商事合同之分。商事合同违约可否获得精神损害赔偿呢?国际统一私法协会制定的《国际商事合同通则》第 7.4.2 条,规定守约方可就因违约造成的,

① 陆青:“违约精神损害赔偿问题研究”,载《清华法学》2011 年第 5 期。

② 季瑞荣:《期待精神利益在合同中的精神损害赔偿及计算问题》,载 http://old.civillaw.com.cn/article/default.asp? id = 8389,2016 年 11 月 30 日访问。

包括肉体或精神痛苦在内的损害获得完全赔偿。① 但原则上应排除商事合同违约中的精神损害赔偿请求。商事合同的当事人为商主体,一方面,商主体比一般民事主体更具有商业头脑和风险意识,商事合同违约应当视为商业风险,合同主体有更强的理性和风险承受能力;另一方面,商主体多为法人,而法人难谓有精神损害,违约精神损害赔偿的适用应与侵权领域保持一致。

(二)违约精神损害赔偿的现状分析

探讨违约精神损害赔偿是否合理,不能仅停留在理论层面,更要结合实务现状进行研究。本文试图通过实证研究的方法,从"实然"角度探讨违约精神损害赔偿的可行性及具体适用问题,进而上升至"应然"的制度设计。

本文选取了 2014 年 1 月 1 日至 2015 年 12 月 31 日审结的、含有"精神损害"关键词的违约案件的 1033 份有效判决书,所有判决书均来自北大法宝网,因此,避免不了数据库收录不全、更新速度慢以及归类不科学的问题。此外,不少判决书对事实的记载不详,说理不充分,给筛选工作增加了困难,也对研究结果产生了影响。不过,本文的样本数量已足够大,基本可以反映违约精神损害赔偿在司法实务中的整体面貌和特征。

1. 违约精神损害赔偿案件的整体概况

表 1　我国违约精神损害赔偿案件的整体概况

	支持	比例	驳回	比例	合计
一审	158	16.5%	797	83.5%	955
二审	15	20%	60	80%	75
再审	0	0	3	100%	3
合计	173	16.8%	860	83.2%	1033

表 1 反映了 2014 年、2015 年两年法院处理违约精神损害赔偿案件的整体情况。其中,支持当事人请求的共 173 例,驳回的共 860 例,违约精神损害赔偿

① 《国际商事合同通则》第 7.4.2 条:(1)受损害方当事人对由于不履行而遭受的损害有权得到完全赔偿。此损害既包括该方当事人遭受的任何损失,也包括其被剥夺的任何收益,但应考虑到受损害方当事人由于避免发生的成本或损害而得到的任何收益。(2)此损害可以是非金钱性质的,如包括肉体或精神上的痛苦。

请求的胜诉率虽然低,但也并非绝对否定和排斥。从审判层级来看,由基层法院作出的一审判决达 955 例(包括一审判决生效及未就违约精神损害赔偿的判决结果提起上诉),中级法院作出的二审判决共 75 例,中级或高级法院作出的再审判决 3 例。可见,对违约精神损害赔偿请求的审理,主要是由基层法院完成,上诉率极低。同时,一审支持违约精神损害赔偿请求的,共计 158 例,占一审样本总数的 16.5%;在二审中予以支持的共计 15 例,占二审样本总数的 20%。不同层级的法院,对违约纠纷中的精神损害赔偿请求,并没有表现出显著的差异性或倾向性,基本保持步调一致。

2. 违约精神损害赔偿案件的案由类型

表 2　我国违约精神损害损害赔偿案件的案由类型

	运输合同	服务合同	房屋买卖合同	租赁合同	借款合同	劳务合同	买卖合同	委托合同	建设工程合同	房屋拆迁安置补偿	承揽合同	储蓄存款合同	农村承包	居间合同	仓储合同	保管合同	供用热力合同	供用气合同	拍卖合同	其他合同	合计
支持	143	27	0	0	0	0	0	1	0	0	1	0	0	0	0	1	0	0	0	0	173
驳回	556	172	31	16	16	13	11	7	9	6	7	2	1	1	1	1	1	1	1	7	870
合计	699	199	31	16	16	13	11	8	9	6	8	2	1	1	1	2	1	1	1	7	1033

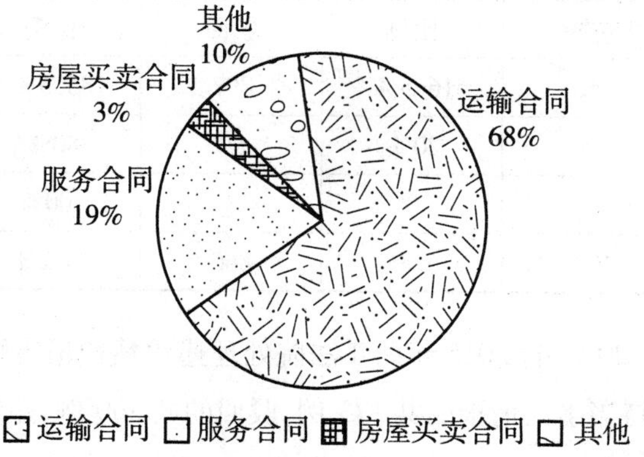

图 1　我国违约精神损害赔偿案件的案由类型

根据最高人民法院 2011 年修正的《民事案件案由规定》,样本案件的案由分类结果如表 2 所示。可以看出,涉及违约精神损害赔偿的合同类型具有广泛性，在不考虑第四级案由的情况下，就已达到20种，几乎在每种类型的合同纠纷中，都有提出精神损害赔偿的可能性。但是，图1也反映出涉案的合同类型具有显著的集中性特征，运输合同、服务合同、房屋买卖合同三类就占据了样本数量的90%，遥遥领先于其他合同类型，构成样本案例的绝大多数。

3. 违约精神损害赔偿案件的违约形态①

民法学者对违约形态的分类持较多不同观点。依学界通说，违约形态分为给付不能、给付迟延及不完全给付三种，不完全给付又包含瑕疵给付和加害给付两种。② 不过，理论界尚存在两处争议：其一，不完全给付是否及于对附随义务的违反；其二，给付拒绝是否属于独立的违约形态。对此，王泽鉴先生认为"为期涵盖，得扩张解释不完全'给付'，使之包括二者，或加以类推适用。"③"给付拒绝不独未为给付，亦无给付之意思，与其他形态实不相同。"④故本文不再进行深入探究，将对上述问题持肯定态度。需要说明的一点，违约形态属于学理上的概念，实务中的判决书很少提及，因此需要结合基本案情进行统计。

表3　违约精神损害赔偿案件的违约形态

		支持	比例	驳回	比例	合计
给付不能		4	28.6%	10	71.4%	14
其中	给付迟延	0	0%	63	100%	63
不完全给付		170	17.9%	782	82.1%	952
其中	瑕疵给付	4	6.7%	56	93.3%	60
	加害给付	165	18.5%	727	81.5%	892
给付拒绝		0	0%	4	100%	4

① 依照违约行为形态的不同，违约精神损害可分为因预期违约造成的精神损害以及因实际违约产生的精神损害。前者包括明示预期违约引发的精神损害与默示预期违约引发的精神损害；后者包括不履行造成的精神损害、履行迟延造成的精神损害以及不适当履行造成的精神损害。参见龙著华：《违约责任中的精神损害赔偿》，载《政治与法律》2006年第1期。

② 詹森林：《台湾民法债务不履行体系之发展——外国法之继受、本国理论与实务之演变》，载《月旦法学杂志》2015年第6期。

③ 王泽鉴：《债法原理》，北京大学出版社2013年版，第86页。

④ 王泽鉴：《民法学说与判例研究》，北京大学出版社2009年版，第66页。

违约精神损害赔偿案件因违约形态不同而存在显著差异。首先是案件数量悬殊,不完全给付案件达952例,而给付拒绝案件仅4例,前者是后者数量的200多倍,而不完全给付中又以加害给付为主。其次是判决结果分布不均,给付不能案件中的支持比例最高,达28.6%,而给付迟延和给付拒绝案件中的精神损害赔偿请求全部被驳回。可见,不同违约形态下的损害后果不尽相同,给当事人造成的精神损害程度也不完全一致,违约精神损害赔偿与违约形态,表现出了一定的相关性和倾向性。故本文将以此为切入点,探讨不同违约形态中的精神损害赔偿问题,不仅便于对数量庞大、类型各异的实务判决进行归纳、整理,更有利于集中、准确反映违约精神损害赔偿的适用规则和特征。

二、不同违约形态中的精神损害赔偿

(一)给付不能中的精神损害赔偿

给付不能,是指作为债权客体的给付内容不能实现。样本中因给付不能而请求精神损害赔偿的案件共计14例,涉及服务合同、房屋买卖合同、租赁合同及其他合同,获得法院支持的有4例。本文为了方便研究,在表4中采用主观不能和客观不能的分类方式。客观不能是指任何人都不能做出履行;主观不能则是指该给付只是对债务人不能,但债务人以外的人有能力履行。① 因此,在这两种给付不能类型中,债权人能否通过另行订立合同进行替代或补救,是否会因给付不能而遭受精神损害及其程度,都将有比较明显的差异。

表4 给付不能案件的具体情形

		支持	比例	驳回	比例	合计
客观不能		3	75%	1	25%	4
其中	录像、照片灭失	3	75%	1	25%	4

① 关于客观不能与主观不能之区别则颇有争论,计有3种见解:(1)依给付之人的范围而为区别,即对任何人其给付均属不能者,为客观不能;唯对于该债务人为不能者,为主观不能。(2)依发生给付不能之原因为区别,即不能之原因;基于给付本身者,为客观不能,基于债务人之一身之情事者,为主观不能。(3)依事务之原因而为不能者,为客观不能;依债务人之人的原因而为给付不能者,为主观不能……依本文见解,第一说之判断标准较为明确,可资采取。参见王泽鉴:《民法学说与判例研究》,北京大学出版社2009年版,第32页。

续表

		支持	比例	驳回	比例	合计
主观不能		1	10%	9	90%	10
其中	停业、拆迁	0	0	5	100%	5
	场地已被预订	1	100%	0	0	1
	多重买卖	0	0	1	100%	1
	非法转租	0	0	1	100%	1
	资产查封	0	0	2	100%	2

1. 客观不能中的精神损害赔偿适用

因客观不能而请求精神损害赔偿的情形比较单一，多数都是由录像、照片灭失引起的，如提供婚礼全程摄影、拍照的一方将文件丢失[①]或由于设备故障[②]而无法交付婚礼光盘和照片等。此类案件的胜诉率极高，法院无一例外援引《关于确定民事侵权精神损害赔偿责任若干问题的解释》（以下简称《精神损害赔偿司法解释》）第 4 条规定，首先认定合同涉及的婚纱照、婚礼录像等标的物是具有人格象征意义的特定纪念物品，再以此类物品毁损灭失无法交付，给当事人造成精神伤害、遗憾为由，支持精神损害抚慰金主张。

此类案件的审理重点，是判断标的物是否属于具有人格象征意义的特定纪念物品。由于司法解释未做进一步说明，只能借助实务经验进行考察，但务必保持谨慎态度，对“具有人格象征意义的特定纪念物品”做严格解释，防止该规定的适用过于泛滥。[③] 在沈某某诉上海某婚庆策划有限公司等服务合同纠纷案中，被告为原告提供婚纱摄影服务，但因底片丢失无法如约交付照片，法院认为婚纱照是新婚夫妻的爱情见证，是日后重温幸福时光，彼此增进感情的一种载体，对新人而言具有特殊意义。因此，属于具有人格象征意义的特定纪念品，应赔偿精神损害。[④] 婚纱照不同于婚礼现场的录像、照片，丢失底片后尚

① 北京市延庆县人民法院(2015)民初(03525)民事判决书。

② 上海市杨浦区人民法院(2014)民初(3489)民事判决书。

③ 葛云松：《赔礼道歉民事责任的适用》，载《法学》2013 年第 5 期。

④ 上海市虹口区人民法院(2015)民重(1)民事判决书。

有补救的可能。因此,对婚纱照的定性,不能一概而论,应根据具体情形予以区别。如果在最短的时间内可以通过重拍补救,即使因重拍的季节、环境效果有所改变,无法完全还原,但给当事人造成的不快、不满意,也难以达到请求金钱赔偿的程度。而本案的特殊性在于原告因怀孕、丢失签约单等一系列事实,致使合同的履行前后持续五六年之久,被告丢失的是原告 6 年前拍摄的婚纱照,确实具有特定的时空因素及重大情感价值,法院支持精神损害赔偿的判决具有合理性。

2. 主观不能的精神损害赔偿适用

因主观不能而请求精神损害赔偿的案件不在少数,有的是在停业、拆迁引起的给付不能场合中提出,如酒店停业装修,不能如期举办婚宴;①有的是因酒店工作人员疏忽,预订了实际上早已被订出的婚宴场地,不得已另行选址并改变婚期。② 有的是在房屋多重买卖中,出卖人已将房屋过户给其他人,买受人追究出卖人的违约责任时主张。③ 也有在房屋租赁中,承租人非法转租,因与出租人产生纠纷,涉案房屋被出租人换锁,导致次承租人无法回家住宿,声称受有精神伤害。④ 此外,还有在标的物被依法查封而导致的合同无法履行中索赔。⑤ 但是,仅有一起案件的请求获得支持。陈某某诉马鞍山市某餐饮发展有限公司餐饮服务预订合同纠纷案⑥中,因被告工作人员疏忽,致使原告预订的婚宴场地实际上早已被订出,被告在 3 天后发出了解除合同通知。法院认为原告在特定时间举办婚宴,具有重大纪念意义,且婚宴涉及人员较多,婚宴改期涉及原告与多人联系处理改期事宜,因此被告的行为给原告造成了精神损害,原告诉请的精神抚慰金有事实及法律依据。法院裁判时完全脱离了精神损害赔偿现行规范的影响或束缚,而是依个案事实认定违约精神损害客观存在,再适用《合同法》第 113 条,将其纳入违约损失赔偿范围中。

---

① 上海市第一中级人民法院(2013)民终(2919)民事判决书。

② 安徽省马鞍山市花山区人民法院(2015)民初(00248)民事判决书。

③ 广东省广州市中级人民法院(2015)民终(1473)民事判决书。

④ 河北省香河县人民法院(2015)民初(2137)民事判决书。

⑤ 上海市浦东新区人民法院(2015)民初(10796)民事判决书。

⑥ 安徽省马鞍山市花山区人民法院(2015)民初(00248)民事判决书。

依个案认定违约精神损害事实,并予以精神损害赔偿,能够在一定程度上灵活应对复杂的实务现状,但并不意味着完全打开了违约精神损害赔偿的大门,可以不加限制地滥用。既然将违约精神损害赔偿作为违约损害赔偿的一部分,自然应受可预见规则的约束。此外,还须违约确实引起精神损害,有必要予以金钱赔偿。前述陈某某诉马鞍山市某餐饮发展有限公司餐饮服务预订合同纠纷案的判决结果,有待商榷。主观不能案件中,合同内容不具有专属性,不是必须由某个特定的债务人完成,绝大多数都能找到替代方案,故应谨慎对待当事人的精神损害赔偿请求。本案被告及时通知原告,原告完全可以另行订约进行补救,且当时距离预期的婚宴举办时间还有 7 个月之久,原告不可能已通知所有亲友,难谓受有精神损害。而在上海某文化传播有限公司等诉王某等庆典服务合同纠纷案①中,被上诉人(原审被告)在婚宴举行的前一周,才获知上诉人(原审被告)停业装修不能如期承办婚庆。依常理,此时被上诉人(原审原告)已做好了相关筹备工作,而在一周内要找到其他场地替代,客观上仍有可能,但实属相当困难,上诉人(原审被告)违约导致被上诉人(原审原告)订立合同所欲追求的精神利益不能实现,并带来了生活上的诸多不便,法院却以违约行为不属于法律规定的可赔偿精神抚慰金的情形,驳回了王某的请求。

3. 给付不能精神损害赔偿的数额确定

法院判决的给付不能精神损害赔偿数额,并没有统一的、固定的标准,赔偿幅度几百元到上万元。即使违约行为的类型相同、性质相似,如王某某等诉吴某服务合同纠纷案和宋某某等诉高某某等庆典服务合同纠纷案,都是因被告丢失婚礼录像资料而索赔,法院支持的精神损害赔偿数额也不同,分别为10,000元和5000 元。毋庸置疑,精神损害因案而异、因地而异、因时而异,如果设立一个精确的赔偿数字,或是最低赔偿数额、最高赔偿数额,都无法满足实务中的不同需要,难以实现个案的公平正义。

然而,精神损害计算困难,这一与生俱来的固有缺陷,很容易引发受害人漫天要价的现象。即使在侵权纠纷中,也无法克服类似问题的出现。由于精神损害赔偿的基本功能,是填补和抚慰受害人所遭受的精神痛苦,这就意味着

---

① 上海市第一中级人民法院(2013)民终(2919)民事判决书。

法官对当事人提出的高额抚慰金请求,不能一味地满足,或是不受任何限制的自由裁量。《精神损害赔偿司法解释》第10条,提出了确定侵权精神损害赔偿数额时应考量的因素,该条虽然针对的是侵权精神损害赔偿,但为实务中给付不能精神损害赔偿数额的确定,提供了重要的借鉴和参考意义。例如,原告王某某等诉被告吴某服务合同纠纷案中,原告索赔的精神抚慰金数额高达15万元,法院结合原告支付的服务费标准、被告同意退还全部服务费的表示、当日婚庆服务良好、被告存在消极协商情况,以及当地生活水平及时代观念等因素,最终酌定被告赔偿精神抚慰金10,000元。① 例如,原告宋某某等诉被告高某某等庆典服务合同纠纷案中,原告请求赔偿精神损害2万元,法院结合当地经济发展水平,被告的过错程度以及精神伤害程度,酌定为5000元。②

因此,在确定给付不能精神损害赔偿的数额时,也应从精神损害的程度,违约的具体情节,违约方的过错、获利情况、经济能力,受诉法院所在地的平均生活水平出发,合情合理地综合考量精神损害赔偿的具体数额。而对于其他影响因素,如当事人解决争议时的态度、合同约定的服务费用等,看似有一定合理性,实则与当事人是否遭受精神损害及其程度,并无密切联系,倘若将其也纳入考量的范畴,势必对受害人产生不公,难以获得与损害相适应的赔偿。此外,法院确定给付不能精神损害赔偿的数额时,同样可以适用过失相抵规则,即赔偿权利人对于损害的发生或扩大有过失时,法院可以相应减轻或免除赔偿义务人的责任。例如,原告沈某某诉被告上海某婚庆策划服务有限公司等服务合同纠纷案中,原告主张精神损害抚慰金50,000元,法院认为原告自身存在一定过错,包括不慎丢失签约单而无法补拍,在五六年内怠于行使权利等,最终确定精神损害抚慰金为3000元。③ 本案原告有可能也有能力采取其他措施,防止自身精神利益损害的发生和继续扩大,但却因自身原因没有尽到应尽的义务,法院根据过失相抵规则,酌情减少精神抚慰金数额,并无不妥。

(二)给付迟延中的精神损害赔偿

因给付迟延而请求精神损害赔偿的案件,涉及多种合同类型,但以借款合

① 北京市延庆县人民法院(2015)民初(03525)民事判决书。

② 江苏省睢宁县人民法院(2014)民初(00066)民事判决书。

③ 上海市虹口区人民法院(2015)民重(1)民事判决书。

同、劳务合同及租赁合同居多。从判决结果来看，没有一例获得支持，但无法获知法院驳回当事人的请求，是基于传统民法理论的固有思维限制，还是给付迟延确实在客观上不会引起可获得金钱赔偿的严重精神损害。

表5　给付迟延案件的具体情形

		支持	比例	驳回	比例	合计
金钱债务的给付迟延		0	0	45	100%	45
其中：拖欠报酬、租金、费用等		0	0	46	100%	46
非金钱债务的给付迟延		0	0	19	100%	19
其中	延误工期	0	0	1	100%	1
	未完成委托事项	0	0	3	100%	3
	逾期交付（过户）标的物	0	0	10	100%	10
	逾期归还标的物	0	0	2	100%	2
	逾期办理手续	0	0	3	100%	3

1. 给付迟延精神损害赔偿的现状分析

给付迟延包括金钱债务迟延及非金钱债务迟延两种，并且以金钱债务迟延居多。一般而言，金钱债务的给付迟延，即使履行期限已届至，给付对债权人仍有利益，依旧能够实现缔约目的，债权人可以要求债务人实际履行，给付迟延只会发生相当于迟延利息的损害，故国内外的理论及实务见解，均反对金钱债务迟延中的精神损害赔偿请求。部分非金钱债务的给付迟延与金钱债务迟延类似，也依然可以请求实际履行，债权人因债务人拖欠、逃避而产生的不悦、愤怒，应视为社会交易中可容忍的合理范畴，尚难认定构成精神损害，更谈不上精神损害赔偿。

但在一些非金钱债务的给付迟延中，合同的履行期限对当事人来说具有特别或重要的意义，债务人一旦履行迟延，即使能够继续履行，但对债权人来说，已经丧失或削弱了订立合同所能获得的利益，且无法通过其他方式进行补救。例如，在北京某咨询有限公司与孙某服务合同纠纷上诉案①中，孙某与某

① 北京市第三中级人民法院（2014）民终（12436）民事判决书。

旅行社订立了出境旅游合同,并于出行前1个月委托被告办理签证。北京某咨询有限公司声称自受理之日起10~15个工作日即可办理完毕。但在该期间经过之后,北京某咨询有限公司除与大使馆进行邮件沟通外,并未采取其他方式的询问、推进护照的办理事宜,致使孙某至旅游团出发当天,也没有拿到签证,最终未能出行。在张某诉某物业公司房屋买卖合同纠纷案①中,张某提出自己购买房屋的目的是结婚,但因某物业公司迟延交房,不得不推迟婚期,故被告的迟延履行给原告造成了精神创伤。诸如此类的给付迟延案件,可否获得精神损害赔偿,有待进一步分析探讨。

2. 笔者观点

当事人对合同的期待,分为一般期待与特别期待两种。所谓一般期待,乃指当事人因履行契约所当然而应取得之利益,如甲托乙将货运送到丙地,货物如期送达丙地,即属一般期待;所谓特别期待,则指当事人因特殊情形可由履行契约而取得之利益,如前例,倘乙准时将货运到丙地,甲可因转售而取得之利益。② 当前人们对精神生活的追求越来越强烈,合同不再局限于可用金钱衡量的经济期待,非经济期待亦包含在内。非经济期待有两种:一种是能够产生愉悦、快乐、安宁之类的精神感受;另一种则是消除精神上的痛苦。除了从旅游合同、庆典服务合同中获得一般期待的精神利益外,买受人、承租人、定作人居住在质量合格的房子里,驾驶安全的车辆,以期享受生活上的安宁舒适,也不无对精神利益的特别期待。因此,在判断合同是否具有精神性质的期待利益时,不能仅从合同类型出发,亦须结合当事人所处的地位、合同目的和内容加以区别。例如,前述张某诉某物业公司房屋买卖合同纠纷案,张某购买房屋用于结婚,虽然是房屋买卖合同,但应当承认买受人有着精神上的特别期待,此类情形极易引起误判。给付迟延造成精神利益丧失,是获得精神损害赔偿的一个前提。

有学者认为违约中赔偿精神损害违反了合同法的可预见规则。③ 实务中也有法院以此驳回了当事人的请求。在李某诉淄博市某汽车公司城市公交运

① 四川省成都市高新技术产业开发区人民法院(2015)民初(1870)民事判决书。

② 林诚二:《论契约期待属性与违约损害赔偿之评算》,载《中兴法学》1998年。

③ 王利明:《合同法研究》(第2卷),中国人民大学出版社2011年版,第617~618页。

输合同纠纷案[①]中，李某乘坐被告公交车期间，因司机刹车，致使李某受伤。李某请求淄博市某汽车公司赔偿包括精神损害在内的各项损失。但法院认为，该案是依据客运合同提起的违约诉讼，精神损害抚慰金不属于被告在订立合同时预见到或者应当预见到的因违反合同可能造成的损失，故不予支持。无独有偶，在廖某诉杭州某旅游巴士有限公司等运输合同纠纷案[②]中，法院对不可预见观点进行了有力回击，“旅客运输合同的履行关系到乘客的人身安全，客运方在订立合同时应当可以预见到违约行为将造成乘客的精神损害”。该案不失为重大突破，并非所有的违约精神损害都不可预见，违约方能否预见到违约行为会给当事人的精神带来莫大痛苦，应采推定主义或客观标准，即与违约方情况相同的合理人认识到合同的性质、内容、标的物与当事人的精神利益、人格利益有关，则推定违约方已预见到损害发生的可能性。诸如旅游、婚庆典礼、拍摄结婚照、洗印照片、骨灰保管等合同，与精神利益密切相关，违约方都是专业经营者，故违约给对方带来的精神损害能够轻松预见。一旦通过法律确立了违约精神损害赔偿制度，并广为宣传和适用，那么可预见的范围更广、程度更深。精神损害赔偿可否预见，与合同类型、内容、法律有无规定，当事人所处的环境和地位不无关系，需要依个案的具体情形加以判断。如果违约方可以预见到违约行为导致对方期待的精神利益丧失，那么就应支持精神损害赔偿请求。例如，在北京某咨询有限公司与孙某服务合同纠纷上诉案中，孙某已经向北京某咨询有限公司说明了办理签证的目的，而北京某咨询有限公司作为专业的签证代办机构，对孙某因签证迟延无法出境旅游的后果是可以预见的。但在张某诉某物业公司房屋买卖合同纠纷案中，除非当事人在合同中有约定，否则难以认定某物业公司在订约时，认识到张某购买房屋的目的是结婚，寄予了超乎常人的精神利益。因此，在给付拒绝案件中，精神损害赔偿同样有适用的可行性。

给付迟延案件还反映出这样一个问题，即当事人在合同订立时依据《合同法》第 114 条约定了违约金，因而在一方违约时，精神损害赔偿与违约金不可避免地联系在一起，这是与侵权精神损害赔偿的显著区别。例如，在原告谢某

---

① 山东省淄博高新技术产业开发区人民法院(2014)高初(25)民事判决书。

② 浙江省云和县人民法院(2014)民初(344)民事判决书。

等诉被告上海某置业有限公司商品房预售合同纠纷案[①]中，原告以被告迟延交房造成经济损失为由，请求调高违约金，又以造成生活困难为由，要求精神损害赔偿。法院最终以被告延期交房客观上给原告造成了经济上的损害和生活上的不便，调高了违约金标准，但驳回了精神损害赔偿请求。原告张某诉被告某物业公司房屋买卖合同纠纷案[②]中，原告声称自己购买房屋的目的是结婚，因被告迟延交房，不得不延迟婚期。因此，法院在确定违约金数额时，应考虑被告的迟延履行给自己造成的精神创伤。这些案例提出了违约精神损害赔偿在适用时的两个问题：一是能否与违约金同时请求；二是虽未请求违约精神损害赔偿，但在酌定违约金数额时，应否考虑违约精神损害事实。

笔者认为，违约精神损害赔偿作为违约损失赔偿的组成部分，与违约金可否同时获得支持，完全可遵循违约损失赔偿与违约金之间的关系，即通说所主张的依不同违约金类型分别予以确定。如果是赔偿性违约金，且与违约精神损害赔偿请求权利益指向一致，则不能同时获得违约精神损害赔偿；如果利益指向不一或属惩罚性违约金，则可以一并支持。[③] 因此，上述案例中，当事人在房屋买卖合同中约定的是迟延履行违约金，这就意味着对迟延给付引发的损害进行了预估，因逾期交房而受有精神损害，不能同时请求违约金与精神损害抚慰金；倘若债务人逾期交付的房屋尚有质量问题，当事人主张因房屋瑕疵而受有精神损害，此时便可以同时获赔违约金与精神损害抚慰金。

最高人民法院《关于适用〈中华人民共和国合同法〉若干问题的解释（二）》第29条[④]规定应当以实际损失为基础，兼顾合同的履行情况、当事人的过错程度以及预期利益等综合因素，根据公平原则和诚实信用原则予以衡量，可见赋予了法院充分的自由裁量权力。笔者认为，违约引起当事人的固有精

---

① 上海市奉贤区人民法院（2015）民初（4687）民事判决书。

② 四川省成都市高新技术产业开发区人民法院（2015）民初（1870）民事判决书。

③ 王洪亮：《违约金请求权与损害赔偿请求权的关系》，载《法学》2013年第5期。

④ 最高人民法院《关于适用〈中华人民共和国合同法〉若干问题的解释（二）》第29条规定：“当事人主张约定的违约金过高请求予以适当减少的，人民法院应当以实际损失为基础，兼顾合同的履行情况、当事人的过错程度以及预期利益等综合因素，根据公平原则和诚实信用原则予以衡量，并作出裁决。”当事人约定的违约金超过造成损失的百分之30%的，一般可以认定为合同法第114条第2款规定的“过分高于造成的损失”。

神利益遭受损害,自属前述条款中的实际损失,而订立合同所欲追求的精神利益丧失,也属预期利益范畴。因此,在确定违约金数额时都应予以充分考虑,有法官表明了类似的赞成态度。[①] 台湾地区也有学者根据"最高法院"79 年台上字第 1915 号判例,[②]认为法院于核减违约金数额时,亦应斟酌债权人之一切正当利益,并不以财产上利益为限,债权人之值得保护之非财产上法益亦在斟酌之列。违约金自得用于填补债权人之非财产上损害。[③]

(三)不完全给付中的精神损害赔偿

不完全给付具体分为瑕疵给付和加害给付两种,二者区别明显,故下文将分开进行讨论。

1. 瑕疵给付中的精神损害赔偿

瑕疵给付,是指给付本身不完全,具有瑕疵,以致减少或丧失该给付本身之价值或效用,其所侵害的是债权人对完全给付所具有之利益。[④] 样本中的瑕疵给付案件共 60 例,获得法院支持的有 4 例,集中于庆典服务合同和殡葬服务合同中。

根据合同内容,可将债务分为结果债务与手段债务。结果债务是指债务人承诺一定结果发生之债务,如买卖合同、赠与合同中的财产权转移,租赁合同中的交付租赁物,若债务人的给付不符合约定或通常标准,即构成瑕疵给付。手段债务则指债务人不担保一定结果之发生,而仅承诺尽力使结果发生。[⑤] 大多数劳务合同、医疗合同、委托合同中,债务人仅负有依善良管理人的注意义务,并不负有使一定结果发生的义务,判断是否属于瑕疵给付,应考察债务人是否尽到注意义务。以此为着眼点,可将瑕疵给付案件分为结果债务的瑕疵给付、手段债务的瑕疵给付两种。

---

① 在市场交易过程中,当事人追求的不仅仅是具有可赔性的经济利益,还包括一些特别利益和感情利益,这些东西是不可替代的,不具有可赔性和同质救济性的利益,只能通过合同的履行才能得到利益的满足。虽然这些特别利益不等同于经济利益,但在损害发生的情况下也只能通过金钱来补尝。在判断违约金是否过高时对此应予充分考量。参见靳学军、李颖:《违约金调整的司法难题及解决》,载《人民司法(应用)》2008 年第 19 期。

② "最高法院"79 年台上字第 1915 号判例:约定之违约金过高者,法院得减至相当之数额,"民法"第 252 条定有明文。

③ 欧阳胜嘉:《定型化违约金条款之法律问题》,元照出版有限公司 2010 年版,第 27 页。

④ 王泽鉴:《民法学说与判例研究》(第 3 册),北京大学出版社 2009 年版,第 61 页。

⑤ 陈自强:《从继受观点看不完全给付之生成发展》,载《政大法学评论》2012 年第 130 期。

表6 瑕疵给付案件的具体情形

		支持	比例	驳回	比例	合计
结果债务的瑕疵给付		4	8.2%	47	91.8%	47
其中	标的物质量问题	2	6.7%	28	93.3%	30
	房屋设计变更	0	0	7	100%	7
	未达到特定效果	2	40%	3	60%	5
	地点不一	0	0	3	100%	3
	时间不符	0	0	1	100%	1
	数量不合	0	0	1	100%	1
手段债务的瑕疵给付		0	0	13	100%	13

(1)结果债务瑕疵中的精神损害赔偿适用

若债务人负担的是结果债务,债权人会因下列瑕疵给付情形请求精神损害赔偿:一是标的物质量存在问题,如施工方承建的房屋或装饰装修工程质量不合格,[①]买受人购买的车辆、房屋存在安全隐患,[②]婚庆服务方提供的婚礼录像画面模糊或无观赏价值[③]等。样本中只有婚庆服务合同纠纷案件获得了支持。蔡某等诉张某庆典服务合同纠纷案[④]中,被告张某提供的婚礼录像光盘,图像不清晰,不熟悉的人无法认清图像上所录的人员面目,法院认定婚庆录像属于具有人格象征意义的特定纪念物品,因被告未向原告提供清晰的录像光盘,造成无法弥补的损失,应赔偿精神抚慰金。这起案件的标的物并非永久性灭失或毁损,但图像模糊失去了本应有的观赏价值,与永久性毁损灭失无异。二是房屋设计变更。具体体现为房屋的楼层、户型、结构等与约定不一致,但尚未影响到质量和使用。[⑤] 三是没有达到约定或通用的效果,如婚礼的现场布

① 浙江省杭州市余杭区人民法院(2015)民初(105)民事判决书。
② 上海市第一中级人民法院(2015)民终(2129)民事判决书。
③ 北京市房山区人民法院(2014)民初(0328)民事判决书。
④ 河北省邢台市人民法院(2014)民初(501)民事判决书。
⑤ 内蒙古自治区包头市昆都仑区人民法院(2014)民初(3771)民事判决书。

置、流程与合同约定不符。[1] 在某生态酒店诉房某某服务合同纠纷案中,反诉被告房某某为反诉原告策划的婚礼最大亮点就是播放5首歌曲串接起来的音乐剧,并通过对新人的前期录音、剪辑、制作及现场演出,营造出温馨浪漫的婚礼氛围。但真实情况却是在播放至第四首歌曲时音乐中断,导致后面的音乐未播放。[2] 法院直接依事实认定,婚礼瑕疵给现场气氛和新人的情感造成伤害,从违约损失完全赔偿角度支持当事人的请求。四是履行地点与合同不一。驾驶员驶离高速路服务区时,没有认真清点人数,深夜将乘客遗漏。乘客以自己深夜携带巨款,因漏乘遭受了巨大压力,人身处于高度危险中,心理造成了巨大伤害为由索赔。[3] 五是履行时间与合同不符。航空公司运行调整,将起飞时间从晚上更改到早上,乘客在旅游地少游玩1天。[4] 六是标的物数量与约定不合。朱某与某村民委员会农村土地承包合同纠纷上诉案[5]中,双方约定的承包土地面积为2.97亩,但在履行过程中,被告某村民委员会未经原告同意,将承包土地面积调整为1.2亩。

(2)手段债务瑕疵中的精神损害赔偿适用

因手段债务瑕疵而请求精神抚慰金的案件,主要发生在服务合同中。例如,旅店服务中原告在被告经营的酒店入住,第三人孙某记错了房间号,到前台要求用总卡开门,服务员便给打开了原告的房间门。等到原告醒来后质问第三人孙某,其才意识到走错了房间。原告要求酒店承担以精神损害赔偿为内容的违约责任,但在一、二审中均被驳回。[6] 原告乘坐的游轮着火,原告声称当时一片混乱,没有工作人员引导,逃生通道无法打开,自己本是怀着喜悦的心情参与旅程,却在濒临死亡的情绪下结束行程,旅行社未尽到协助照顾义

① 山东省荣成市人民法院(2014)商初(307)民事判决书。

② 山东省荣成市人民法院(2014)商初(307)民事判决书。

③ 广西壮族自治区贺州市中级人民法院(2013)民终(99)民事判决书。

④ 杭州市萧山区人民法院(2014)民初(1270)民事判决书。

⑤ 上海市第二中级人民法院(2015)民终(2175)民事判决书。

⑥ 山东省东营市中级人民法院(2015)商终(88)民事判决书。

务,给其造成的内心恐惧应当予以精神抚慰金补偿。① 虽然这一事实被旅行社否认,法院也未进行查证,但为研究违约精神损害赔偿的适用提供了一种可能性。此外,餐饮服务中酒店提供婚宴服务时上菜缓慢,且菜品不新鲜,导致大量客人走光,当事人声称婚宴结束后向客人赔礼道歉且再行宴请。② 最后一类情形在台湾地区也曾发生过,并且获得了法院支持。"台北地方法院"99 年度诉字第 1948 号③判决,原告与被告签订自助餐婚宴契约,但在实际履行时存在重大瑕疵,包括用餐环境过于拥挤、餐点不足且供应速度太慢、动线规划不当、服务不够专业等。原告声称为处理婚宴瑕疵后续事宜,于婚宴后一个月内无心思工作,心力交瘁而夜夜失眠无法入睡,精神上所承受之心理压力不言而喻,故心理健康受有重大损害,请求赔偿非财产上之损害。法院认为"结婚喜宴乃系原告与其妻人生中极为重要之回忆,却因被告之债务不履行,造成与会之宾客对原告之诸多抱怨,致系争婚宴徒留不堪与无法弥补之痛苦记忆,除造成原告与其妻及双方家长颜面尽失而大受打击外,亦侵害原告之名誉权等人格法益,原告因此所受之精神上痛苦,诚属重大……请求被告赔偿因此所受之非财产上之损害,自属有据"。

2. 加害给付中的精神损害赔偿

加害给付,是指不完全给付具有瑕疵,除该给付本身减少或丧失价值或效用外,尚对债权人人身或其他财产法益,肇致损害。④ 样本中的加害给付案件共 892 例,占据总数的 86.4%。加害给付案件涉及的合同类型广泛,但集中于运输合同和服务合同中,因为这些合同领域具有较高的危险性,更容易在履行过程中侵犯当事人的固有利益。根据加害给付所侵犯的对象,可以将其分为对人身权益和财产权益的侵害。

---

① 本案当事人在失火时将携带的行李财物全部遗弃在游轮上,最终被烧毁灭失,从结果上看属于加害给付。但由于当事人请求精神损害赔偿的原因,不是针对财产损失这一损害后果,而是因旅行社在失火时未尽到协助照顾义务,致旅游目的不能实现。故从性质上来看,是因履行利益受侵害而主张的,因此将其划分在瑕疵给付部分中。参见浙江省宁波市海曙区人民法院(2014)民初(503)民事判决书。

② 贵州省贵阳市花溪区人民法院(2015)民初(1268)民事判决书。

③ "台北地方法院"99 年度诉字第 1948 号民事判决书。

④ 王泽鉴:《民法学说与判例研究》,北京大学出版社 2009 年版,第 61 页。

表7 加害给付案件的具体情形

加害给付的情形		支持	比例	驳回	比例	合计
侵害人身权益		160	18.5%	706	81.5%	866
其中	人身伤亡	160	18.5%	704	81.5%	864
	病情加重	0	0	2	100%	2
侵害财产权益		5	19.2%	21	80.8%	26
其中	一般财产损害	0	0	11	100%	11
	房屋、车辆损坏	0	0	9	100%	9
	特殊财物丢失	4	80%	1	20%	5
	宠物死亡	1	100%	0	0	1

（1）加害给付侵害人身权益中的精神损害赔偿适用

因加害给付侵害人身权益而请求精神损害赔偿的情形有两种：一种是加害给付导致人身伤亡，具体包括死亡、残疾、受伤、流产等类型。无论是主给付义务，还是附随义务的违反，均能引起此类人身损害。因此，除了运输、服务、旅游等常见纠纷，在其他合同领域也会因类似的违约损害后果而请求精神损害赔偿，如买卖合同中，买受人乘坐出卖人的送货汽车，在途中发生了交通事故而致残；[①]供用气合同中，被告提供的液化气钢瓶有瑕疵，液化气泄漏引发的火灾将原告烧伤[②]；等等。另一种则是加害给付导致当事人的病情加重，如航空公司依规定扣留了承运人的行李，但未及时通知，亦未采取有效的补救措施积极找回行李，致使患病的承运人不能按时服用药物而旧病复发。[③] 此类情形中，虽然加害给付未给当事人带来新的创伤，但确实也存在对人身权益的侵害。

加害给付侵害人身权益案件中，并非人身受有伤害，就一定能获得精神损害赔偿。绝大多数法院都将人身损害是否构成伤残等级，作为能否适用精神损害赔偿的标准。例如，乘客乘坐公交车时摔倒致残，法院认为已经构成八级

① 湖南省桃源县人民法院(2015)民初(286)民事判决书。

② 云南省昆明市中级人民法院(2014)民终(345)民事判决书。

③ 江苏省南京市中级人民法院(2014)商终(1467)民事判决书。

伤残,故乘客要求精神损害抚慰金,理由正当,证据充分。① 由于精神损害赔偿须以精神损害达到严重为必要,而精神损害往往又难以被证明,因此,在侵权实务中,大部分法院简单地将伤残等级作为精神损害严重性的绝对衡量因素,并对类似违约案件的审理产生了影响。然而,现行规范从未将伤残等级与精神损害赔偿请求权直接挂钩,伤残等级只能成为适用精神损害赔偿的考察因素之一,但非绝对因素,尚须依据加害给付导致的具体损害后果进行判断。有的法院就是以人身伤害导致生活、工作不便(活动有限)或影响美观,而作出支持判决的。例如,乘客因车辆颠簸而软组织挫伤,一、二审法院均以原告受伤多次往返医院复诊,目前病情尚未痊愈,给工作生活带来不便为由,支持了精神损害赔偿请求;②公交车轮胎爆炸,碎屑击中乘客双腿,导致大面积受伤,经治疗后爆炸物仍然遗留在皮肤中,且色素沉着,法院认为乘客的双腿异物存留、色素沉着至今仍然存在,对其以后的生活有一定影响,应支持精神损害抚慰金;③饭店的餐桌支撑不稳,致使桌上的火锅泼洒,将原告烫伤,法院以原告左上肢下臂留有疤痕,裸露在外影响美观而支持了精神损害抚慰金。④ 这类判决理由值得推崇,加害给付造成的人身伤害,即使未构成伤残等级,也并非必然排除在精神损害赔偿的适用范围外。

样本中有一起案件的情形比较特殊,在杨某等诉朱某等委托合同纠纷案⑤中,原告杨某因外出打工,没有时间照看孩子陈某某,故委托被告朱某照顾且每月支付费用。后因被告照看不当导致陈某某受伤并构成八级伤残,原告起诉被告违约,要求支付陈某某受伤引起医疗费、护理费、伤残赔偿金等及精神损害抚慰金。这起纠纷中,并非合同当事人因加害给付受有人身损害后果,而是被看护的陈某某,即合同之外的第三人因违约受伤。借鉴德国民法在实务中发展起来的附保护第三人作用的契约,即合同一经成立,不但在合同当事人之间发生债权关系,同时债务人对于与债权人有特殊关系的第三人,亦负有注意、保护的

---

① 北京市通州区人民法院(2014)民初(12609)民事判决书。

② 广东省广州市中级人民法院(2014)民终(553)民事判决书。

③ 湖南省娄底市娄星区人民法院(2014)民初(609)民事判决书。

④ 北京市平谷区人民法院(2014)民初(05058)民事判决书。

⑤ 湖南省洪江人民法院(2013)民初(21)民事判决书。

附随义务，债务人违反此项义务，就该特定范围内的人所受损害，亦应依合同法原则，负赔偿责任，[①]故认定该案件也属于加害给付侵害人身权益的情形。

(2)加害给付侵害财产权益中的精神损害赔偿适用

加害给付侵害财产权益的案件大致划分为以下四类：第一，一般财产损害，如承揽合同中承揽人承建的大棚质量不合格，致使棚内植物全部坏死。[②]第二，房屋、车辆损害，多发生于租赁合同中，承租人未能妥善使用租赁物，有的甚至擅自改变了租赁房屋的结构。[③] 第三，特殊财物丢失，具体包括档案材料、护照、骨灰、数据资料等。只要标的物属于具有人格象征意义的特定纪念物品，不论合同类型如何，精神损害赔偿请求几乎都能获得法院的支持。例如，旅行社将游客的护照遗失，原告以护照、签证出入(国)境记录是其夫妻情感经历的见证和宝贵的纪念物品为由索赔。一、二审法院都作出了支持判决，认为护照本身非特定纪念物品，但护照中记载的旅游路线及签证记录，是当事人情感经历的见证，具有特殊意义。[④] 麦某诉李某修理合同纠纷案[⑤]中，被告李某在对原告麦某的手机内存卡进行数据恢复时，不仅未能修复，反倒将数据全部丢失。原告声称内存卡里的照片、视频都是自己侄儿由出生到一岁半的成长记录，自己视侄儿如己出，如父母般爱护，故请求精神损害赔偿。法院认定这些照片和视频具有纪念意义，支持了该主张。第四，宠物死亡的赔偿请求。刁某等诉刘某服务合同纠纷案[⑥]中，原告刁某将宠物犬寄养在被告刘某的宠物用品店，但该宠物犬在寄养期间死亡。原告诉称该宠物犬朝夕相伴七年多，已经将其视为重要的家庭成员和生活中不可或缺的部分，现因宠物犬死亡而情绪无法平静，需要心理咨询。法院认为原告与涉案宠物超越了一般动物与主人之间的关系界限，有着深厚的感情，被告违约导致宠物死亡，给当事人带来的精神损害是真实且巨大的，故从合同法完全赔偿角度予以支持。

---

① 王利明：《典型合同立法的发展趋势》，载《法制与社会发展》2014 年第 2 期。

② 吉林省四平区中级人民法院(2014)民终(28)民事判决书。

③ 浙江省桐庐县人民法院(2014)民初(1396)民事判决书。

④ 辽宁省沈阳市中级人民法院(2014)民终(416)民事判决书。

⑤ 广东省佛山市高明区人民法院(2015)民初(31)民事判决书。

⑥ 广东省佛山市南海区人民法院(2014)民初(56)民事判决书。

(3) 加害给付精神损害赔偿的归责原则

在我国,违约损害赔偿以无过错责任为主,过错责任为辅。但就加害给付精神损害赔偿而言,是否以违约方有过错为必要,引起了实务界和理论界的争论。有个别法院对此提出了质疑,如徐某某诉梅某某等公路旅客运输合同纠纷案①中,被告梅某某经营的客车与案外车辆相撞,导致原告徐某某受伤,交通事故认定由案外车辆驾驶员负全责,因此,法院以被告无过错驳回了精神损害赔偿请求,但又支持了医疗费、残疾赔偿金、交通费等其他主张。这种做法很大程度上是受最高人民法院《关于就客运合同纠纷案件中,对无过错承运人如何适用法律有关问题的请示的答复》第 2 条规定的影响,即无过错承运人在客运合同纠纷诉讼中,对旅客的伤亡承担损害赔偿责任。而旅客关于精神损害的赔偿请求,应向造成交通事故的侵权人主张。

此外,也有学者认为违约精神损害赔偿应采过错责任原则,主要基于以下理由:一是损害赔偿与原先的合同债务内容不同,是由于未履行原先合同内容,而对造成的损害进行赔偿,因此,责任的成立必须具有可归责性。二是要求违约方具有过错,可以限制违约精神损害赔偿的适用范围,避免诉讼泛滥。②

对获得精神损害赔偿的加害给付案件中的违约方主观状态进行统计,结果如表 8 所示。

表 8　加害给付精神损害赔偿的违约方主观状态

违约方主观状态	无过错	有过错	不明
案件数量	70	93	1
比例	42.7%	56.7%	0.6%

可以看出,不乏法院判决无过错违约方承担精神损害赔偿的案件,且比例较高。此类加害给付案件主要发生在运输合同中,因车辆颠簸、急刹车或驾驶不稳导致旅客受伤,甚至旅客自己在下车过程中摔倒,承运人即使没有主观过

① 湖北省广水市人民法院(2014)民初(00826)民事判决书。

② 徐静:《我国违约精神损害赔偿责任制度的构建——以"合同法"第 113 条解释轮为中心》,载《甘肃政法学院学报》2012 年第 120 期。

错，不少法院还是从承运人严格责任的角度出发，支持了精神损害赔偿请求，与前文所述的因违约方无过错而驳回的案件，形成了强烈对比。而违约方有过错的情形，又具体包括两种：一种是违约方有全部过错，即对损害的发生负有全部责任；另一种是违约方有部分过错，既可能是与守约方共同造成的损害后果，也可能是与第三人共同造成的。

违约精神损害赔偿应当与违约损失赔偿的归责原则一致，即原则上采取严格责任，但在法律有特别规定时适用过错责任，这主要基于以下两个方面的考虑：第一，违约精神损害赔偿是违约损失赔偿的组成部分，适用统一的归责原则自不待言，倘若同一起合同纠纷，因不同的赔偿内容而适用不同的归责原则，势必会引起法律体系的混乱。第二，违约精神损害赔偿是精神损害赔偿制度的分支，然而精神损害赔偿与归责原则也没有必然的联系，即使在侵权纠纷中，因特殊侵权而请求精神损害赔偿时，适用的也是无过错责任。

（四）给付拒绝中的精神损害赔偿

1. 给付拒绝精神损害赔偿的现状分析

给付拒绝，是指债务人能够履行合同，但对债权人表示不履行。因此，给付拒绝需要有不履行合同的意思表示，并且是清楚的、绝对的。如果债务人不能履行合同，并向债权人作出明确的不履行意思表示时，应归属于给付不能类型。样本中，因给付拒绝而请求精神损害赔偿的案件仅有4例，且均被驳回。

一般根据债务人作出不履行意思表示的时间，将给付拒绝分为期前给付拒绝、期中给付拒绝以及期后给付拒绝。

表9　给付拒绝案件的具体情形

<table>
<tr><th colspan="2"></th><th>支持</th><th>比例</th><th>驳回</th><th>比例</th><th>合计</th></tr>
<tr><td colspan="2">期前给付拒绝</td><td>0</td><td>0</td><td>0</td><td>0</td><td>0</td></tr>
<tr><td colspan="2">期中给付拒绝</td><td>0</td><td>0</td><td>2</td><td>100%</td><td>2</td></tr>
<tr><td rowspan="2">其中</td><td>拒绝施工</td><td>0</td><td>0</td><td>1</td><td>100%</td><td>1</td></tr>
<tr><td>重新张贴出租信息</td><td>0</td><td>0</td><td>1</td><td>100%</td><td>1</td></tr>
<tr><td colspan="2">期后给付拒绝</td><td>0</td><td>0</td><td>2</td><td>100%</td><td>2</td></tr>
<tr><td rowspan="2">其中</td><td>拒绝交付仓储物品</td><td>0</td><td>0</td><td>1</td><td>100%</td><td>1</td></tr>
<tr><td>拒绝支付存款</td><td>0</td><td>0</td><td>1</td><td>100%</td><td>1</td></tr>
</table>

期前给付拒绝,是指债务人在合同履行期届至前明确表示不履行合同。样本中并未发现期前给付拒绝案件,但不能以此断定,当事人不会因期前给付拒绝而请求精神损害赔偿。期中给付拒绝,是指债务人在履行期已届至但尚未届满前表示不履行合同。有两起案件满足期中给付拒绝的特征:原告邓某诉被告谷某加工承揽合同纠纷案①中,被告为原告加工铝合金门窗,但在完成部分工程后,以工资太低为由拒绝施工。原告诉称因被告毁约,另找他人施工工程期滞后,致使自己及家人饱受冬天寒冷的折磨,全家人的身心和精神上受到较大的伤害。还有王某与孙某房屋租赁合同案中,原告与被告签订租赁协议的第二天,被告又重新张贴出租信息,以自己的行为表明不履行合同。② 期后给付拒绝,是指债务人在合同履行期届满后表示不履行合同。例如,赵某与常州市某煤炭物资有限公司仓储合同纠纷再审案③中,被告常州某煤炭物资有限公司因收到第三人的来函,声称与原告有经济纠葛,故在其未到场同意的情况下,不准向任何人交付仓储物品。因此,当原告持单提货时被明确拒绝。原告诉称因拒绝交货导致存储的煤炭贬值,且造成对第三人违约,因此,要求被告承担包括精神损害赔偿在内的违约责任。

2. 笔者观点

期后给付拒绝,通常会转化为给付迟延,因而适用给付迟延的相关规则处理即可。故笔者仅就期前、期中给付拒绝情形进行分析和讨论。期前给付拒绝,即《合同法》第 108 条所规定的预期违约制度,其目的在于帮助债权人尽早做决策,积极地减少违约损失。因此,债务人为期前、期中给付拒绝时,侵害的是债权期待,只是一种可能的违约,而非现实违约。④ 虽然案例少之又少,但不难想象,如果合同不具有专属性,不是必须由某个特定的债务人完成,即使合同具有精神性质的期待利益,当债务人在期前、期中明确表示不履行合同时,债权人也完全可以另行订立合同,以实现缔约目的。而如果合同必须由特定的债务人完成,即使合同不具有精神性质的期待利益,债权人也可以行使履行

① 安徽省泗县人法院(2014)民初(01295)民事判决书。

② 北京市第三中级人民法院(2014)民终(09438)民事判决书。

③ 江苏省常州市中级人民法院(2014)商再终(0004)民事判决书。

④ 韩世远:《履行障碍法的体系》,法律出版社 2006 年版,第 99 页。

请求权，请求另一方继续履行。在这些情形中，似乎没有赔偿精神损害的必要。

不过，如此完美的解决方式，恐怕仅存在于理想状态下。以前文介绍的邓某诉谷某加工承揽合同纠纷案①为例，被告承担加工铝合金门窗的工作，虽然不具有专属性，在毁约后可找他人替代，但因此耽误的时间，对原告不无影响。可见，给付拒绝后试图另行缔约替代，并非一件易事。对于那些具有期限利益的合同，特别是合同履行期比较长的加工承揽合同，若承揽人在合同订立后履行期尚未届满前表示不履行，定作人即使找到其他承揽人，往往也很难在特定期限内完成全部合同内容。只要当事人对该合同具有精神上的期待利益，且违约方可以预见到，那么因给付拒绝而导致的精神利益全部或部分丧失，均有赔偿必要。不过，此类案件中，应当要求债权人及时采取相关补救措施，如果放任不管，那么对扩大部分的损害不予赔偿。

此外，如果合同必须由特定的债务人完成，从理论上看，债务人有履行能力，债权人可以要求继续履行。但根据一般生活经验，债权人自债务人给付拒绝后，务必先进行磋商，再到起诉、法院审理，直至最后作出判决，经历了一段相当漫长的过程。若合同履行期尚未届至或虽然届满，但继续履行对债权人尚有利益，那便没有赔偿精神损害的合理性。但如果合同履行期早已届满，且合同具有特殊的期限利益，即使债务人继续履行合同，也无法满足债权人订立合同所欲追求的精神利益时，应当考虑予以精神损害赔偿。

三、结论

违约精神损害赔偿有其合理性与必要性，精神损害赔偿问题不应再是违约责任与侵权责任之间一道无法逾越的鸿沟，如果继续机械地划定“楚河汉界”，不顾及当事人的切实需求，无疑是对受害人精神的二次打击，不过精神损害赔偿应限定于民事合同领域。

违约精神损害的产生，与违约形态似乎没有太大关系，任何一种违约形态下，都有适用精神损害赔偿的可能。但是，违约形态不同，法院支持精神损害

① 安徽省泗县人民法院（2014）民初（01295）民事判决书。

抚慰金的理由和依据应当有所区别。若违约属于加害给付,当事人可否获得精神损害赔偿,应当援引《精神损害赔偿司法解释》予以解决;若属于加害给付以外的其他违约形态,则应从《合同法》第113条着手解决,重点考察违约纠纷是否满足以下三个条件:一是合同期待利益为精神利益,即通过合同可以获得愉悦、安宁之类的精神感受,或消除精神上的痛苦,包括一般期待和特别期待。当事人是否对合同具有精神性的期待利益,并不完全依赖于合同类型,须结合合同的内容、目的等因素进行判断。二是违约方可以预见到精神损害的发生。对此,可以结合合同的类型、内容、违约方所处的环境和地位,以及与违约方处于同等情形的理性人的预见情况综合分析。三是违约确实引起了精神损害,且有予以金钱赔偿的必要,即穷尽其他救济方式,如另行缔约、减少价金、重修重作、继续履行等,也依然无法实现对受害人的完全赔偿,已经影响到合同目的的实现。无论何种合同类型、违约形态(加害给付除外)、违约损害后果等,只要具备了上述三个条件,就可以获得精神损害赔偿。

当然,违约精神损害赔偿在具体适用时,还有一系列相关问题值得注意。法院在确定数额时,应从精神损害的程度,违约的具体情节,违约方的过错、获利情况、经济能力,受诉法院所在地的平均生活水平出发综合考量,并排除其他不当因素的干扰,如当事人解决争议时的态度、合同约定的服务费用等。如果受害人自身有过错,还可以适用过失相抵规则减少精神抚慰金的数额。违约精神损害赔偿的归责原则,应与违约损失赔偿的归责原则相统一,即原则上采严格责任,但在法律有特别规定时适用过错责任。这就意味着即使违约方没有过错,只要达不到法律规定的免责条件,原则上应承担全部的精神损害赔偿金额。违约精神损害赔偿与违约金可否兼得,应根据违约金性质而定。如果是赔偿性违约金,且与违约精神损害赔偿请求权利益指向一致,则不能同时获得违约精神损害赔偿;如果利益指向不一或属于惩罚性违约金,则可以一并主张。若违约金与违约精神损害赔偿不可兼得,或当事人没有请求违约精神损害赔偿,在酌定违约金数额时,应当考虑违约引起的精神损害事实,包括固有的精神损害和期待的精神利益丧失。

因此,对我国违约精神损害赔偿制度的构建,提出以下设想:第一,对《合司法》第113条进行立法解释，将"损失"解释为"财产损失与非财产损失"，"利益"解释为"物质利益及精神利益"，填补违约精神损害赔偿制度的立法空白。第二，在新制定的《合同法司法解释》中，增加诸如"加害给付中的精神损害赔偿请求，适用《精神损害赔偿司法解释》相关规定予以解决，违约精神损害赔偿的数额确定，准用《精神损害赔偿司法解释》"条款，有利于维护法律秩序的统一。此外，充分发挥指导性案例的作用，引导法院审理加害给付之外的违约案件中的精神损害赔偿请求。应当切实从前述的三个要件出发，将一些高频、典型的违约精神损害赔偿案件汇编入指导性案例并详细分析、阐释，以供各地区法院参考借鉴。

[法律实务]

走出庭前会议适用的困境

王晓煊[*]　任旋旋[**]

摘要:为确保庭审高效有序地进行,2012年《刑事诉讼法》建立了庭前会议制度。然而,庭前会议却陷入适用率极低的困境。为走出困境,当前至少应解决三个关键问题:一是通过实现控辩双方在庭前会议中的有效对抗和重视被告人在庭前会议中的地位以提高控辩双方的参与度;二是通过确立庭前会议内容的时效性及限制规范以赋予庭前会议法律效力;三是通过完善检察监督与陪审员参与以加强对庭前会议的权力与权利的监督。

关键词:庭前会议　控辩对抗　法律效力　司法监督

引　言

为保证庭审高效、有序地进行,2012年《刑事诉讼法》

* 王晓煊:北京理工大学法学院研究生。

** 任旋旋:北京市西城区人民法院法官。

第182条第2款规定了庭前会议制度:"在开庭以前,审判人员可以召集公诉人、当事人和辩护人、诉讼代理人,对回避、出庭证人名单、非法证据排除等与审判相关的问题,了解情况,听取意见。"庭前会议制度一经出现,实务界、学界均寄予厚望,认为"如果说整个审判程序的改革是一个美丽的皇冠的话,庭前会议制度的构建则是这顶皇冠上最耀眼的明珠之一"。① 但是,经过两年的实践,这颗"最耀眼的明珠"发挥的作用似乎并未达到大家的期许,甚至沦为"鸡肋",这着实令人大跌眼镜。有学者对北京、上海两地的庭前会议适用进行过调研:2013年全年京沪两地各有81件、40件公诉案件召开庭前会议,分别占两地同期公诉案件的1.2%、0.6%,虽然从绝对数量上看已有一定规模,但占总体案件比例不高,适用不够广泛。② 调研结果表明,司法机关虽然对于庭前会议有着足够的重视,但由于各种原因使庭前会议陷入适用率极低的困境。在笔者看来,走出这种困境至少要解决庭前会议中的控辩双方参与度、庭前会议的法律效力以及庭前会议的监督三个问题。

一、控辩双方在庭前会议中的参与问题

我国的庭前会议制度源于对抗式尤其是美国刑事诉讼中的庭前会议制度。然而,我国的庭前会议制度虽然与对抗制下庭前会议其"名"相同,但"实"却相差甚远。③《刑事诉讼法》第182条规定,庭前会议由审判人员根据案件的具体情况组织控辩双方召开庭前会议。也就是说,立法规定庭前会议是以审判人员为主导、控辩双方被动参与的诉讼程序,控辩双方无权申请。另根据该条规定,召开庭前会议,根据案件情况,可以通知被告人参加,也即被告人是否参加庭前会议完全取决于审判人员,即使被告人主动申请参加,若审判人员认为被告人不应该或不必要参加庭前会议的也可拒绝被告人的申请。被告人无权主动参加庭前会议,又如何能够提高控辩双方的参与度进而实现有效的对

---

① 陈卫东、杜磊:《庭前会议制度的规范建构与制度适用——兼评〈刑事诉讼法〉第182条第2款之规定》,载《浙江社会科学》2012年第11期。

② 李斌、张云霄:《庭前会议制度的适用与建构——以京沪两地的庭前会议实践为视角》,载《河北法学》2014年第7期。

③ 左卫民:《未完成的变革——刑事庭前会议实证研究》,载《中外法学》2015年第2期。

抗呢?

(一)实现控辩双方在庭前会议中的有效对抗

当案件进入审判阶段,主导权就交由法院。审判人员这种至高无上的地位,使我国的庭审过程一度沦为“走过场”——审判人员在庭前翻阅完案卷之后就已经对该案件的结果有了具体判断,庭审中控辩双方特别是辩方的举证、质证过程很难打破审判人员的既定结论。为解决庭审形式化这一问题,立法者与司法者在实践过程中不断探索。以案卷的移送制度为例,1979 年的《刑事诉讼法》规定,在检察机关向法院提起公诉时,应将全部案卷材料移送给法院,法官在查阅、研读案卷的基础上进行审查公诉工作。这项规定导致司法实践中出现了严重的“先定后审”甚至“先判后审”的现象,为各界所诟病;在 1996 年的《刑事诉讼法》的规定,降低了法官审查公诉案件时的审查标准,将原实行的“实质性审查”改为“形式审查”;1998 年最高人民法院、最高人民检察院、公安部、国家安全部、司法部会同全国人大常委会法制工作委员会,发布实施了《关于刑事诉讼法实施中若干问题规定》,将庭前移送案件改为庭后移送案卷;2012 年《刑事诉讼法》恢复了庭前移送案卷制度的规定。① 由此可见,虽然我国从立法上一直试图寻求一个既能保证庭审顺利又能落实庭审实质化的庭前审查制度,遗憾的是一直未能找到。因此,庭前会议制度能否做到平衡好两者之间的关系就更加引人关注。

为突破这种职权主义的诉讼模式,首先,落实庭审实质化,在确保审判人员权威的基础上重视控辩双方在庭审中举证、质证的过程,提高控辩双方在庭前会议中的参与度。其次,在庭前会议的召集方式上,以法官召集为原则,控辩双方申请召开为例外。我国庭前会议适用率不高的一个原因就是法官对召开庭前会议不积极。根据调研发现,有相当一部分召开庭前会议的案件,要么是当事人对法官施加压力,要么是被社会所广泛关注而并非基于审判人员“自愿”。② 出现上述情况一方面是因为法院工作量大,无法将更多的精力放在庭前会议上;另一方面也是由于目前立法尚不完善,法官把握不好庭前会议这个

---

① 陈瑞华:《刑事诉讼的前沿问题》,中国人民大学出版社 2016 年版,第 913 ~914 页。

② 左卫民:《未完成的变革——刑事庭前会议实证研究》,载《中外法学》2015 年第 2 期。

“度”。既然法官会基于当事人或者公诉方的压力而召开庭前会议，如果从立法上将控辩双方申请庭前会议正当化，既能减轻审判人员的压力，又能提高庭前会议的适用率。最后，保证控辩双方在庭前会议过程中的对抗。这种对抗并非是参照美国庭前会议中的实质性对抗，而是针对一些程序性问题，如辩方提出申请非法证据排除，控方在庭前会议中进行初步的反驳，审判人员对该事项双方的意见有了大致了解，并将其记录在案，使庭审审理到这一问题时顺利进行。保证控辩双方的对抗也能使双方对庭前会议更加重视，从而加大庭前会议过程中处理事项的作用。

（二）重视被告人在庭前会议中的地位

犯罪嫌疑人、被告人在刑事诉讼中的地位决定了被告人在庭前会议的地位应被重视。尽管为保证刑事审判公正进行，保障犯罪嫌疑人、被告人的基本人权，我国对于《刑事诉讼法》进行了数次修改，但是与民事诉讼法主体之间地位平等不同，在我国现行的刑事诉讼法中，对于犯罪嫌疑人、被告人的地位并未做具体规定。因此，实践中被告人往往作为被审判的诉讼客体存在，始终处于被动的弱势地位。也正是基于此，在庭审中被告人无法充分表达自己的诉求，加之公检法的强势地位与社会舆论的双重压力，导致许多案件为顾及平衡公检法之间的关系与利益，平息社会舆论而匆匆审结，甚至造成冤假错案。

为保证被告人能够有效地参与到庭前会议中来，笔者有如下三点建议：

首先，对于被告人需要承担举证责任的案件应规定被告人参加庭前会议。例如，根据《刑法》第395条第1款的规定，国家工作人员对明显超过合法收入的巨额财产的合法性来源进行说明，如果不能说明巨额财产的合法性来源，即认定巨额财产的来源非法。[①] 若这类案件须召开庭前会议，一定是社会影响较大、牵涉人数众多的职务型犯罪。由于被告方须承担一定的举证责任，那么允许被告人参加，可以让被告人更加全面、充分地了解已掌握的所有证据，并根据具体情况补充新的证据或申请排除非法证据等。

其次，在庭前会议上给予被告人质疑陈述的权利。目前有被告人出席的庭前会议，大多数只能“听”，并未被赋予“说”的权利。要提高被告人在庭前会

① 张斌：《论被告人承担客观证明责任》，载《诉讼理论》2007年第5期。

议上的地位,不能仅仅流于表面的"列席权",而是实际的"参与权"。在庭前会议的过程中若被告人对程序问题或证据问题提出自己的意见,审判人员应予以重视,也要在庭审中着重调查;在庭前会议结束前也可以参照庭审,给予被告人最后陈述的权利,以保证被告人充分参与其中。

最后,加强辩护人对被告人在庭前会议中的保护。实践中,经济困难的犯罪嫌疑人、被告人占有相当大的比例,没有经济能力支撑委托辩护人在诉讼活动中为自己提供辩护。虽然需要召开庭前会议的案件都较为重大疑难,但并非所有需要召开庭前会议的案件被告人都符合法律援助辩护的条件。为保证被告人在庭前会议中能够有效地参与,建议从立法上规定为需要参加庭前会议但没有辩护人的被告人提供法律援助,以保证被告人的诉讼权利得以充分实现。

在庭前会议中重视被告人的地位,是维护程序正义、保护被告人基本诉权的应有之义。

二、庭前会议的法律效力问题

庭前会议的法律效力问题是各界对于庭前会议制度热议的焦点问题。在我国法律规范层面,刑事庭前会议的效力仅仅是"了解情况,听取意见",该规定的模糊性直接导致了庭前会议效力的模糊性和争议性。①

世界上许多国家也存在与我国庭前会议制度相类似的制度,如德国的中间程序、法国的预审程序以及日本的庭前整理程序。以日本为例,在庭前整理程序中,是被最后确认的。也就是说,法院在整理程序终了时,必须在检察官和被告人及辩护人之间确认案件的争点和证据整理的结果,在审判过程中请求新的证据将受到限制。② 虽然我国原则上禁止证据"突袭",但是刑事诉讼从立法上又给证据"突袭"预留了"后路"。赋予庭前会议的法律效力,能够最大限度地避免证据"突袭",保证庭审能够顺利进行。当然,为保护被告人的权

① 贾志强:《论刑事庭前会议的效力》,载《法学研究》2016 年第 5 期。

② 许克军:《我国刑事庭前会议程序的反思与重构——以日本审理前整理程序为对象的比较分析》,载《江西警察学院学报》2015 年第 6 期。

利,若公诉方隐瞒的是被告人无罪或罪轻证据,那么在这个时候就不应当对该证据进行限制。

庭前会议缺少法律效力是导致该制度在实践中难以达到立法预期的一个重要原因,为解决这一问题,笔者提出如下建议:

首先,确立庭前会议内容的时效性。① 根据最高人民法院《关于适用〈中华人民共和国刑事诉讼法〉的解释》(以下简称《解释》)第 184 条的规定,庭前会议的内容包括是否对案件的管辖有异议、是否申请回避、是否申请调取未随案移送的证明被告人无罪或罪轻的证据、是否提供新的证据、是否对其他诉讼参与人有异议、是否申请排除非法证据、是否申请不公开审理等。这些虽然属于庭前会议的内容,但若控辩双方并未在庭前会议中提出而是在庭审时提出,审判人员也要依法对其进行处理。若确立庭前会议的时效性,即若法律规定应在庭前会议中提出的问题未提出,除有正当理由之外,法院庭审时不再处理这些未提出的问题。这样做不仅能够节约司法资源,还能提高控辩双方对庭前会议制度的重视程度。

其次,对于程序性事项,审判人员在庭前会议中可直接作出决定。对于该问题,有学者认为法律并未明文赋予审判人员在庭前会议中的审判权,那么即使是程序性事项也无权决定,所有事项均留待庭审结束后作出。② 虽然该观点有法可依,但是既然要加强庭前会议的法律效力,如果审判人员完全没有裁决权,或者说庭前会议解决不了任何的问题,那么庭前会议的法律效力也就无从谈起了。例如,控辩双方中的某一方申请不公开审理,在是否符合不公开审理的条件一目了然的情况下,若审判人员有决定的权利,那么该案件就可以直接进入不公开审理。以目前的情况来看,控辩双方一方申请,审判人员记录在案,公开庭审后法官再就是否不公开审理作出决定,不仅浪费庭审时间,特地赶来旁听的群众、媒体自然也会有微词。

再次,为在庭前会议中控辩双方达成合意的证据设定一个限度。《解释》第 184 条第 2 款规定:“审判人员可以询问控辩双方对证据材料有无异议,对

---

① 贾志强:《论刑事庭前会议的效力》,载《法学研究》2016 年第 5 期。

② 参见莫湘益:《庭前会议:从法理到实证的考察》,载《法学研究》2014 年第 3 期。

有异议的证据,应当在庭审时重点调查;无异议的,庭审时举证、质证可以简化。”强调庭前会议的法律效力,并不意味允许控辩双方在庭前会议中因为某些证据达成合意就不在庭审时进行举证、质证。庭前会议追求的是控辩双方的平衡,尽量减少因双方实力不均衡影响庭审结果,即“以审判为中心”是赋予庭前会议法律效力的底线。

最后,庭前会议形成的结论应当成为后续庭审的依据。庭前会议缺少法律效力最显著的一点在于在庭前会议中讨论或决定的问题除提醒审判人员在庭审中着重调查外,对庭审过程再无其他约束力。因此,为提高庭前会议的法律效力,立法上可规定经过庭前会议作出的决定或有双方达成的共识,应当制作庭前会议笔录。该笔录由审判人员及控辩双方签字认可,该笔录对各方具有约束力,庭审中成为处理相应问题的依据,且不可随意更改,以提高庭前会议的法律效力,进而提高控辩双方及审判人员对于庭前会议的重视与参与程度。

三、庭前会议的监督问题

(一)庭前会议监督的作用

有权力就要有监督,这不仅是“阳光司法”的必然要求,亦是全社会所达成的共识。然而,目前的庭前会议却缺乏有效的监督,这直接导致了庭前会议适用率低与公信力不足等问题。

第一,缺乏有效监督导致庭前会议的适用率低。如前文所述,适用率低是庭前会议的功能备受质疑的一个最重要原因。庭前会议是否召开的权力在法官手上,即使某案件完全符合召开庭前会议的条件,审判人员因为其他原因未召开,控辩双方也无从申诉,只能服从审判人员的决定。引入有效的监督机制,监督机关可依职权或依申请对法院的庭前会议情况进行约束,从而能够一定程度上提高庭前会议的适用率。

第二,缺乏有效监督导致庭前会议的公信力不足。在一个民主法治的社会,任何一个国家机关若缺少有效的监督,公众都会对其的工作内容产生质疑,进而难以顺利开展工作;相反,若国家机关行走在阳光下,有其他的国家机关或社会团体对其进行监督，那么其公信力自然也会提高。法院作为以维护正义为原则的司法机关，更需要通过各方的监督来提高自身的公信力。庭前会议虽然是真实审判的预备阶段，但是若今后的司法改革对庭前会议赋予一定的法律效力，那么即使是预备阶段也会对案件的最终结果产生实质性影响，庭前会议的程序及内容也应当被监督。

（二）如何加强庭前会议监督

立法上虽然没有规定如何对庭前会议进行监督，但是其作为新增加的刑事诉讼中的一个重要环节，也要从权力与权利两个方面进行双重监督，以保证庭前会议公正进行。

1. 在权力监督方面，建议设立检察机关对庭前会议的监督制度

第一，检察机关参照庭审的监督程序对庭前会议进行监督。《刑事诉讼法》第 8 条规定："人民检察院依法对刑事诉讼实行法律监督。"检察机关依法监督刑事诉讼的全过程，对庭前会议的监督是应有之义。虽然庭前会议是实质庭审的前期准备程序，但如前文所述，为防止庭前会议沦为空谈，就要赋予庭前会议一定的法律效力。既然赋予庭前会议一定的法律效力，那么庭前会议所讨论决定的内容就会对犯罪嫌疑人、被告人的权利、庭审的结果有实质性的影响。立法规定决定了审判人员在庭前会议中的绝对主导地位，若不引入监察机关的监督机制，控辩双方一旦对庭前会议的某项议程存在异议，将无处寻求救济，也很难真正接受庭前会议讨论决定的事项，进而难以保证庭审顺利进行。根据最高人民检察院制定的《人民检察院刑事诉讼规则（试行）》第 580 条规定："……出席法庭的检察人员发现法庭审判违反法律规定的诉讼程序，应当在休庭后及时向检察长报告；人民检察院对违反程序的庭审活动提出纠正意见，应当由人民检察院在庭审时提出。"因此，检察机关对庭前会议的监督程序，可依照对于庭审的监督程序，来落实检察机关对庭前会议的监督权。

第二，检察机关定期向社会公布庭前会议适用情况，提高庭前会议的公信力。监督国家机关，我国公民更加愿意相信"权力监督权力"，这是因为我国集权的历史传统与民主意识起步发展的落后是公众对国家机关有一种天然的"敬畏感"，这种"敬畏感"使公众更愿意让其他国家机关代替自己行使监督权。

同样,在司法上,绝大多数的公众认为能够制约法院的只有检察院,因此,将监督司法的职责寄希望于检察机关。基于这种信任,检察机关介入庭前会议对公众来说顺理成章,也因此使公众更加愿意去接受庭前会议的合法性与正当性。

2. 在权利监督方面,建议设立人民陪审员参与庭前会议的监督制度

根据《刑事诉讼法》第 178 条规定:"基层人民法院、中级人民法院审判第一审案件,应当由审判员三人或者由审判员和人民陪审员共三人组成合议庭进行……"人民陪审员制度之所以被中国共产党领导的人民政权重视,首要的是因为该制度被视为在司法领域贯彻落实中国共产党所坚持的群众路线的主要制度。① 有数据显示,目前我国部分地区在一审中有人民陪审员参加的合议庭超过 9 成,但是,庭前会议的相关法条却并未规定人民陪审员有权参加庭前会议制度。笔者通过调查了解到,进行庭前会议的案件绝大多数又是案情复杂、证据众多,参加庭前会议的审判人员与控辩双方对已经达成共识的事项在庭审时可能一带而过。由于人民陪审员不完全都是法律从业人员,法律素养有限,人民陪审员没有参加过庭前会议,因此,在庭审时常常跟不上庭审的节奏,使原本应在庭审中发挥的作用有限的人民陪审员更加深陷"陪而不审、审而不议"②的境地。虽然人民陪审员的主要职责是行使审判权,但是对于合议庭的评议,人民陪审员有不同的意见并且认为该意见有可能导致案件被误判的,可以上报院长提请审判委员会讨论决定。这项规定实际是赋予人民陪审员行使监督权的一种表现。因此,在庭前会议中,允许人民陪审员参加,人民陪审员依照庭审时行使监督权的方式行使在庭前会议中的监督权,这样既能在庭前会议中对审判人员有所制约,又能改善人民陪审员"陪而不审、审而不议"边缘化、形式化的现状。

四、结语

综上所述,与其他较为完善的司法制度相比,庭前会议制度才刚刚起步,

---

① 苗炎:《司法民主:完善人民陪审员制度的价值依归》,载《法商研究》2015 年第 1 期。

② 北京市高级人民法院政治部教育培训处课题组:《关于北京法院人民陪审工作情况的调研报告》,载《法律适用》2012 年第 2 期。

面临着各种质疑,在困境中举步维艰。但从立法目的与功能的角度来看,不能因为未达到预期的效果就否定了其不可替代的功能与价值。毕竟,每一个制度从建立到完善都需要经过一段时间的理论分析与实践论证,经过不断地妥协与修改才能充分发挥其作用。庭前会议制度正在与司法改革一起经历这样的过程,任重而道远。

股东保护与公司治理的协调

——《〈公司法〉司法解释四》(建议稿)评析

陈　克*

摘要：《〈公司法〉司法解释四》(建议稿)就决议效力瑕疵、优先购买权、利润分配等五类纠纷进行了具体规定,强化了股东权益保护,明确了救济路径。为防止股东权益的过分扩张、救济方式的民法化倾向,削弱《公司法》的团体法属性,建议稿从股东固有利益出发来界定公司自治的边界,解决股东保护与公司治理之间的协调。本文遵循此思路,从利益冲突的类型来分析解决策略的妥当性;立足股东信息权、管理权、救济权之间的关系来阐述股东保护与司法介入的层次性;基于救济方式与规范目的的对应来探讨相关规定与公司架构的契合度。并重点针对知情权纠纷中的行使主体、行使方式以及“正当目的”的认定问题,决议效

* 陈克:上海市高级人法院民二庭法官;研究方向:民商法,民事诉讼法。

力纠纷中适格原告的范围与效力瑕疵的类型问题；优先购买权的对外效力问题、与股权善意取得制度的联系，利润分配纠纷中司法强制妥当性合法性可行性问题，股东代表诉讼中二重代表诉讼等问题，展开较为深入的论述。

关键词：《公司法》司法解释四　非控股股东　股东权益　公司治理　司法介入

法院审理的公司案件大多涉及小型公司，《公司法》司法解释四建议稿（以下简称建议稿）关注于审判实践中裁判标准的统一，也是以涉小型公司的法律适用为主要面向。这里的小型公司是指股东人数较少，所有的或者大多数股东都期望参加公司的管理，在英国被称为“封闭的（close）公司”，[①]美国称为“紧密持股（closely held）公司”。[②]

股东控制是公司的特征之一，这点在小公司中表现得比大公司更为强烈。[③] 前者一名股东或一个股东的结盟集团拥有公司的多数股份，他们就很容易通过董事的任免权直接控制公司，或利用股东会决议来体现自己的意志，公司只为控股股东利益而运作，因此，在此类公司中充斥着控股股东对非控股股东作出的机会主义行为；相反，大型股份公司因资本市场与管理层的集中管理，降低了此类问题的发生。后者主要是股东阶层与管理层的矛盾，而前者，控股股东与管理层同质化，股东作为整体和管理层之间的“委托/代理关系”反而弱化为次要矛盾，控股与非控股股东之间冲突上升为公司治理的主要矛盾。

考虑到界定的清晰性，本文采取控股股东和非控股股东的表述方式，[④]这比大股东和小股东、多数股东和少数股东相比更容易判断。而小型公司（封闭的公司、紧密持股公司）在国内主要指封闭的有限责任公司，这也是本文主要的论证模型。

① ［英］保罗·戴维斯：《英国公司法精要》，樊云慧译，法律出版社2007年版，第301页。

② ［美］汉密尔顿：《美国公司法》，齐东祥等译，法律出版社2008年版，第256页。

③ ［英］保罗·戴维斯：《英国公司法精要》，樊云慧译，法律出版社2007年版，第272页。

④ See Anupam Chander, Minorities, Shareholder and Otherwise, Yale Law Journal, Vol. 113, 2003, pp. 119 – 178.

一、建议稿所涉问题之性质界定及解决路径

建议稿清楚地意识到有限责任公司内的主要矛盾发生在控股与非控股股东之间,在条款设计上希望通过明确股东(大)会董事会决议效力、知情权、利润分配请求权、优先购买权、股东代表诉讼五类纠纷中的相关问题,强化非控股股东的保护,疏通非控股股东参与公司治理实现自我利益的路径。

(一)股权平等是非控股股东保护的逻辑基础

建议稿首先要解决的是非控股股东保护的途径选择。学界和实务界对于控股与非控股股东的利益冲突,都注重于非控股股东保护,并将其作为具体问题处理的价值准则。如果强调的是推进股东积极参与公司治理,上述观点并无不当;如果认为要给非控股股东提供特殊保护,还缺乏合理、充分的理论支撑。因为公司制度贯彻的是资本民主,[①]既然法律尊重公司作为集体利益加总的独立地位,司法也要尊重公司已产生的股东意思加总的决策结果,并在一定程度上接受公司事务中非控股股东受制于控股股东的现状,在此层面上,并不需要给予非控股股东提供特殊、额外的保障。

另外,无论控股股东还是非控股股东都必须遵守公司规则。而公司规则是以同股同权为基础的,利用控股地位依托公司决策损害非控股股东的利益,是对股份平等的违反,是对非控股股东的不公平损害,也是对公司规则的根本性违反,都应当受到法律的规制。

由此,公司法规则理想运行的话并不存在非控股股东保护的必要,但理性的公司规则是建立在公司独立主体地位得以保证、股东对公司信息了解充分、股东有退出公司的自由等前提下的。[②] 而在现行《公司法》已经对公司运行规则合理配置,至少在制度层面上前述条件并未缺失的情况下,建议稿应选择的对非控股股东的保护路径是:保障公司运行中对《公司法》、公司章程等规则的遵守,而非构建公司不平衡的权利分配方式。或许可以说公司资本民主与公平对待股东都可统一在理想的公司规则下,股东和公司的关系以《公司法》、公

---

① 《公司法》第42条规定“股东按出资比例行使表决权”,只是在章程另有规定的才例外。

② 邓峰:《普通公司法》,中国人民大学出版社2009年版,第410~411页。

司章程加以界定，通过规则提供的股东平等保护，防范控股股东显性或隐性地利用公司追逐私利。① 建议稿相关规定体现了上述路径选择，具体情况分析中将予以详述。

（二）《公司法》、司法解释对股权平等的制度配置

股权平等体现在股东权利行使之方方面面，与之衔接最为紧密的是公司治理，建议稿规定的是五类纠纷的裁判规则，着眼的是此类规则背后的公司治理问题，并意识到公司治理凸显公司权利运行之另一侧面即为对股东权利之平等保护，希望通过对《公司法》已规定的各项制度在审判上落实来保障股权平等。

与公司治理关系最为密切的制度有：第一，公司信息披露制度。公司作为独立法人在公司名义下享有权利，履行义务，②股东和公司之间的关系也应在此背景下依据法律和章程进行界定，构建和谐关系，但前提是股东作为投资者有了解和知悉公司相关信息的权利，作为监督者应当获得公司信息查阅、检查权，③即公司制度应保障股东可以获知适当、充分的公司资讯，此为妥当行使股东权利的前提。第二，公司意思形成机制。股东会与董事会会议是公司进行股东意思加总规范运行的制度安排，法定和约定的要件、程序保障了股东参与公司人事任免、经营决策等管理权的行使。第三，股东投资回报制度。公司作为融资载体及营利性法人的属性，应在扣除维护结构成本之后，构建对作为风险资本提供者的股东利益回报的治理结构。④ 因此，即使在公司利润分配与公司资本之间相互制约的背景下，公司缺乏正当理由仍不能拒绝合理的利润分配，更不能让控股股东支配公司利润。第四，股东的合理退出机制。有限责任公司提倡的人合性并非强制性的合作机制，它是以股东和谐相处和股权自由转让为基础的，股东有对公司运营决策提出反对意见的权利，也有按照法定程

---

① 邓峰：《普通公司法》，中国人民大学出版社2009年版，第412~413页。

② ［日］近藤光男：《最新日本公司法》，梁爽译，法律出版社2016年版，第6页。

③ ［美］克拉克曼：《公司法剖析：比较与功能的视角》，罗培新等译，法律出版社2012年版，第50~51页、第84~85页。

④ ［美］费希尔：《公司法的经济结构》，罗培新等译，北京大学出版社2014年版，第5页、第13页。

序“用脚投票”退出公司的权利。

建议稿虽对《公司法》中非控股股东倾斜保护的规定有所涉及,如第20条对控股股东滥用权利的限制,第74条、第142条异议股东回购请求权等,但更试图《公司法》第3条的基础上再向前迈进,强调将公司视为一个经济组织,通过让公司遵守权利运行的规则和程序,来实现股东平等和资本民主的平衡,[①]具体体现在股东知情权行使范围和方式的明确上、股东会董事会程序规范对决议效力的影响上、股东利润分配的保护上等方面。

为此,对建议稿的理解,要体会到对公司独立人格的尊重是其前提,上述四项公司规则是对控股股东和非控股股东,以及其他的公司利害关系人行为的无差别要求,通过保证公司权利行使中的来源合法、对待公平、信息透明,进而实现公司机制运行的公平、合理和非歧视性。若是实现了机制运行、权利行使合法正当,对非控股股东的保护就不是问题。此种情况下,也就解决了立法者和司法者是否要放弃司法克制和尊重公司自治、资本民主,法律是否要介入公司事务保护非控股股东利益的迟疑。[②] 在确立公司主体地位的前提下,确保公司对法律、章程等遵守,就能够规制公司权利配置并防止其滥用,进而实现对非控股股东的保护。

本文也将从公司治理角度切入,关注四项公司规则中股东权利的行使,聚焦公司权利的规范运行,并考虑具体调整方式与其他部门法衔接是否到位,并就建议稿展开评述。

二、建议稿对策略选择的相关安排

制度配置应落实在制度内容的具体化上,建议稿在《公司法》相关规定的基础上进行了展开。作为司法解释应遵循现行《公司法》的精神与原则,这与如何正确认识《公司法》的策略安排有关,建议稿在此前提上的“接着说”,是按

---

① 《公司法》第3条虽然规定公司是企业法人,有独立的法人财产权,享有法人财产权,但强调的还是财产的独立性,对公司主体地位仍旧缺乏重视,导致实践中对公司的规则、权利运行的程序和要件重视不够。

② See Anupam Chander, Minorities, Shareholder and Otherwise, Yale Law Journal, Vol. 113, 2003, pp 119 - 178.

照《公司法》进行的具体化解读,还是有所延续和调整,有结合《公司法》规定就建议稿内容进行立法逻辑上论述之必要。

(一)《公司法》在制度落实上的策略选择

建议稿要解决控股股东与非控股股东的利益冲突,关键是实现股权平等,在《公司法》背景下,是通过尊重公司独立主体地位、规范公司权利运行的规范机制,即公司治理制度的完善来实现的。一定程度上股东之间利益冲突在公司框架内就转换成公司与股东之间的关系问题。进言之,公司治理的主要目的在于保护股东整体利益,当股东异质化加剧,控股股东常以牺牲非控股股东的利益为代价,获取与其持股份额不成比例的回报。[①] 非控股股东又缺乏非股东群体享有的公司法外的保护,如债权人个性化的合同权利,[②]以及充分自由地退出公司的权利等。在此情况下,公司制度必须规范控股股东的权利行使来缓解非控股股东的恶化处境。建议稿涉及的公司法采取的措施有积极型策略与消极型策略两类。积极型策略又可区分为三种类型:一是非控股股东参与管理策略,包括参与公司重大决策和选择管理者的权利,以及相应的救济途径。二是对控股股东的约束策略,体现为忠实义务标准、压榨标准等[③]前者主要指有限责任公司内,控股股东与管理层的同一性,非控股股东可提起股东代表诉讼;后者较为常见的是非控股股东提起的分红请求权诉讼。三是非控股股东的知情权策略,为落实前述两项策略,非控股股东有了解公司业务以及财务状况的前提性权利。[④] 积极型策略在公司法上落实为四项制度:公司意志形成、股东知情权、公司利润分配、股东代表诉讼,围绕公司与股东之间的关系展开。只是因有限责任公司中控股股东直接介入或替代管理层支配公司,在消解了作为一个阶层的股东与管理层利益冲突的同时,非控股股东被排挤在公司经营之外,董事会按照控股股东的意志来运作公司,公司成为控股股东的私

---

① [美]克拉克曼:《公司法剖析:比较与功能的视角》,罗培新等译,法律出版社 2012 年版,第 593 页。

② 债权人在合同中约定担保条款,雇员可寻求劳动合同的保护。

③ [美]克拉克曼:《公司法剖析:比较与功能的视角》,罗培新等译,法律出版社 2012 年版,第 102 页。

④ [日]前田庸:《公司法入门》,王作全译,北京大学出版社 2012 年版,第 434 页。

器,控股股东与非股股东之间矛盾上升为有限责任公司的主要矛盾。在此情况下,诉讼救济或者说上述四项制度中救济措施成为非控股股东的维权武器。

消极型策略,或称为逃避型策略,最主要是《公司法》第71条规定的股东优先购买权,以及第74条、第142条规定的异议股东回购请求权。建议稿涉及的是股东优先购买权。以2005年《公司法》修改之际通过“通知后20日内不行使优先购买权视为同意”之规定,实现了公司人合性与股东“以脚投票”的双赢。该项策略是在控股股东支配公司的情况下,保障非控股股东单方面地、公平地退出权利。①

消极型策略上的股东优先购买权制度,建议稿也予以了规定。需要思考的是,有限责任公司的股份可能没有完善的流通市场,进而产生股东不能退出公司或只能以不体现股份真实价值的非市场价格退出公司,而《公司法》第71条又规定其他股东在同等条件下的优先购买权,是否加剧了股份流通不畅或对价不充分。在被部分剥夺股份转让自由后,股东的投资收益只能有赖于公司经营的好坏,在公司又被控股股东支配的情况下,控股股东与非控股股东间的利益冲突进一步加剧了。而从有限公司的人合性角度来看,优先购买权的安排又有其必要性,这就变成了公司制度本身对不同群体之间的利益取舍。

(二)建议稿对《公司法》策略安排的延续与调整

建议稿延续了《公司法》的策略安排,同时又对相关内容进行了一定程度的调整和扩张,其中最重要是确定司法介入的界限。一方面控股股东与非控股股东之间的利益冲突既然现实地存在,《公司法》应从公司治理层面来实现股权平等,确保其应有的信息权、管理权、分红权、救济权,以及(成员)选择权等;另一方面,要尊重公司的基本制度“资本民主”,不能给予非控股股东太多的权利,防止其实施机会主义行为来谋求不正当利益。前一个方面涉及需要保护股东权利的“界”,这是源于公司作为股东加总利益②载体的独立地位,公司与股东都必须受制的法律、章程、公司以集体形式表现的社团意思的拘束力

① [英]保罗·戴维斯:《英国公司法精要》,樊云慧译,法律出版社2007年版,第242页、第244页。

② 或者是公司相关利益人的加总利益。

规则。后一个方面涉及股东权利需要保护的“度”，这属于公平与资本民主间的冲突。资本民主即按照股东所持股份进行表决，在保持公平对待与信息透明的基础上，这种公司权利行使的主要方式应予遵守，这也是公司正常运行所必需的，若仅属于公司内部不妥当管理事宜，司法也不应过度介入以免干预公司正常运作。① 为此，“度”的问题或许可转换为公司权利如何符合程序要求与保持公平分配政策的界定问题。

还需要关注的是建议稿对《公司法》既有策略的调整上是否符合《公司法》体系的架构，与其他部门法衔接是否到位，这也是制定者在法教义学上重点把握的方向。这将在具体规定的阐述中展开。

三、对建议稿的评析

（一）总体评析

1. 维护公司权利合法与正当运行是建议稿的规范目的

公司作为社团是由股东为进行统一行动而组成之团体，②其权利运行应属意思自治领域，仅在权利运行缺乏合法性与正当性之际司法才得以介入。缺乏合法性是指违反现行法律规范以及支持股东之间的私人协议或安排，此为界定法院进行干涉的一个清晰基础，③此处采纳“违反现行法律规范”而非“效力性强制性法律规范”，在于公司若选择任意性规范，对公司同样具有拘束力。④ 所谓公司权利运行的正当性，是指权利对于全体股东是否“保持公平对待与信息透明”，此为解决资本民主与股东公平保护的协调。所有合法性和正当性兼具事实判断和价值判断，只有在关联到类型化纠纷中才能理解或想象，必须通过评价完成。⑤ 此为建议稿的切入点也是规范目的所在。如建议稿第8条关于事后同意情况下驳回撤销股东会、董事会决议诉请的规定，传递出即使

---

① 林少伟：《英国现代公司法》，中国法制出版社2015年版，第239页。

② ［德］卡尔·拉伦茨：《德国民法通论》，王晓晔译，法律出版社2003年版，第209页。

③ ［英］保罗·戴维斯：《英国公司法精要》，樊云慧译，法律出版社2007年版，第253～254页。

④ 王保树：《公司法任意性法律规范适用之留意点》，载《国家检察官学院学报》2011年第2期。

⑤ ［德］卡尔·恩吉施：《法律思维导论》，郑永流译，法律出版社2004年版，第135～136页。

存在效力瑕疵决议也可通过股东意志予以补正;而第20条第2款关于法院可判决强制分配利润的规定体现了法院对公司治理的介入。前者是对股东所形成公司意志的尊重,后者是法院对公司意志的矫正。两者看似悖反,但从更深的层次来看,前者涉及对合法公正的公司规则的尊重,后者却与公司规则的前提“股东的平等保护”有关,虽然规定角度相异,但内涵本质一致,都可归在公司权利运行的正当性与合法性的要求之下,这正是建议稿的落脚点所在。

2. 保障股东权利行使是建议稿落实规范目的之主要途径

在有限责任公司中,异质化的股东间存在潜在的不和,控股股东可能把公司看成是自己的;在支配公司的同时也向非控股股东封锁信息;通过股东会、董事会主导公司经营、把持公司管理层获取丰厚薪酬的同时,又长期不向非控股股东分配红利;进而再利用可疑的资产转让或转变业务,通过关联关系进行利益输送;①为继续压制非控股股东,又利用多数决修改章程永久地限制股权转让。此为常见的“不公平损害”之情况,其中包含了对股东信息权、管理权、利润分配权、转让权等多项固有权利的损害。《公司法》肯定了上述股东权利的同时,也赋予了相应的救济机制。由于规定得比较原则且缺乏体系性,有时股东并不能获得及时、充分的救济,如《公司法》第22条仅规定了决议无效、可撤销两种效力瑕疵类型,第33条对股东行使查阅会计账册的方式、范围也语焉不详,第71条规定了其他股东有优先购买权,但对损害优先购买权的股权转让法律后果却没有规定等。此次建议稿第4条、第5条分别增加了不存在、未形成有效决议两种效力瑕疵类型;第15条、第16条规定了股东可委托代理人查阅会计账册,查阅范围包括原始凭证;第27条则规定损害优先购买权的股权转让合同无效。姑且不论上述规定妥当与否,但从明确救济对象、统一裁判标准来看意义重大,通过救济保障股东权利的行使,落实了公司权力有序合法运行的规范目的。

另外,建议稿也注意到对股东权利的保护应具体系性和层次性。控股股东与非控股股东利益冲突的实质是控股股东控制公司后,要求公司只是为自

① [加拿大]布莱斯·R. 柴芬斯:《公司法:理论、结构和运作》,林华伟等译,法律出版社2001年版,第68页。

己的利益而运作,非控股股东利益被忽视、牺牲了。而且此种损害是系统性的,对此的矫正不只是技术性的也应是系统性的。[①] 同时,从效率角度出发,不公平损害项下,法律也应给予非控股股东不同层次之管控途径,其体系上的序位应为:规划、知情、参与、救济。规划主要是指事前制度规划,有限责任公司投资者相较于股份公司股东缺乏分散风险的途径,是将大量的个人财富参与公司冒险经营,他们也更了解自己的权利义务,设立之初就公司运行机制进行充分协商制定章程,对于某些制度空白,应视为减少协商成本背景下,对法律规则的推定适用。[②] 知情、参与、救济分别指向的是对公司会计账簿和资料等运营信息的知晓权利、参与管理和财务决策等团体意思形成的权利、公司决策对股东造成不公平损害后的救济,包括矫正公司错误决策、行使退出权等。规划是形成规制公司权利运行边界;知情是参与公司决策形成和决定自我救济的前提和基础;参与是作为公司成员参与公司管理决策行使成员权的主要途径;救济是调整资本民主可能导致的不公平损害的矫正正义。

建议稿作为司法解释的属性确定了其必然是以救济为主要内容的,但救济是以股东权利的准确界定为前提的,不同类型的权利决定了救济的广度和强度,这里就体现了建议稿的制定者对股东权利保护的体系性和层次性的认识。例如,在规划方面,利润分配是股东投资的基本对价,应视为股东设立公司的预设前提,为防止公司"有利不分",法院可推定适用,故建议稿第 20 条第 2 款肯定了法院进行强制分配的权利。又如,在知情方面,知情权是股东的基础性权利,是行使管理权、退出权等其他权利的前提,法律应予以强制性全方位的保护,循此思路第 14 条就规定,公司章程与股东间协议限制不能阻止股东行使查阅、复制公司文件材料的权利。再如,在参与方面,股东参与股东会形成决议是行使管理权的重要途径,建议稿通过丰富决议瑕疵类型拓宽股东救济路径。由此,建议稿根据不同权利给予力度不同的保障,通过救济使股东权利保护的体系性和层次性。

① [英]保罗·戴维斯:《英国公司法精要》,樊云慧译,法律出版社 2007 年版,第 302 页。
② [美]费希尔:《公司法的经济结构》,罗培新等译,北京大学出版社 2014 年版,第 242 页。

3. 建议稿的五个特征

建议稿是围绕股东权利平等保护展开的,关注重点是针对股东既有损害的法律救济,主要是立足于司法的介入条件、纠错策略、程序安排三个方面,从裁判标准统一的角度进行了规定。在坚持《公司法》既有规定、尊重股东间事先规划、保障股东固有权利的规范行使的思想指导下,畅通、强化了诉讼救济路径,并对实践中一些具体争议问题进行了统一。

(1)依托民法理论,丰富救济方式。建议稿在重视公司法团体法属性的同时,注重利用法律行为、形成权等私法工具概念,加强公司法领域内各项权利的民法保障途径。例如,在坚持公司法人团体组织特性的基础上,借决议的法律行为属性,引入不成立、未有效形成的决议瑕疵效力形态。又如,利用优先购买权的形成权属性,明确侵害优先购买权的向外股权转让无效,强化有限责任公司的人合性。建议稿意识到民法理论本身即是公司法的基础,是公司法各个条款之间的“填缝剂”,建议稿娴熟运用民法工具,充实权利保障体系,完善保护方式,意义重大。

(2)扩张救济范围,完善救济途径。救济范围的扩张包括救济主体和救济对象的扩张:前者建议稿在决议效力部分,在股东之外还赋予公司高管、职工、债权人提起决议不成立、未有效形成、无效之诉讼主体资格;后者在决议无效、可撤销外增加了不成立、未形成有效决议另两种效力瑕疵形式。目的都在于要落实股东(大)会、董事会决议作为股东行使管理权的主要途径的本质属性。

救济途径的完善,体现在建议稿对一些难以进行强制或强制效果较差的行为,予以损害赔偿上的约束,如《建议稿》第 18 条规定了未制作公司文件材料导致股东不能行使知情权情况下,董事高管的赔偿责任。建议稿对某些公司拒不配合之情况则强调司法介入,如第 20 条第 1 款明确法院可强制股东分红,体现了公司治理失灵情况下,司法对股东权利的强力保护。

(3)明确要件,规范程序,防止权利滥用。一方面公司自治是原则,司法介入是例外;另一方面司法实践中非控股股东为己私利滥用诉权并不鲜见。建议稿有鉴于此,从要件限制和程序把控两个方面来进行防范,维护公司正常经营。在明确要件方面,第 17 条规定股东为自营业务或向第三人通报获利等皆为知情权行使的消极条件。而在规范程序方面,第 10 条规定股东等原告申请禁止决议实施的,法院可依申请或依职权责令原告提供担保;第 33 条关于代表诉讼中,公司在起诉后要替代股东的,应征得股东的同意。

(4)尊重现行法规定,运用法律解释方法统一裁判标准。建议稿秉持司法解释不应逾越现行法规定的理念,通过科学的法律解释方法,针对审判实践中某些条文的认识模糊问题,通过文义、体系、目的等多种法律解释方法,探求条文表示承载的真实意思,追求类案处理的统一。例如,建议稿第 31 条通过扩张解释,将"公司高管"规定为也包括全资子公司的董事、监事、高管,既没有突破《公司法》第 151 条第 2 款提起代表诉讼的股东应为公司股东的规定,又明确了二重代表诉讼有限度的可适用性;又如,建议稿第 15 条、第 16 条通过目的解释,从知情权是股东固有的基本权利,是维护其他合法权益的基础和前提,故明确股东不仅能查阅账簿也能查阅原始凭证;不仅股东本人能查阅,也能委托代理人查阅。虽然没有一个终局的、绝对正确的法律解释,①但建议稿基于现阶段不偏离法律理解认识作出解释,是能够获得个案件处理的合理性,进而实现类案处理的一致性,对裁判统一是大有裨益的。

(5)总结审判经验,填补法律漏洞。除法律规定模糊之外,现存的法律漏洞也会导致裁判标准不统一。建议稿通过对近几年相关案件的审判经验的梳理、归纳,采取"目的性限缩"、"法益衡量",②列举、定义等方式进行了法律续造。例如,第 2 条针对审判中存在的已转让股份的股东同样享有提起决议撤销之诉之权利的情况,考虑到既非公司股东却享有现时股东同样的诉权,有违同等事务才同等对待之原理,也与现时股东行使管理权保护自身权益之立法目的相悖,故采取"目的性限缩"的法律续造方法,将适格原告限缩为"起诉时至诉讼结束"均具股东资格的股东。又如,建议稿第 25 条在保障股东固有利益前提下,视公司所涉法律关系稳定性为公司最大法益,由此规定"通知未载明行使期限的……应予 30 日内行使优先购买权"。通过明确权利行使期限,

① [德]卡尔·拉伦茨:《法学方法论》,陈爱娥译,商务印书馆 2005 年版,第 195 页。

② 此取决于依基本法的价值秩序,于此涉及的是一种法益较他种法益是否有明显的价值优势。

一则保证公司有序经营推进股东投资收益;二则保障交易安全维护第三人信赖利益,防止股权转让、公司内部股权关系处于不稳定状态。

(二)对建议稿股东知情权部分的评析

本次建议稿关于股东知情权纠纷共有6个条文,都是对《公司法》第33条、第97条的解读。一方面,公司采取集体决策,按出资比例来分配投票权,公司就应向股东披露信息权,这是保证其行使重大决策等管理权的正当前提;另一方面,既然《公司法》第4条规定股东依法有资产收益的权利,若股东无权了解公司情况,也就无法知晓公司利润分配是否合理合法,所谓股东权利的维护就无从谈起。据此,知情权是股东固有权利的同时,更是实现其他股东权利的基础性权利,须充分、全面地保护。

当然知情权的行使也不是无限制的,权利的滥用也可能影响公司的正常经营,因此股东的知情权虽然是固有的、基础性的权利,却仍然属于相对而非绝对的权利,对于某些公司信息不受"轻易可得"知情权的支配。① 那么建议稿应予明确什么主体对什么范围内的公司资料以什么方式行使知情权。

1. 应根据公司信息的属性区分知情权行使范围②。

考虑到股东属于公司风险资本的提供者,而非当然的管理者,故公司须供给的信息,应以反映公司当前运营情况为限。《公司法》第33条第1款明确章程、股东会董事会监事会会议决议,及财务会计报告股东都有权查阅复制,且没有限定条件,理由也在于此。

至于涉及公司决策的内部信息,包括反映公司具体经营状况的会计账簿等,特别是建议稿第16条第1款,规定会计账簿及与会计账簿记载内容有关的记账凭证和原始凭证等材料,股东都可申请查阅,对《公司法》第33条第2款提及的"会计账簿"的范围进行了扩张解释。这些内部信息具有对内性和隐秘性,完全公开可能泄露公司秘密。但若是强调股东是公司所有者,就没有限制股东获取公司信息之合法理由。而无论是立法还是学界通说都不否认公司作

① [美]罗伯特·C.克拉克:《公司法则》,胡平等译,工商出版社1999年版,第73页。

② 《美国标准公司法》、《纽约商业公司法》、《特拉华州公司法》为例都就此问题作出不同对待,但对信息属性区分有不同标准。

为独立实体存在,代表的是股东整体利益,而非个别股东个人利益,况且公司中所有权和管理权的分离,就此出发也有必要限制股东个体对公司信息的获取。故此条款具体适用时应注意结合其他条款的规定,准确界定知情权行使的范围。

从各国立法例来看,《特拉华州普通公司法》第220条第3项确定的两分法,①是我国公司法就知情权行使的区分范围上的参考之一,但第220条将"账目和记录"与"股东名册"相分离的背后是依据所查阅资料与股东自身利益联系的紧密性为标准,②而我国公司发采取的"章程、股东(大)会、董事会、监事会会议决议和财务会计报告"与"会计账簿"两分法,并未严格贯彻联系紧密性标准。董事会、监事会都涉及公司经营秘密,与公司机密联系的紧密性可能更甚于会计账簿,其可不受限制查阅的正当性又在哪里呢?

大多数大陆法国家通常是以书面要求、正当目的、合理的时间、适格的股东身份四要素,来限制股东对内部信息知情权的行使。其中的正当目的与适格股东两个实质要素与《美国公司法》的联系密切性标准是一致的。我国《公司法》对此也有借鉴,《公司法》第33条第2款规定了查阅会计账簿的正当目的要求,建议稿第17条更是对"正当目的"进行了细化、第13条则在身份要素强调原告应在诉讼时和诉讼中都具股东身份。上述两项实质性要素应视为知情权行使的条件,若是股东要求查阅建议稿第16条第1款规定的全部公司材料,应从"正当目的"角度严格把握,即能防止知情权滥用对公司经营的影响。

2. 行使知情权对股东身份的要求

建议稿第13条、第14条是关于确定知情权行使主体正向和反向的规定,其隐含的原则是知情权是股东的固有权。

第13条特别强调了"股东起诉时或者诉讼中已经不具备股东身份的,应当驳回起诉",这是源于知情权属于股东资格的个体权利,其可以为自身利益而行使这一权利,③故作为股东的知情权是属于"现在的股东",一旦失去股东

① [美]罗伯特·C. 克拉克:《公司法则》,胡平等译,工商出版社1999年版,第74页。

② 《特拉华州普通公司法》,徐文彬等译,中国法制出版社2010年版,第92~93页。

③ [德]托马斯·莱塞尔:《德国资合公司法》,高旭军等译,法律出版社2005年版,第452页。

身份也就没有了就知情权作出判决的必要性和实效性,即没有诉的利益了。① 因此,第13条第2款拒绝退出股东可通过诉讼行使知情权的依据也在于此,无论是《日本公司法》还是《德国公司法》都有类似规定。

退出股东是否不能行使对公司内部资料的知情权呢?全然没有诉的利益呢?应了解的是公司当初通过相关行为损害了股东利益,就损害行为而言退出股东是有诉的利益的,可能有查阅公司文件资料的必要,然而此类诉讼中查阅只是要求损害赔偿的手段,同时根据《民事诉讼法》相关司法解释要求公司提交其控制下的公司文件资料,既然已有救济手段,建议稿中未赋予退出股东知情权就在情理之中了。

第14条是针对知情权纠纷中公司经常提出的三类原告的不适格抗辩。鉴于知情权是股东的固有权利,是行使其他股东权利的基础,《公司法》第33条以强制性规范的形式予以了肯定,自然不能以公司章程、股东间协议来推翻法律的强制规定。至于出资瑕疵并不能否定股东资格,股东仍然可以行使自己的"知情权"。

3. 关于查阅的"正当目的"的要求

建议稿第17条对何谓"不正当目的"进行了四项列举性规定,存在实质性竞争关系、向第三人通报获益、曾经通报获益,以及股东存在妨碍公司业务开展、损害公司利益或股东共同利益为目的等,这是从消极条件角度来否定股东行使知情权。但法律又没有明确何谓股东查阅的正当目的的情况下,审查"不正当目的"就成了无本之木。特别是该条第4项"妨碍公司业务开展、损害公司利益或股东共同利益"的兜底规定,如果该条款规范目的不是防止股东对内部文件的知情权滥用,那么限制过于宽泛会影响股东知情权的正当行使。因此,笔者建议参照《特拉华州公司法》、《美国标准公司法》的规定,②先从积极条件上明确"正当目的是指合理的与股东个人利益相关",再结合消极目的来排除非正当目的,能够让法院结合股东特定查阅目的,来审查是否符合消极条

① [日]新堂幸司:《新民事诉讼法》,林剑锋译,法律出版社2008年版,第187页。

② 《特拉华州普通公司法》第220条;《美国标准公司法》将正当目的描述为"一个与股东利益合理关联的目的"。

件，进而准确认定查阅目的正确与否。

“正当目的”到底如何把握，上述条文具体如何适用可能在实践中还须进一步明确的。若照此施行须注意防止司法过度限制行使知情权，从设置股东知情权的目的来看，更侧重于防止控股股东对非控股股东的压制。为此法院处理此问题时须把握以下两点实质性标准：一是股东的正当目的说明，要达到“以适当的特征性”来说明，①其查阅目的与要查阅公司文件资料有“直接关联性”。二是股东查阅的正当目的要最终落实到与其投资的经济价值的“直接关联性”上，股东作为风险投资者收获的是利润回报，又包括估量其投资回报的目的与交易转让中估价的目的，且公司既然独立于股东，股东超越于经济利益的目的就不应视为正当目的。归根结底，正当目的应限于股东对利润最大化的追求上，否则涵盖过宽。

4. 建议稿知情权行使为什么仅涉及有限责任公司？

我们应当关注到建议稿第16条、第17条关于“查阅原始凭证”与“不正当目的审查”都被限定在有限责任公司内。这里有两个理由：一是《公司法》第97条就股份公司本身没有放开会计账簿的查阅；二是有限责任公司内股东审查造成的对公司经营侵扰相对常见和严重。但股份公司知情权行使方面应如何操作呢？实践中也会产生争议，也应在建议稿上予以明确。

5. 对无法查阅赔偿责任规定的质疑

建议稿第18条规定了董事、高管无法查询的赔偿责任，该条款实质是对董事、高管勤勉义务的规定，《公司法》第41条、第48条、第107条、第112条分别对股东(大)会、董事会会议记录做了规定，第163条又规定公司应当按照法律、行政法规和国务院财政部门的规定建立本公司的财务、会计制度。而董事、高管作为公司执行和管理机构对上述事项形成的公司文件资料有法定的制作和保存义务，若未履行，上述主体有赔偿义务。但问题是造成的损失到底是股东的直接损失还是公司损失之后对股东的反射损失，这又涉及是适用《公司法》第152条还是第151条的问题。如果是前者，应适用股东直接诉讼，不过此时股东的损失是什么，范围又如何确定，还需在实践中予以深入探讨。如果

① ［美］罗伯特·C. 克拉克：《公司法则》，胡平等译，工商出版社1999年版，第73页。

是后者,适用的就是代表诉讼,建议稿赋予股东直接要求董事、高管赔偿,就突破了《公司法》既有的救济体系了。

另外,至于建议稿第 15 条第 1 款是对判决主文确定性的要求,是对审执兼顾的落实,第 2 款规定股东可委托代理人查阅、复制公司文件材料,本身就是第 33 条的当然解释。

(三)对决议效力部分的评析

关于决议效力瑕疵纠纷是建议稿着力解决的问题,首先承认了决议不存在、未形成两类纠纷形式。其次将决议无效、不存在、未形成之诉的原告范围扩张至董事、监事、高管、职工、债权人。再次又对形成决议效力瑕疵四种类型的具体事由进行了梳理。复次还就此类诉讼中具体程序问题,如诉讼保全的操作规则进行了规定。最后对于一人公司与国有独资公司的参照适用进行了明确。此外,还表明了对确认决议效力持支持态度。事无巨细,全面周到。

考察决议效力部分的主要立法逻辑,是立足于《公司法》第 33 条在效力瑕疵类型、瑕疵事由认定、程序衔接三个方面的制度供给不足,通过引入法律行为理论丰富效力瑕疵类型、结合审判实践明晰瑕疵事由、依据诉的利益确定原告范围三条路径予以解决。

1. 决议瑕疵效力体系的梳理和评析

决议系法律行为的类型之一,[①]本身就应受到法律行为制度的规制,同时它作为公司意志的形成机制,既不能脱离"内部形成社团意思"的制定属性,也不能无视决议作为非控股股东行使委任权与决策权的途径,[②]对控股股东权利的制约属性。

(1)决议效力体系的构建

决议为法律行为的类型之一,从法律行为理论,结合其系公司意志形成机制、成立即产生效力的特性来看,决议效力体系应做如下理解:一是决议制度是将多数股东的意思吸收为单一的团体意思,[③]产生过程中若缺乏合意、行为

① [德]迪特尔·梅迪库斯:《德国民法总论》,邵建东译,法律出版社 2001 年版,第 166 页。

② [美]克拉克曼:《公司法剖析:比较与功能的视角》,罗培新等译,法律出版社 2012 年版,第 93 ~ 97 页。

③ [韩]李哲松:《韩国公司法》,吴日焕译,中国政法大学出版社 2000 年版,第 412 页。

要式等主要行为要素，导致决议存在本身无法认可，即决议不成立；二是决议成立即推定生效（有效），[①]存在阻却生效事由才导致决议效力有瑕疵，由此成立是判断决议效力的基础；三是鉴于决议拘束力的整体性与因果考量，决议效力瑕疵中效力待定、相对无效的情形应不予规定，[②]决议成立后因阻却事由产生的决议效力瑕疵有可撤销、无效[③]两类。

（2）效力瑕疵决议之间的关系应确定

建议稿规定的四项效力瑕疵决议之间的关系须进一步梳理。从建议稿第4条至第7条的规定来看，是将未成立、未形成（有效决议）、可撤销、无效视为并列的决议效力瑕疵类型，采取的是新五类效力体系，即有效、未生效、可撤销、无效、效力待定（为何决议中不考虑此样态，后文详述）。[④] 同时将第4条规定"决议未成立"与其他效力瑕疵类型并列表述，实质是回避了该说的基础"法律行为效力是对已经成立的法律行为进行评价"，[⑤]是否承认成立之后才有生效与否的判断？还是不区别生效与成立？这涉及我国法律行为制度的重大命题，成立、有效、生效之间到底是什么联系，[⑥]若是不说清此问题，五类效力体系建构就存在模糊之处，建议稿的相关规定如何适用也会产生争议，更何况在公司决议的背景下对上述关系解读又将增添了许多不确定性，[⑦]如从保持公司决议稳定性来说，决议一旦产生就生效，若是原来就不成立呢？再如第8条关于事后同意决议的规定，这就涉及如果决议自始没有存在事后是否还

① 决议效力中不区分法律拘束力与决议产生的意思效力，相关详细论述可参见孙文桢：《论合同效力类型体系的重构》，载《苏州大学学报》2015年第1期。

② ［德］迪特尔·梅迪库斯：《德国民法总论》，邵建东译，法律出版社2001年版，第374～376页、第843页。

③ 易军：《法律行为生效要件体系重构》，载《中国法学》2012年第3期。

④ 崔建远：《我国合同效力制度的演变》，载《河南政法管理干部学院学报》2007年第2期。

⑤ 江平：《民法学》，中国政法大学出版社2015年版，第165页；李永军：《民法总论》，法律出版社2006年版，第447页。

⑥ 《合同法》第44条规定"依法成立的合同，自成立时生效"，此处的生效指产生效力，该处"效力内容"与《民法通则》第57条规定的"民事法律行为从成立时具有法律约束"中的"法律约束力"有何区别，各自内容又是什么？

⑦ 虽然成立有别于生效，是独立的效力层次，但公司意思是由决议形成，形成的是内部意思，考虑到公司形成意志的稳定性、持续性，决议成立就形成了公司意志，对公司股东产生了法律效力。这时的法律拘束力与意思效力拘束力是一致的，不区分成立、生效具有合理性。

可以追认？

(3)决议效力瑕疵类型方面的相关建议

首先,宜采取未成立、无效、可撤销三分法。从法律后果的一致性来看。建议稿第4条、第5条宜合并为决议未成立事由的规定。第4条是指根本没有召开股东会就形成的决议,是“意思决定本身就不存在”的规定,或者说决议没有在“社会生活上形成”,属于学理上的“表见决议”。第5条是决议因为表决方式、表决结果计算有重大的程序瑕疵,导致“没有法律意义上的形成”。这都是对决议存在本身的不认可,两者性质上没有重大差异,法律后果也无差别。不宜因追求理论上的纯粹而导致区分“不存在”与“未形成有效决议”产生适用上的麻烦,还不如合并为“未成立”,保障法律适用上的简洁明了。再从法律依据来看。建议稿第5条关于未形成有效决议的规定,除第4项“决议内容超越股东(大)会、董事会职权”应属决议无效事由外,其余出席人数或股东所持表决权不符合章程、决议通过比例不符合《公司法》或章程规定、决议签名系伪造三类事由其背后是缺乏最低出席人数、最低决议比例,导致公司意思要素上的缺乏,对应的是《民法通则》第55条第2项规定的“意思表示真实”的成立要件,产生决议不成立的法律后果。而建议稿第4条规定的未召开会议、召开会议未进行表决,因没有意思表示也就没有了意思表示真实的判断前提,也是依据《民法通则》第55条第2项规定得出该决议不成立的结论。故从法律依据相同角度,也应将第4条、第5条合并都归为决议未成立。①

其次,建议稿第7条宜进一步明确导致决议撤销的程序事由,目的是明晰其与决议未成立、无效事由之间的界限。第7条对召集程序和表决方式的外延进行了列举式的界定,包括召集和邀请股东、决议事项确定、主持表决流程、错误确定表决结果方面的程序错误。② 但若是上述6个方面程序错误严重的话,也符合决议未成立、无效的事由,将导致与决议未成立、无效存在交叉,会对决议效力的准确界定产生影响,其中又在“召集程序瑕疵”上反映较为突出,

① 若考虑“成立推定生效+无阻却生效的障碍→生效”比“成立要件+生效要件→生效”更具普适性,且无效、可撤销等应理解为未生效或者说是效力瑕疵的下位类型,采用第4条、第5条“决议未生效”的表述比“未成立”更为精确,也更具体系性。

② 主要参照了德国股份公司法关于程序错误提起撤销请求的相关规定。

如股权登记错误导致股东未参加某股东会表决，同时亦可能导致决议通过比例不符合《公司法》或者章程的规定。因此，笔者建议参考《德国股份法》第241条的立法例，规定召集的股东大会作出的决议无效。① 因德国就决议瑕疵采取无效与可撤销的两分法，如果建议稿最后采用"决议未成立"的观点，采取三分法，也可将参照日本法院的处理程序瑕疵决议的做法，授权法官区分重大与不重大程序瑕疵，对于后者归入决议可撤销事由，如果决议之日起60日内没有提起诉讼的，该瑕疵视为自动治愈。② 而"重症"程序瑕疵归入未成立的范畴。③ 这里关键是要对不同类型效力瑕疵进行清晰界定，为裁判者准确适用提供前提。

最后，建议稿第8条应立足诉的利益而非效力补正来维护决议确定性。该条第1款、第2款分别规定了决议作出后，股东以意思表示或行为默示来事后追认"可撤销决议"产生的法律效力，该条款的小标题是"事后同意决议"，其依据类推适用了最高人民法院《关于贯彻执行〈中华人民共和国民法通则〉若干问题意见（试行）》（以下简称《民法通则》司法解释）的规定，即"一方当事人向对方当事人提出民事权利的要求，对方未用语言或者文字明确表示意见，但其行为表明已经接受的，可以认定为默示……"实质是通过事后追认来补正决议的效力瑕疵。但决议若是未存在、未有效形成，事后不能追认"意思决定本身就不存在"的决议，因为没有追认的客体。若是无效决议，法律否定性评价不应当事人同意而有效，而决议作为社团行为通常不能基于确定与价值权衡进行向有效的"转换"。④ 若是存在撤销事由的决议，按照德国民法理论是承认此类要式法律行为的事后追认。⑤ 但在民法体系中事后追认作为同意制度的一项内容，针对的是生效须经某人同意的法律行为，⑥指向广义上的效力待定，而决议作为公司内部意思形成机制，实践中不宜承认决议存在"悬而未决"效

① 《德国商事公司法》，胡晓静等译，法律出版社2014年版，第177页。

② ［日］进藤光男：《最新日本公司法》，梁爽译，法律出版社2016年版，第205页。

③ 吴建斌：《最新日本公司法》，中国人民大学出版社2003年版，第144～145页。

④ ［德］维纳尔·弗卢梅：《法律行为论》，迟颖译，法律出版社2013年版，第706～708页。

⑤ ［德］维纳尔·弗卢梅：《法律行为论》，迟颖译，法律出版社2013年版，第1078页。

⑥ ［德］维纳尔·弗卢梅：《法律行为论》，迟颖译，法律出版社2013年版，第1060页。

力不确定的状态。综上,事后追认或是事后同意本身就不宜在公司决议中得以适用。为此该两款从事后追认的角度,在体系解释上是说不通的。

上述两款从诉的利益上进行解读更为合理,股东明示或默示同意的事由出现之际,股东已经没有诉的利益的。换言之,权利保护的需求已经消失,不具诉讼要件了,[①]故应裁定驳回起诉。同时,第8条第3款又规定了"作出新的决议,实质认可",这时新决议已替代了效力有瑕疵的旧决议,对全体股东生效,该股东也没有诉的利益了。结合以上分析,可将第8条规定的三类情况统合在"无诉的利益"项下,进行符合体系的解读。建议稿该条款采用"驳回诉讼请求"的表述,而对诉权实体上否定通常采取的是"不予支持"的表述,如建议稿第14条,那也只能得出这里是程序上驳回起诉的相同结论。

2. 关于决议效力瑕疵纠纷之适格原告问题

建议稿就决议无效、不存在、未有效形成的纠纷,除股东外,将董事、监事、高管、职工、债权人纳入适格原告范围,自最高人民法院制定《公司法》司法解释四以来,对于扩大适格原告的范围是始终坚持的,但具体的范围是不断变动的。[②] 从各国立法例来看,德日两国公司法都认可任何人以任何方式主张股东会决议无效或不存在之诉。[③] 最高人民法院基于《公司法》第22条第1款对决议无效之诉主体未予规定的情况,从诉的利益出发赋予众多主体以诉权,虽然在高管、职工、债权人前还加上了"直接利害关系"的限制,从权利保护角度出发有其正当性。但笔者仍认为此规定有进一步探讨余地,出发点是建议稿既为《公司法》的司法解释,应视公司为股东、董事、监事、高管等利害关系人之关系聚合点。更直接地说,《公司法》及其司法解释不宜直接建立上述利害关系人之间直接的法律关系,应通过独立之法人(公司)来作为构建关系之媒介,前者是民法调整之领域,而非《公司法》调整之范围,对于此点建议稿作为《公司

---

① [德]穆泽拉克:《德国民事诉讼法基础教程》,周翠译,中国政法大学出版社2005年版,第80页。

② 2015年10月稿,第1条公司股东、董事、监事及与股东(大)会、董事会决议内容有直接利害关系的高级管理人员等……起诉请求确认……决议无效的,人民法院应当依法受理。2009年稿,第2条与股东(大)会、董事会决议内容有利害关系的公司股东、董事、监事、公司职员,可以请求确认……决议无效。

③ [德]怀克:《德国公司法》,殷盛译,法律出版社2010年版,第551页。

法》的司法解释不宜逾矩。以下对不同主体是否为决议效力瑕疵纠纷之适格原告做分析。

（1）高管、职工、债权人不宜享有此类诉讼的适格原告资格

其一，增加公司经营成本。赋予上述主体提起决议无效之资格，使其借道诉讼介入公司决议，进而参与公司管理，徒增公司意志不确定、变动之可能，不利公司经营。另外，决议本身是非控股股东制约控股股东之制度安排，让上述主体对决议效力提出异议，有违制度设立本旨。其二，增加制度成本。高管、职工、债权人通过市场与公司构建交易关系，其有选择是否交易、如何交易之权利，并可借助合同确定与己有利之权利义务安排，相关风险通常应通过外部合同控制而非内部监管控制，[①]若法律过分扩大其救济途径，是将其个体的风险防控成本社会化。其三，"直接利害关系"的规定不足以防止案件激增或滥诉之可能。建议稿意识到主体范围的扩大，可能引发此类诉讼数量激增和滥诉，意图通过"相关利害关系"来限定此类诉讼之主体范围，但该表述属"规范性概念"，必须通过个案审理后的评价来完成。[②] 换言之，即使视其为资格审查在立案阶段也不能完成，要通过实体审理才能确定，故"防范"的目的不能实现。

（2）董事、监事能否提起股东（大）会决议效力之诉应区分情况

通常情况下（以董事与股东会决议效力之诉之关系为例），董事不能提起股东会决议无效、不存在、未形成之诉，该判断的基础是董事与公司的关系。依据《公司法》第46条规定，董事会由股东会产生，并对其负责，董事会作为公司执行其成员即董事由股东会选举产生后，再被公司任命而被委任职务，[③]董事是通过聘用合同负有义务。我国公司法第146条第2款也规定"公司……选任、委派董事、监事……"即反映董事与公司的委任关系。董事作为公司执行机关之成员主要职责在于贯彻实行股东会形成的决议，其职位本身并不具

① ［美］克拉克曼等：《公司法剖析：比较与功能的视角》，罗培新等译，法律出版社2012年版，第155～156页。

② ［德］卡尔·恩吉施：《法律思维导论》，郑永流译，法律出版社2004年版，第135～136页。

③ ［德］格茨·怀克、克里斯蒂娜·温德比西勒：《德国公司法》，殷盛译，法律出版社2010年版，第469页；［日］近藤光男：《最新日本公司法》，梁爽译，法律出版社2016年版，第206页。

有挑战决议的正当性。而且建议稿又并未像2009年稿那样,限定为与股东(大)会、董事会决议内容有利害关系的董事、监事,才可请求确认决议无效,那么如果董事动辄提起决议无效、不存在、未有效形成,其又掌握公司大量信息,可发起的诉讼针对性强,杀伤力大,公司经营可能陷入停滞,损害公司整体利益。

但在特殊情况下,可赋予董事提起股东(大)会决议无效、不存在、未形成之诉的资格。前面阶段性结论是从决议的内部性及决议本身制度安排得出,其背后的原因是股东会决议涉及公司内部治理,董事非内部治理决议层面上的决策者,仅是该决议的执行者,就决议本身不具诉讼的利益,故排除其诉权。不过有些决议虽然与公司治理有关,但与董事有直接利益,或者说董事有诉的利益。在此情况下董事具备了提起此类诉讼之合法性和正当性。如果董事、监事、高管依据股东会作出决议所采取之具体职务行为,可能导致董事、监事、高管违反《公司法》第147条忠实勤勉义务,或其他依据《公司法》第149条致使公司损失而应承担损失的,或依据公司法第12章可能承担法律责任的,上述行为既为董事、监事、高管之职务行为必然与公司治理有关,由可能因违法性被追责,在此特殊情况下可赋予董事、监事、高管相应诉权。[①]

据此,建议对建议稿修订时宜先明确董事、监事、高管一般无权提起此类诉讼,再进一步规定何种特殊情况有例外,以便于裁判标准的统一性。

需补充的是,有观点提出,公司作出选任和更换董事事项的决议事关董事利益,其有诉的利益,其否定决议效力具有正当性。但如前所述,董事作为被选任对象,针对公司决议产生后发出的任命邀请,他可以作出接受与不接受的选择;其非股东会决议产生的参与者,无理由提起决议无效、不存在等诉讼?

(3)董事会不能提起股东会决议无效、未形成、不存在之诉

就此问题建议稿虽未规定,但考虑到我国董事会与股东会职权范围界限不明确,为权利之争董事会可能提起股东会决议效力瑕疵的诉讼。此时应考

---

① 《德国股份法》第245条第5款对决议撤销之诉有类似规定,但我国《公司法》第22条第2款限定了决议撤销之诉原告限定于股东,不存在解释之可能,但在建议稿过分放开决议无效、不存在、未有效形成诉权情况下,在此类诉讼中可将特殊情况下,赋予董事提起诉讼的条款予以引入。

虑董事会是公司日常管理机构，即便董事会与股东会存在职权范围上的争议，但我国《公司法》第36条明确了股东会是公司的权力机构，董事会至多只是最高管理机构，发生了权力分配上的冲突，董事会也应服从股东会决议，并无其他立法例上存在的两者间的权力争夺问题，就此实然的一般情况来看也就不存在董事会作提出决议效力瑕疵纠纷之可能了。

（4）决议效力瑕疵诉讼中作为适格原告的股东应解释为现时股东

建议稿第2条规定决议撤销之诉的原告限于股东，且又作出限缩解释，规定案件受理后原告不再具股东身份的应予驳回。同时第1条、第4条、第5条、第6条皆规定股东即可提起决议无效、不存在等诉讼，基于决议撤销明确指出提出此类诉讼应为现有股东，而决议无效、不存在、未有效的形成之诉仅表述股东皆可提起。从体系解释来说，后三类诉讼的原告范围应大于决议撤销之诉的原告范围，即新旧股东都可起诉。而从规范目的来看，因决议撤销之诉要求股东现时持有股份，是因为股东通过撤销决议来纠正决议错误，该矫正正义的受益者应为公司，公司利益又反射至公司现时的股东。为此，股权已转让的原股东没有诉的利益，就不应成为适格原告。而后三类诉讼的目的同样在于否定错误决议，实现公司利益最大化，间接维护自己作为现时股东的利益。从目的解释出发，后三类诉讼之适格原告也应限于现时股东。由此，同为法律解释中内容性因素的体系与目的因素①发生了冲突，立法应使价值体系化，若发生偏差，应坚持“目的是所有法律的创造者”，遵循规范目的来调整体系解释的偏差，故从建议稿现在文本中也应得出目的解释的结论。因建议稿还有待完善，不如直接在相关条文中明确后三类诉讼的适格原告中的股东为现时股东，减少施行后法律适用可能发生的争议。

（5）宜否定原先同意决议的股东提起决议撤销之诉的资格

从形成权的角度来看，不应赋予原先同意决议的股东提起决议撤销之诉的诉权。撤销决议是改变既有的决议效力状态，属于形成之诉，②故起诉之原告应为享有形成权之人。股东在此行使的形成权应理解为其通过要求撤销决

---

① 黄茂荣：《法学方法与现代民法》，法律出版社2007年版，第342页。

② 吴建斌：《最新日本公司法》，中国人民大学出版社2003年版，第144页。

议的单方法律行为,来解除决议对其的约束,这种法定解除权必定是法律规定的特定的事实为前提条件,[①]《公司法》第22条第2款仅规定决议召集程序、表决方式违法违章,内容违反章程,股东可申请撤销,若上述撤销事由是该股东引发或参与形成,其是否还能行使撤销权,法律没有明确。但形成权既是赋予权利人一种单方的形成权利,一经作出形成权对方的法律地位就被改变,那产生形成权的"事实"就须具有合理性,[②]权利人之前同意该决议,事后又行使形成权要求撤销该决议,有悖诚信不具合理性,不应允许其行使形成权。

当然这里的合理性应考虑股东作出同意决定时的情境,若是股东表决时已经了解或应当了解到会议在程序上与决议事项内容上的缺陷时,仍支持决议通过时,不能提起撤销之诉。在举证责任上,此属于主张撤销决议的权利发生要件,应由该主张股东承担证明责任,德国公司法上采此观点,[③]可资借鉴。

3. 应否设立决议效力确认之诉

学界和实务界的主要观点都支持提起决议确认之诉,[④]理由是依确认之诉的基本法理出发,结合此类纠纷解决不确定法律关系之功能,故确定股东作为原告具备诉的利益。然而股东会确认之诉可区分为确认"已通过的决议"有效,以及确认"未通过的决议"有效。对于前一种类型,若不考虑诉的利益的准确地位与是否被给付之诉吸收问题外,[⑤]通说的观点和理由还具有一定的合理性;对于后一种类型,上述理由都是存疑的。

(1)受理确认"未通过的决议"有效之诉的合理性存疑

首先,既然是决议"未通过",就是决议本身不存在,没有确认有效的客体,又哪里来的确认"未通过的决议"有效之诉呢?其次,此类诉讼必然要求司法介入公司治理领域,特别某些决议涉及实质合理性的判断,这需要裁判者替代

---

① [德]卡尔·拉伦茨:《德国民法通论》(上),王晓晔等译,法律出版社2002年版,第291页。

② [德]迪特尔·梅迪库斯:《德国民法总论》,邵建东译,法律出版社2001年版,第75页。

③ [德]托马斯·莱塞尔等:《德国资合公司法》,高旭军等译,法律出版社2005年版,第589页。

④ 范黎红:《股东请求确认股东会决议有效并非一律不具有诉的利益》,载《法学》2008年;卢颖:《公司股东可提起确认股东会决议有效之诉》,载《人民司法》2014年第22期。

⑤ 乔勇:《确认股东会决议有效之诉研究》,载《江苏警官学院学报》2010年7月。

股东进行商业判断，这本身就与公司意思自治相悖，也不具权利行使的正当性。[①] 最后，即便决议此类诉讼进行审理，逻辑上的问题也会导致审理不具可行性。例如，就某一提案股东（大）会表决未通过，是否就可得出若是不存在某一错误事由，该提案就应获得通过的结论呢？建议稿可能参考了德国最高法院的判例得出了肯定结论，[②]笔者持有异议的理由很简单，原告提及的错误事由即便属于否定决议的理由，并不能得出该提案就可获得通过的结论。支持确认之诉的背后是反对解释的逻辑，由 M 可以得出 P，则非 P 可以反推出非 M，但前提是"M"的内容是要周密的，如"提案未通过具有唯一的错误事由"，实践中提案未通过原因是多样性的，并非原告诉请理由能全部涵盖的，要么提案否定采取了定义方式，要么提案否定的理由被全部罗列，如果未通过的理由不具封闭性，就不能得出反对解释。[③] 在此情况下，裁判者很难直接确认该提案系有效决议，从结果来看建议稿赋予股东此类诉权的目的就大打折扣了，还不如不规定。

以往研究都从诉的利益来把握决议确认之诉的必要性，对上述问题关注不够，换了个视角，建议稿承认决议效力确认之诉的合理性就更值得商榷了。

（2）宜规定决议确认之诉的提起期限

如果建议稿是认可有决议确认之诉的，笔者也提议就提起期间应规定"决议作出之日起六十日内，请求人民法院确认"。理由在于，若视确认决议有效之诉有提起之必要，都因源于决议效力存在争议导致原告权利或法律地位处于不安或危险之中，为摆脱此种不确定之情况，故通过诉讼来确定该决议之效力。就此点而言，它与决议撤销之诉相类似都是改变现有法律关系的不确定状态。前者是有效的不确定；后者是无效的不确定。只有在法院判决之后此种悬而未决的状态才得以确定，同类事务应做相同处理，故规定一定除斥期间具有正当性。

---

① 俞巍：《法院不能受理股东请求确认股东会决议有效的诉讼？》，载《人民司法》2008 年第 18 期。

② [德]托马斯·莱塞尔：《德国资合公司法》，高旭军等译，法律出版社 2005 年版，第 281 页。

③ 梁慧星：《裁判的方法》，法律出版社 2003 年版，第 170～171 页。

4. 建议增加的内容

建议稿就决议纠纷案件进行了较为细致的规定,而结合此类诉讼的审判实践还有以下问题应予规定,有效地弥补决议制度中的漏洞,减少建议稿施行后的法律适用可能产生的问题。

(1)宜扩大《公司法》第22条"起诉担保"的适用范围

目前建议稿中公司股东、董事、监事、高管、债务人、职工,以及第1条"等"中的主体都可提起决议效力瑕疵纠纷,以其中股东为例,建议稿并无持股比例、时间(撤销决议之诉的规定可被轻易规避)限制,这不可避免股东投机性的滥用该项制度,以时间换利益,迫使公司与其和解获益,这在有限责任公司、股份公司都可能出现,职业讼棍在股东(大)会公告后投机性购入,寻找理由提起诉讼,此情况在德国已经出现。①

《公司法》第22条第3款规定,法院应公司请求可要求股东提供担保,不失为防止滥诉与案件激增之有效措施,但该款系针对前款规定的决议撤销之诉的,故规定提供担保的主体是股东,范围明确。建议稿未扩大其适用范围,故其他决议瑕疵纠纷中并无适用的依据。考虑到建议稿扩大决议效力瑕疵的可诉性,可能导致的滥诉情况,宜将《公司法》第22条关于"起诉担保"的规定从决议撤销之诉扩大至其他股东效力瑕疵纠纷。

(2)宜结合《民事诉讼法》相关规定明确建议稿第10条的具体适用

需要注意的是,建议稿第10条的行为保全指向的是决议实施将导致结果不能逆转或者当事人合法权益的损失难以弥补的,原告为保障胜诉后诉讼目的可实现性,可申请禁止该决议实施,并根据对方申请或法院命令来提供担保。

但是决议并不直接涉及金钱数额,担保数额如何确定?法院对保全把握不严如何规制?这需要从制度设计和司法实践两个层面予以关注,特别是前者,针对大型股份公司与小型责任公司的决议瑕疵纠纷提起诉讼是否应予区别,原告范围、股东持股比例时间如何确定,这多与制度设计有关,须在建议稿的修订中予以重视,以免让恶意之人利用制度损害公司制度。另外,第10条

① 丁勇:《德国公司瑕疵诉讼滥用问题研究及启示》,载《比较法研究》2013年第4期。

仅强调决议实施结果的不可恢复性要件，而行为保全毕竟是在判决结束前给予原告的临时性的权利救济，这就必须联系《民事诉讼法》第100条行为保全、第105条保全错误时赔偿责任的规定作出考量，《民事诉讼法》的规定除了原告应当对其保全申请符合享有对对方的请求权且会因情况改变无法实现两项因素外，还隐含就该请求权成立的可靠性因素，法院就此综合衡量后才能确定是否保全。但第10条只是规定了"不可恢复性"的因素，容易在实施过程中让裁判者认为此系唯一性要件，是《公司法》就行为保全的特殊的、限缩性调整，导致行为保全门槛降低，进而激励股东增加"试法"的尝试，[①]那么，决议效力瑕疵泛滥指日可待，与建议稿的制定目的就背道而驰了。

（3）宜增加"法院裁量驳回"制度

通过因果考量在防止滥诉同时，维持决议的稳定性，这是团体利益的需要。所谓因果考量是指程序错误不足以影响表决结果，就可忽略不计，[②]如股东的表决行为不影响表决结果，因表决方式或召集程序导致其投票行为上的瑕疵就不导致决议效力瑕疵。《日本公司法》第831条第2款规定，公司股东大会等召集程序或者决议方式违反法律或公司章程，法院如果认定事实不重大，且没对决议带来影响时，可驳回撤销决议的诉请。[③] 就此可在股东利益没有受到实际损害的情况下，防止滥诉，维持决议。此种规定值得借鉴，故建议予以增设。

（4）宜增加"法院判决决议撤销、无效、不存在、未有效形成的，不能消除与该决议有关的对外公示效力"的规定

与决议有关的公司交易行为，本身具有独立性，其效力不属本节考察对象。这里建议增加之内容仅涉及就决议向外公示之情形，决议与公示之内容具有一致性，在此笔者表述两层意思：第一层次是明确决议作为有限责任公司中调整控制与非控股股东利益冲突的途径，其是公司内部意思形成制度，并不具有对外效力。要强调的是决议有对内对外效力之说有不规范之处，决议本

① 丁勇：《德国公司瑕疵诉讼滥用问题研究及启示》，载《比较法研究》2013年第4期。

② ［德］迪特尔·梅迪库斯：《德国民法总论》，邵建东译，法律出版社2001年版，第843页。

③ 《最新日本公司法》，于敏等译，法律出版社2006年版，第450页。

身只具有对内效力,没有对外效力,[①]相关决议内容由公司登记后产生对外效力同时,公示该决议为公司行为,两者即便内容具有同一性,但该行为与决议本身是并存的。因此,法院对决议的否定也不必然消灭已对外公示的决议内容。第二层次更应关注的是变更公司结构,如资本的变更等决议。诚如上言决议内容经过工商部门登记的,产生了相对独立的对外公示行为,即便不认可此观点,从对公司利害关系人的利益平衡角度而言,此类决议可能涉及不同公司相关利害关系人之间,以及它们与公司利益之间的平衡,应关注到已执行的涉及公司重大结构变更的决议,除非严重损害了原告根本利益,否则已执行的决议的外部性(公示效力)事关公司整体利益,已超越了股东个体利益,这就必须承认登记产生的结构性法律效力,这也影响到能否轻易否定决议效力的问题。决议效力瑕疵具体处理时应与"法院裁量驳回"制度相衔接,特别是公司已经进行了增资,法院就不应无视增资对公司债权人的影响,简单否定增资决议效力。将资金退回投资者是无法想象的,这就有必要在相关规定中打开"口子"。《德国变更法》第 20 条第 2 款、第 125 条、第 176 条等就规定"有缺陷的决议不能消除登记的效力",[②]这时原告(股东)提起损害赔偿之诉或许是一个更好的救济途径。

另外,建议稿第 3 条规定"他人在一审辩论结束前以原告相同的诉请申请参加诉讼……应列为共同原告",表明了决议效力瑕疵纠纷类似必要共同诉讼。而且,决议效力瑕疵纠纷是要确认或否定决议效力,判决指向的是产生公司意志的决议,而公司意志当然对其他股东、董事、监事也有约束力,此为既判力主观范围的扩张。

(四)对优先购买权部分的评析

优先购买权也是建议稿关注的另一个重点。前面已提及公司制度对于控股与非控股股东利益冲突的调整是具有层次性的,信息权(知情权)是股东的基本权利,了解后才能有效率地参与股东会表决,才能要求公司适时适度分红。知情权、表决权是股东基于公司团体性的当然权利,分红权源于公司资合

① 叶林:《试论商业登记的法律性质》,载《中国工商管理研究》2011 年 11 月。

② [德]托马斯·莱塞尔:《德国资合公司法》,高旭军等译,法律出版社 2005 年版,第 281 页。

性的必然产出，当公司其他成员控制公司来损害公司整体利益时，也就间接地损害了股东的上述权益，股东当然可通过直接诉讼和代表诉讼来寻求救济。为此建议稿就股东权益保护的知情权、决议效力瑕疵、利润分配、董事和高管实际控制人损害公司利益等问题，立足于《公司法》相关决定，进行了更细化的规定。然而，若是诸多规定下股东权利仍然未获保障，为什么非控股股东不能自由转让股份逃离公司呢？为什么建议稿既规定股东向外转让时的通知义务，又规定其他股东可利用优先购买权来主张股权转让合同无效，限制股东摆脱“压迫”呢？

在该部分规定中，我们可以看到对优先购买权的保护，也能发现对非控股股东转让自由的尊重，建议稿试图在两者之间构建平衡。但在具体内容上还应更关注联系相关利害关系的“公司”这个媒介，借助公司来探讨股权转让和有些购买权，更能兼顾控股股东与非控股股东的利益，而对《公司法》第71条的规定进行有层次感的解读应为恰当的切入点。

1.《公司法》第71条的立法逻辑是理解优先购买权的出发点

《公司法》第71条作为重点条款，它试图通过股东同意权、优先购买权来协调有限责任公司人合性和资合性，希望实现股权自由转让与股东同质性的兼顾，目的具有复合性，结构具有复杂性，规制手段也应体现了层次性。

在股东异质前提下，《公司法》第71条关注公司的整体利益，重视出让股东与其他股东利益之间的平衡，体现了股权转让自由与优先购买权人意愿保障的兼顾，[①]分别设定了出让股东的定价权和出让权，其他股东的同意权和优先购买权。

股东是将公司作为其生存与发展的主要途径，股权首先源于对相互信任合作关系的认同，其次才是投资问题，这在现时资本认缴制下尤其如此。进言之，股份转让限制在相对封闭的有限责任公司中就相当于合伙中对人的选择的问题。[②] 为此，《公司法》第71条才通过敦促股权对外转让遵守一定的条件

① 杜军：《公司法第72条蕴含的商业逻辑及其展开》，载《人民司法》2013年第11期。

② Robert Hamilton & Richard Freer, The Law of Corporations in a Nutshell, (West, 2010), p. 112.

与程序,以维护有限责任公司股东间的信任与合作。同时,股份自由转让是股东的天然权利,可限制但不能禁止,建议稿第29条更是明确该主旨赋予股东否定“实质禁止股份转让”章程条款效力的权利。

《公司法》第71条明确了优先购买权,同时对同意权进行弱化。[①] 前者表现在赋予出让股东有限度定价权后,又限制其对象选择权;后者表现在第71条第2款规定的附条件的同意权中,“不同意的股东应购买转让的股权”,其他股东要么同意股权出让,要么自己购买。这样一来,在股东支配转让价格的基础上,向谁转让都不影响其利益,由此实现了人合性与出让股东权益之间很美妙的平衡。建议稿第24条、第25条就优先购买权之同等条件、书面通知、行使时间三个方面,运用列举的立法技术进行了细化;第22条从“同等条件”字义出发,结合第72条、第75条,规定优先购买权应排除“非购买”、“股东内部转让”背景下的适用,限定优先购买权的行使范围。源于实践,考量细致,属锦上添花之作。

2. 建议稿第25条宜规定两次通知

建议稿涉及优先购买权中的出让股东通知义务的规定,与《公司法》的相关规定存在一定冲突,值得商榷。

《公司法》第71条第2款、第3款分别规定了同意(转让)权、优先购买权两种权利,兼具了我国台湾地区“公司法”第111条与《澳门商法典》原第367条第1款[②]的内容,目的是通过公司内部定价和市场定价两次询价,实现出让股东股权自由转让和通过其他股东保障公司人合性的“双赢”。依据第71条第2款出让股东向外转让时要征询其他股东的意见,该行为就是为双方提供了协商转让的机会,可视为内部定价阶段,在内部信息对称的情况下磋商,《公司法》更倾向于股东之间通过磋商获得较为公平的转让价。若是没有形成内部定价合意,无论其他股东同意还是不同意转让都进入了市场定价阶段,其他股东此时丧失参与定价机会,出让股东通过市场博弈制定转让价,而其他股东

① 不同于《韩国商法典》第556条、《法国商事公司法》第45条第2款规定的强同意权,定价权与对象选择权均不属于出让股东。

② 公司对股东之生前移转享有优先权;公司不行使该权,各股东根据其股指比例对该移转享有优先权,但章程另有规定的除外。

只能选择接受或不接受。接受就行使优先购买权,优先于第三人受让股权。不接收就由第三人受让股份。如此,在保障内部股东序位为先的定价权基础上,也保证出让股东以公平的市场价格退出公司的权利。概言之,该条款强调公司人合性以及对其他股东"转让同意"与"买受意愿"两个前后层次的保护,对应的制度安排上也让出让股东有先后两次通知(股权转让事项通知;同类条件通知)义务。

但从建议稿第 25 条规定通知与法律后果之间关系的表述来看,第 1 款前半句提及的"书面通知"与第 2 款其他股东"视为同意并放弃优先购买权"对立,后半句是关于在确定的行使期间内表示购买意愿的意思表述,也是针对主张优先购买权而言的,这是将不同事项的两次通知合并为一次通知,导致同意权实质上被空心化,改变了同意权与优先购买权并存的格局,两层保护被单层化,与现行法的制度安排相悖。

再从建议稿第 25 条关于通知内容的规定来看,其注重通知内容的明确化、具体化,除了没有违约责任、解决争议的方法外,囊括了《合同法》第 12 条就合同条款的所有内容。只能认为是出让股东经过市场询价,已经与公司外第三人确定了交易的主要内容,这时其他股东只能接受或不接受业已确定了的价格,也即《公司法》仅保留其购买资格,而完全剥夺了其定价权。就此而言,对公司人合性的保护程度实质上是减弱了,如何取舍还有待建议稿的最后确定。

3. 建议稿第 27 条规定损害优先购买权的股权转让合同无效值得探讨

第 27 条将优先购买权与股权转让合同的效力做一体化处理,也有可待商榷之处。有观点提出,《公司法》第 71 条目的在于通过转让程序的限制来维系有限责任公司的人合性,但该限制属于内部限制,产生公司内部的约束力。若是股东与公司外第三人之间的股权转让,仅在它们之间发生法律约束力,属于非公司关系与公司无关。① 笔者对此持同意态度,如果股权转让不符合《公司法》第 71 条的规定,对公司不发生效力,公司不确认其股东资格也就保障了人合性,已经实现了《公司法》第 71 条的规范目的。若是否定股权转让协议的效

① 徐强胜:《股权转让限制规定的效力》,载《环球法律评论》2015 年第 1 期。

力就过犹不及了。

(1)从制度安排与体系解释的角度均不宜轻易认定股权转让合同无效

在制度安排的合理性方面。其他股东可能主张优先购买权,此为他的法定权利,如果股权转让过程中出让股东没有履行第71条第2款、第3款的规定的程序,法院就应支持其同等条件下的优先购买权。这在处分行为层面产生股权转让不能的后果,受让人不能获得股东资格,保障了公司的人合性。既然在该条款保障公司人合性与其他股东受让意愿目的已经实现,不应再产生阻却股东与公司之外第三人股权转让合同的效力的后果,以免产生过多的负面制度成本。

从体系解释角度也能得到相同认识。这涉及对我国股权变动模式中的一个重大问题,即股权转让是否适用区分原则。不能否认股权转让是对股权的实质变动,属于处分行为,其构成上应区别于其背后的原因关系。换言之,股权转让行为也应区别且独立于产生股权转让义务的原因关系"股权转让合同",《物权法》第15条规定的区分原则在股权转让过程中同样适用。在两层行为结构下,合同产生出让股东负担股权转让行为的义务,而真正产生股权转让效力的,是作为处分行为的股权转让行为,即履行股权转让合同义务之行为。且依据区分原则股权转让合同只导致了设定的股权转让负担,而不能发生"损害合同外其他股东优先购买权"的法律后果。既然合同本身就不能损害优先购买权,建议稿提及的其他股东主张"损害股权转让合同无效"的基础也就没有了。那么在该合同不存在其他无效事由情况下,不宜轻易否定该合同的效力。

(2)从条文解释角度应区分情况确定效力状态

建议稿第27条第1款第1项规定"未履行公司法和司法解释规定的程序订立股权转让合同"无效,可能有两个立法逻辑:

其一,视《公司法》第71条第3款为效力性强制性规范,那么再依据《合同法》第52条第5项,就应得出股权转让合同无效的结论。但是最高人民法院《关于适用〈中华人民共和国合同法〉若干问题的解释(二)》第14条第5项规定的"强制性规定"是指效力性强制性规定,则该71条第3款定性为效力性的强制性规范是存疑的。因为该条第四款表述了“公司章程对股权转让另有规定的，从其规定”，既然可通过章程排除适用，法律没有将其评价为任何地点任何方式都为无效的行为，禁止的仅是履行行为“损害优先购买权的股权变动”，那项规定就不属于效力性强制规范。[①] 也就不能得出股权转让合同无效的结论。

其二，视《公司法》第71条第3款为股权转让的条件。就股权转让合同而言，若告知优先购买权相关事宜是应当履行的法定形式要件，未具备该要件则合同未生效。若视为属于股权转让合同的生效条件，未具备该要件也是产生不生效的法律后果，这与无效还是存在差异的。若继续思考的话，首先，无论是要式还是条件，其针对的到底是股权转让合同还是股权转让行为并不确定，但从规范目的上来说，笔者更倾向于股权转让行为，即使产生的是处分行为无效的后果，也并不一定影响合同的效力。其次，按照现代思维模式，就要式行为而言，形式仅构成相对独立于“形式的法律行为”的表征，作为条件而言，它也是源于外部；[②]由此两者都应是非基于法律行为本身，具有“附加的、额外性的”特征。而“优先购买权”本来就与股权转让合同通过“同等条件”无缝结合，优先购买权是否行使是与股权转让互为因果，不符合要式、条件的附加额外性特征。最后，不具有形式要件，或者生效条件不具备，产生的未生效的法律后果并非能与无效画等号。最后，形式或条件都是为达到目的的手段，作为手段的形式不再由行为来决定，而是由形式所追求的目的所决定的。[③] 而无论是形式要件还是条件，其目的都在于保证排除第三人称为股东维持公司的人合性，而否定股权转让合同的效力。

再从第27条第1款第2项、第3项确定的股权转让合同无效的事由来看。该条款是指转让股东利用虚假的转让合同欺骗其他股东放弃优先购买权，其依据是《合同法》第52条第2项“恶意串通，损害国家、集体或者第三人利益”

① 王秩：《民法典的规范配置》，载《阳台大学学报》2005年第7期。

② [德]维纳尔·弗卢梅：《法律行为论》，迟颖译，法律出版社2013年版，第286页、第812页。

③ [德]维纳尔·弗卢梅：《法律行为论》，迟颖译，法律出版社2013年版，第286页。

的规定,实质是虚伪意思表示,[1]即合同双方通谋实施的、没有真实意思的意思表示。[2] 虚伪的意思表示因其具有虚伪性而无效,被掩盖的法律行为要根据是否符合相关法律规定来判断其效力。表面行为所指向的法律效果非当事人所欲求,且若为有效属于效力强加,与私法自治相悖,故无效。[3] 但这里若在股权转让之后,受让人再向善意第三人转让,此时基于信赖外观的法理,就不能以表面行为的无效来对抗善意第三人,[4]表面的股权转让合同的无效就并不是绝对无效。至于隐藏合同,即反映真实对价的股权转让合同,其效力仍应依据通常规定确定,[5]这又涉及之前的建议稿第 27 条第 1 款第 1 项未履行相应程序的问题,也应作出同样无效之判断。

在此,从第 2 项、第 3 项"……有下列损害其他股东优先购买权的情形之一,其他股东请求确认转让合同无效的……"的表述来看,无效认定指向的应为表面的股权转让合同,转让人与受让人之间的合同应为无效,从法律秩序的法律评价上看,将上述两项指向之恶意串通转让进行无效之法律评价是具正当性的。但是否对应善意的再受让人也无效是存疑的。

立足于文义介绍,可得出的中间结论是:从最低限度上,笔者同意建议稿第 27 条第 2 项、第 3 项之规定,但对该款第 1 项的规定持保留态度。

(3)从充分保障受让人(第三人)利益出发也不宜得出无效的结论

股权转让协议违反《公司法》第 71 条是导致合同无效,还是仅造成不能履行的后果,对受让人意义重大。前者,受让人可获得的是缔约过失责任制度的保障;后者,受让人可依据股权转让合同要求出让股东承担违约责任。通常情况下,后者保障更为充分。

当然,转让股东对受让人的责任,考虑到买受人通常情况下应当是知悉权

---

① 朱庆育教授对通谋虚伪行为与恶意串通两者的细微区分进行了论述,详见朱庆育:《民法总论》,北京大学出版社 2013 年版,第 256 页~257 页,但本文不做区分,一并把握。

② [日]山本敬三:《民法讲义》,解亘译,北京大学出版社 2012 年版,第 120 页。

③ 朱庆育:《民法总论》,北京大学出版社 2013 年版,第 256 页。笔者认为即无合意应做未生效解。

④ [日]近江幸治:《民法讲义》,渠涛等译,北京大学出版社 2015 年版,第 174 页。

⑤ 朱庆育:《民法总论》,北京大学出版社 2013 年版,第 256 页。

利瑕疵的。[①] 而且若足够谨慎，出让股东也会约定相应生效条款来排除违约责任。不过，若是出让股东保证能够消除该优先购买权的，则另当别论。在此情况下虽然处分行为上的股权转让不符合《公司法》第71条规定，但不妨碍受让人从显名与隐名股东的角度，依据最高人民法院《关于适用〈中华人民共和国公司法〉若干问题的规定（三）》（以下简称《〈公司法〉司法解释（三）》）第21条、第24条第3款的规定，通过诉讼要求确认受让股份的行为对公司和其他股东生效，[②]这时不排除其他过半数股东同意承认其股东资格的可能，实质上又给予受让人另一条救济路径。

根据以上分析，其他股东可行使优先购买权阻止受让人获得股东资格，来保护有限责任公司的人合性。受让人可从有效的股权转让合同中获得更充分的权利保护，因此建议稿第27条不宜否定股权转让合同的效力。

4. 从形成权的角度不宜规定放弃股权转让导致优先购买权消灭

建议稿第26条规定，除出让股东与其他股东[③]已达成转让协议或章程另有规定外，出让股东放弃转让，其他股东的优先购买权主张就不予支持了。但从优先购买权形成权的属性出发，不宜得出此结论。

（1）体系解释上优先购买权应属形成权而非请求权

第26条明显采取了请求权说，即当优先购买权人向出让股东发出类似订立购买合同的意思表示，对方承诺时，股权转让始告成立。但该说不具妥当性，即便认为《公司法》第71条已规定，其他股东行使优先购买权的，出让股东就有强制缔约义务，这时出让股东与其他股东的股权转让协议的内容，是之前出让股东与公司外第三人所订合同的翻版。但请求权说仍不能否认就具体履行细节上双方还有谈判的义务，在出让股东被强制缔约的背景下，它必然会拖延合同成立的时间，徒增缔约过程的成本。那么还不如直接采用形成权说，经

---

① ［德］鲍尔、斯蒂尔纳：《德国物权法》（上册），张双根译，法律出版社2004年版，第465～470页。

② 最高人民法院民事审判第二庭：《公司法司法解释三理解与适用》，人民法院出版社2010年版，第414页。

③ 建议稿第26条"……其他股东主张优先购买权的，对其他股东的主张不予支持，但是双方已经达成股权转让协议或者公司章程另有规定的除外。"此处"双方"笔者理解为出让股东与其他股东，但有不同意见。

济、便捷、高效。[①] 更实质的是法律规定的优先购买权就包含了强制缔约的内容,本身就是给予对方一个相应的约束,即其属于必须允许这种形成权来中断原有的法律关系的[②]形成权。为此,笔者更倾向于"形成权说",德国通说也持此观点,并特别强调先买权是一种形成权,权利人通过单方意思表示而在自己与形成权的相对人之间形成买卖合同,此项权利是以相对人向第三人出卖为前提条件。[③]

即便是采纳请求权说,建议稿第 26 条、第 27 条相关内容的内在矛盾也印证了请求说的不妥当性。第 26 条规定了股东不转让会导致其他股东的优先购买权主张不能获得支持,在请求权的立场上,转让股东的通知就应当是要约邀请,而非要约。如果是要约的话,其他股东优先购买权的主张就是作出承诺,按照《合同法》第 25 条规定,股权转让在承诺(优先购买权主张)到达对方时合同生效,这就构成第 26 条后半句"双方已经达成股权转让协议"的情形,则"放弃转让就不支持优先购买权"的情况根本就不可能存在了,如此规定不是多此一举吗?而建议稿第 27 条第 2 款又规定股权转让合同被确定无效后,其他股东同时请求按实际交易条件购买的应予支持,这时法院支持优先购买权人与转让股东之间股权转让合同此时更像是强制缔约,即便如此,出让股东向其他股东就交易条件的告知也可视为要约,其他股东优先购买权的主张则是承诺。那么建议稿第 26 条、第 27 条对于"主张优先购买权"到底是要约还是承诺,规定上产生了不一致。而从建议稿第 25 条第 1 款的内容分析,该款明确出让股东的书面通知内容要具体到"受让人的姓名或名称、转让股权的类型、数量、价格、履行期限及方式等",完全符合要约必须包含合同的所有对于法律行为来说典型的基本要素[④]的要求了,在意思层面上出让股东本身就没有谈判请求的意思,在技术层面上也不是有待进一步确定的内容,它只能是要约而不可能是要约邀请,也是与第 26 条对股东通知系"要约邀请"的定性不一致的。

---

① 赵旭东:《股东优先购买权的性质和效力》,载《当代法学》2013 年第 5 期。

② [德]卡尔·拉伦茨:《德国民法通论》(上),王晓晔等译,法律出版社 2002 年版,第 290 页。

③ [德]迪特尔·梅迪库斯:《德国债法分论》,杜景林等译,法律出版社 2007 年版,第 128 页。

④ [德]施瓦布:《民法导论》,郑冲译,法律出版社 2006 年版,第 382 页。

另需关注的是，最高人民法院《关于适用〈中华人民共和国物权法〉若干问题的解释（一）》第12条针对按份共有人优先购买权裁判保护的规定中，也采取了形成权说。[1] 而且建议稿第25条初步明确了优先购买权的行使期限为通知载明期间，未载明为通知送达之日起30日。在该条第2款中还规定"没有在前款规定的行使期间内主张优先购买权的……视为同意转让并放弃优先购买权"，这里的期间应视为除斥期间。那么，既然最高人民法院对类似权利在其他司法解释中定性为优先购买权，而建议稿第25条又为优先购买权规定了对应于形成权的"除斥期间"。从请求权出发的第26条的规定就更有商榷的余地了。

上述体系上的矛盾由采纳请求权说引发，也不能自行治愈。我国学界将优先购买权归为请求权，其源头系我国台湾地区的早期的相关判决。[2] 之后王泽鉴教授就认为，"优先购买权说无论法定或约定，论其性质，系属形成权"，并成为通说。[3] 那么其他股东可依自己单方意思形成与第三人同等条件为内容的合同，但该形成权是附停止条件的，该股东出让股权给第三人时，才得以行使优先购买权，按法律规定进行强制缔约，完全可以避免请求权说产生的体系矛盾。

（2）优先购买权的物权性也证明了其形成权属性

再延伸思考的话，公司法上的优先购买权是物权性还是债权性的，也值得探讨。虽然前者在德国法上是针对土地而成立的，[4]而公司法上优先购买权的义务人是出让股东，并导致第三人与出让股东间股权转让不能，它也针对第三人产生效力。虽然德国法上此类权利更关注于长期租赁与相邻关系中，但基于《公司法》第71条的法定，并结合作为权利人的股东在公开的工商登记中均可查阅，相当于进行了权利的预告登记，符合法定合意与登记两个要素，[5]可视

---

① 杜万华：《最高人民法院物权法司法解释（一）理解与适用》，人民法院出版社2016年版，第313页。

② 转引自王泽鉴：《民法学说与判例研究》（第1册），北京大学出版社2009年版，第315页。

③ 王泽鉴：《民法学说与判例研究》（第1册），北京大学出版社2009年版，第315～316页。

④ ［德］鲍尔、斯蒂尔纳：《德国物权法》（上册），张双根译，法律出版社2004年版，第464页。

⑤ ［德］迪特尔·梅迪库斯：《德国债法分论》，杜景林等译，法律出版社2007年版，第131～132页。

为通过“预告登记的相同效力”,[①]实现了物权化的优先购买权在公司法上构建。[②]

负担有优先购买权的股权,其他股东一旦单方面做出“形成表示”,就和出让股东订立了股权转让合同,[③]即使没有书面形式,合同是“直接复制”了“同等条件”下的权利义务,它是依据法律规定而直接产生。从表示的结果上看,它与优先购买权的主张直接排挤了与第三人之间的转让交易,[④]这里“物权性”内生的形成权,作为股权的内生权能而存在,合同是当然形成的,不需要请求权所要求的对方,包括出让股东、受让人为或不为一定行为。且依据《合同法》第 110 条的规定,优先购买权当然可以主张强制履行。建议稿第 26 条出让股东放弃转让就不能行使优先购买权的情况也就不可能发生,避免了出让股东出尔反尔的有违诚信行为发生。

5. 其他股东否定股权转让效力的行为宜与优先购买权主张一并行使

之前对损害优先购买权的股权转让合同不宜一概认定为无效已有论述。即便就该合同做无效处理,笔者也认为其他股东“否定股权转让合同的效力”与“行使优先购买权”应一并提出。

从《公司法》第 71 条的文义解释来看,第 2 款体现的是要么同意要么自买的逻辑结构,第 3 款也采取了要么行使同意对外转让要么优先购买的模式,在赋予其他股东通过购买权来保障公司人合性之际,也附加了购买义务来平衡股东股权转让的自由与公司的人合性,此处的股权转让自由是指“以合理价格”转让股权的自由。因此,虽然《公司法》第 71 条第 3 款采取的“同等条件下,其他股东有优先购买权”表述来看,其他股东看似有选择是否购买的权利,但落实到具体权利行使上,其他股东就是在出让股东与第三人确定的价格基础上,要么自买,要么不购买而使公司外第三人成为新股东,这是必须择一的

① [德]沃尔沃:《物权法》,吴越等译,法律出版社 2004 年版,第 217~218 页。

② 《澳门民法典》第 414 条总括性地规定了以特定基础关系(如共有、承租、合伙、承典、有限责任公司股东等关系)的存在为前提,或者出于保护特殊利益团体(如在政策性优先购买权之情形)之考虑。

③ [德]沃尔沃:《物权法》,吴越等译,法律出版社 2004 年版,第 217 页。

④ [德]迪特尔·梅迪库斯:《德国债法分论》,杜景林等译,法律出版社 2007 年版,第 131 页。

选择。

然而建议稿第27条第2款规定"转让合同认定无效后,其他股东同时请求按照实际交易条件购买该股权的,应予支持",其他股东否定合同效力的同时,可主张也可不主张优先购买权。这与《公司法》第71条兼顾公司人合性与股权自由转让的精神有悖。优先购买权与主张同公司外第三人股权转让合同无效(存疑!)是一体两面,必须同时主张。

如果法院依据其他股东的主张,认定出让股东与第三人的股权转让无效,但其又不主张优先购买权,出让股东转让股权的自由就得不到保障,这样《公司法》第71条在保持公司人合性与转让自由的协调上就失衡了。更有甚者,若是其他股东恶意为之,出让股东只能困于围城之中,坐视自己权益受损,这更是有违公正的。

或有观点提出,最高人民法院《关于适用〈中华人民共和国物权法〉若干问题的解释(一)》第12条第1款明确按份共有人行使优先购买权的应予支持,而第2款第2项又规定"以优先购买权受到侵害为由,仅要求撤销共有份额转让合同或者认定该合同无效"的,不予支持,由此也可得出否定合同效力与行使优先购买权应具有一致性的结论。从同一概念规定内容的一致性维持来看。若放眼于整个民商法律体系,作为概念法学,同样是对优先购买权的规整,其彼此的事理上应当是相互一致。[①] 上述理由也具有一定的合理性。但须注意的是,该观点对最高人民法院《关于适用〈中华人民共和国物权法〉若干问题的解释(一)》第12条的理解存在偏差,该款之所以"不予支持:……以优先购买权受到侵害为由,仅请求撤销合同……或者认定合同无效",原因在于制定者认为"合同效力不受优先购买权的影响",那当然就不能支持撤销合同、合同无效的主张了。[②] 该解释第12条是立足于否定优先购买权对合同效力的影响,没有要求优先购买权与否定合同效力一并提出的意思。

---

① [德]卡尔·拉伦茨:《法学方法论》,陈爱娥译,商务印书馆2003年版,第220页。

② 杜万华:《最高人民法院物权法司法解释(一)理解与适用》,人民法院出版社2016年版,第321页。

6. 涉及优先购买权的股权转让合同中是否存在善意取得

最高人民法院《关于适用〈中华人民共和国公司法〉若干问题的规定(三)》第25条、第27条规定了股权善意取得制度后,学界和实务界争议不断。学界多持反对意见,重要理由之一就是"股权变动除工商变更登记外,还依赖第三方即公司行为",[①]即受让人的善意信赖不仅包括股权工商登记的外观,还涉及其他股东同意与优先购买权的放弃。有学者认为,其他股东同意与优先购买权的放弃,《公司法》第71条明确规定,第三人(受让人)应当知晓,在其他股东未同意与放弃情形下,难言受让人取得股权符合善意要件。[②] 这无论是股权一次转让,还是同一股权先后多次转让都是存在的。

(1)现行《公司法》、《物权法》结构下应承认股权善意取得的一般规则

最高人民法院《关于适用〈中华人民共和国公司法〉若干问题的规定(三)》第7条、第25条、第28条均涉及了《物权法》第106条善意取得的内容:第7条是关于出资人以不享有处分权的财产出资,出资行为效力的归属问题,不涉及股权转让;第25条名义股东未经实际出资人同意处分股权,而名义股东是公司法律上的股东,系有权处分,也不构成无权处分背景下善意取得;仅有第28条是关于"一股二处分",后一处分系对处分前一次处分受让人之权利,故有根据后一处分之具体情况来判断善意取得之有无。该解释第28条就此在现行法的框架内确立股权的善意取得制度[③]虽然该条款仅规定了"已经转让股权的股东无权处分导致善意取得"的具体形态,[④]再考虑到《公司法》第32条第3款关于股权登记产生对抗第三人效力,其因"登记公示"产生的"公信"效果,并不比"动产"因占有形成的公信逊色。但据此将上述条款类推适用,即可产生股权善意确定的一般规则。[⑤] 当然要成立一般规则就要符合合理价格

① 王涌:《股权如何善意取得》,载《暨南学报》2012年第12期;陈思维:《从物权行为理论看股东权利变动中的善意取得》,载《知识经济》2014年第20期。

② 朱晓娟:《论中国有限公司股权善意取得的一般结构》,载《北京航空航天大学学报》2013年9月。

③ 张双根:《德国法上的股权善意取得制度之评述》,载《环球法律评论》2014年第2期。

④ 万中扬:《股权善意取得的特殊性》,载《法制与社会》2014年第3期(下)。

⑤ 最高人民法院民事审判第二庭:《公司案件审判指导》,法律出版社2014年版,第310~311页。

转让、完成登记、受让人善意三个要件。有观点认为,商事关系相较于民法更强调权利外观责任,故第三人股权取得的合理性源于权利外观的信赖。① 虽然权利外观责任更注重利益平衡,强调"本人与因"要件,通过审查被损害人对外观形成的关联性,②来获得受让人与真实权利人之间的利益平衡。但善意确定本身与外观主义信赖具有同质性,借助权利外观来实现利益平衡,同样可依托善意要素的判断来体现。据此,笔者就两者不做严格区分,而是根据司法解释三第 27 条的选择,以善意取得来兼容外观主义。上述善意取得的三个要件最为关键的是受让人善意要件。

就因登记产生的有权处分的信赖而言,虽然股权是具有特殊性质的财产形式,但股权登记与其他登记一样,都可能产生登记错误,特别是《公司法》第 32 条第 3 款明确股权登记产生对抗第三人的效力,其适用善意取得制度与《物权法》第 106 条对动产与不动产的适用有相同的背景。

既要解决对出让人有权处分的信赖,还要考虑的是对"其他股东同意转让与放弃优先购买权"的信赖。(笔者认为此属于法定限制要件,而非善意要件之内容。)前已论及的学者的反对观点,是以事实假设来替代法律判断,现实情况千变万化,"同意或放弃优先购买权"的事实达成同样可能被伪造。例如,出让方出具了其他股东同意转让并放弃优先购买权的书面意见、股东会决议纪录;又如,一人公司股权向外转让中,该股东为己私利当然可能多次同意。在上述情况下当然应保护受让人之"信赖"。据此,既然成就了善意要件,再结合其他两个要件,就承认股权之善意取得一般规则的存在。

(2)从债权转让的角度,立足股权变动仍应承认股权善意取得的正当性

股权善意取得亦是股权转让的类型之一,公司法对股权转让采取何种变动模式无明确规定,而不同的变动模式也会对是否承认股权善意取得产生影响。这里采取解释论路径,结合股权变动模式的澄清,来探讨股权的善意取得。

首先,要正确理解何谓股权。我国《公司法》不仅在第 4 条规定了概括性

---

① 陈彦晶:《有限责任公司股权善意取得质疑》,载《青海社会科学》2011 年第 3 期。

② 本人与因的判断有惹起主义、过错主义、危险主义三种法律评价标准。

的股东基本权利,还规定了支撑基本权利的多项具体权利,[①]如知情权、向外转让的同意权、优先购买权等。上述权利都落实到对公司的法律关系上,又以公司为载体产生一定的对外效力。其作为复合性权利,对不同的主体体现了不同的权能,表现出其相对权的属性。权能反向又体现为不同主体对股东负有法律上内容各异的义务,以债务的形式表现股东与不同主体间特别关系的构造。进言之,股权以其相对权的属性与特别关系的构造向外表征为对不同主体的债权的集合。

其次,股权债权集合的属性,决定了股权转让在出让与受让股东之间因合意要素成就,便发生股权变动,结论就是股权变动模式应为意思主义。[②] 又因《公司法》第 71 条第 2 款、第 3 款规定了其他股东的同意且放弃优先购买权为股权转让要件,故应称为“修正意思主义”。[③] 同时,鉴于股权的相对权和特别关系属性,要对公司、第三人都发生变动效力,对应的分别是股东名册登记、工商登记 3 个要素。换言之,上述两要素分别是股权转让对于公司、第三人此两类主体的生效要件,但其并非为股权转让本身的生效要件。

最后,股权转让中无权处分与权利外观的存在导致股权的善意取得。股权转让之意思主义立场上,一经形成股权转让的合意,受让人就取得股权,出让人也丧失了股权。即使将股权视为债权集合,因“形成有权占有的债权合同的占有转移可以视为处分行为”,[④]或者说该处分行为的客体是相对权,[⑤]故出让人再行转让同一股权亦构成无权处分,有《物权法》第 106 条善意取得适用之可能。

而善意取得是治愈因无权处分事实所导致的处分合意,[⑥]而无权处分多发于向公司之外第三人转让股权之情况,《公司法》第 32 条第 3 款又规定“……未经登记或者变更登记的,不得对抗第三人”,由此这就涉及了“公司登记是否

① 王作全:《公司法学》,北京大学出版社 2016 年版,第 128 页。

② 张双根:《股权善意取得之质疑》,载《法学家》2016 年第 1 期。

③ 李建伟:《有限责任公司股权变动模式研究》,载《暨南学报》2012 年第 3 期。

④ [德]维纳尔·弗卢梅:《法律行为论》,迟颖译,法律出版社 2013 年版,第 166 页。

⑤ 朱庆育:《民法总论》,北京大学出版社 2016 年版,第 160 ~ 161 页。

⑥ 朱晓娟:《论中国有限公司股权善意取得的一般结构》,载《北京航空航天大学学报》2013 年 9 月。

产生权利外观导致善意要件”的成就。股权本身为相对性权利，又因公司载体因素带有一定的公共性，故相较于普通债权仍有公示之必要。当然如前所述，该公示并非权利变动之构成要素，而是源于法政策因素要求股东公示（登记）对第三人产生对抗效力。既然在股权转让的意思主义之外，又规定了公示登记产生对抗第三人的效力，股东登记本身就作为对抗性公示要素而存在，在逻辑上自然就构成了善意取得的权利外观基础。就此，股权转让在无权处分背景下，又有法定的股东登记对抗要件构成权利外观，再结合合理之转让价格，以及转让后登记之结果，就应肯定股权转让中善意取得的妥当性。

另外，正因为善意取得治愈的是处分合意，与该处分行为的法定条件无涉，即《公司法》第 71 条第 2 款、第 3 款关于同意权、优先购买权的规定，构成对股权转让的法定限制，作为“法定限制要件”并不能因善意取得获得治愈。因此，善意取得并不能否定《公司法》第 71 条第 2 款、第 3 款的规定，也就不必然破坏有限公司的人合性了。

（3）最高人民法院《关于适用〈中华人民共和国物权法〉若干问题的解释（一）》施行后就股权善意取得的一般规则应再做思考

应关注 2016 年 3 月施行的最高人民法院《关于适用〈中华人民共和国物权法〉若干问题的解释（一）》，该解释的出台会导致我们对股权善意取得一般规则存否的重新认识。该解释第 21 条第 1 项规定“转让合同因违反合同法第 52 条规定被认定无效的，不适用善意取得”。最高人民法院从法益平衡的原则出发，认为合同无效制度所保护的法益（国家与集体利益），高于善意取得制度的基础物权公示公信力所保护的法益（交易安全），应排除合同无效情形下善意取得的适用。[①] 鉴于《公司法》司法解释三第 25 条规定股权善意取得参照《物权法》第 106 条的规定，而此处的第 21 条又是对第 106 条的解释，那股权善意取得就不能拒绝适用。再结合建议稿第 28 条第 2 款关于损害优先购买权合同无效的规定，是否就排除了缺乏“股东放弃优先购买权”情况下股权善意取得的适用呢？

① 杜万华：《最高人民法院物权法司法解释（一）理解与适用》，人民法院出版社 2016 年版，第 385 ~ 387 页。

原则上应得出涉及优先购买权的股权转让排除善意取得之结论。但笔者对此仍此保留意见。首先此问题关键是建议稿第28条规定的妥当性问题,不改变此条款,遵从法教义学只能得出排除股权善意取得的结论。但在实践层面上,若是股权多次转让情况下应优先保障交易安全。固然有限责任公司作为一个封闭性社团,组织体的稳定与股东人合利益本身就是公司法中组织法的属性。不过同时也不能忽视公司法的行为法属性,交易安全与股份转让也是公司法需要关注的理由,特别是股权经过了两次以上转让,且其他股东才发现未顾及其同意权、优先购买权的情况下,公司法是否还须保护怠于关注自己利益之股东就需要商榷了。再者,因涉及股份之间的多次转让,若要再恢复至原始状态,将产生一些系列制度成本,这里就不仅是股东的个别权利而是多个参与交易主体之群体性权利了。在此情况下,选择对交易安全的保护相对于牺牲已有过失的其他股东的利益更具实体上的公正性。

7. 对优先购买权的再思考

优先购买权问题的实质是多个主体在同一股权上的交汇,注定导致利益的冲突。出让股东为实现利益最大化,不受约束地转让股权直接冲击其他股东的既有权利(维护公司人合性与优先购买权),要确保其他股东优先购买权又可能剥夺已先行介入交易的公司外第三人的交易机会和交易利益,这是有限责任公司封闭的或者说人合性特质必然形成的冲突现状。[①] 制度安排与法律解释实质都是基于整体利益考量,以一个利益为代价去保护另一种更大价值的利益,而价值大小与否又并非变动不居的,有限责任公司的股权转让过程中,在能否转让阶段应倾斜于股权自由,在转让过程中又应保证公司的人合性,各阶段有所不同的价值倾斜,但对其他利益的牺牲也是有合理限度的,这就是为什么安排"要么同意转让要么自买","要么同意向公司外第三人转让要么行使优先购买权自己购进"。这体现了即便在进行利益取舍时,也要尽可能地降低成本以及减少对其他利益的损害,这在进行司法解释制定时也应秉持。建议稿第25条实质将《公司法》第71条的二次通知简化为一次通知,导致原先有序定位的股东同意(转让权)与优先购买权的对股东两层次保护,转换成

① 赵旭东:《股东优先购买权的性质和效力》,载《当代法学》2013年第5期。

一次性的股东丧失定价权的单层次保护，也使同意权与优先购买权呈现为叠床架屋状况。建议稿第 26 条规定若是出让股东放弃转让，法院通常情况下就不应支持其他股东的优先购买权，若据此实施，很可能实质赋予出让股东通过放弃转让来规避优先购买权，削弱了优先购买权对公司人合性的保护力度。建议稿第 27 条为了保障其他股东优先购买权，而规定股东与公司外第三人间股权转让合同绝对无效；支持其他股东主张股权转让无效后，又允许其对是否行使优先购买权有选择权；导致第三人只能主张保障程度低于合同有效情况下违约责任的缔约过失责任，致使出让股东在之前合同被判无效后无人接盘只能困守于公司。

综上来看，在不同条文中建议稿的价值倾斜上是模糊的，第26 条、第27 条更注重股份转让自由，第 27 条更关注公司人合性强调损害优先购买权非但不能转让而且合同也无效，矫枉过正。但到第 29 条又从过度限制股东转让股权的章程无效的角度，表明了尊重股权自由转让的态度。前后摇摆，缺乏贯彻始终的原则。交易安全和法律关系稳定永远是商事立法和审判的重大命题，在公司法兼具组织法和行为法双重属性的情况下，该命题被具体化为公司内部关系的和谐与股东以脚投票的权利。较为封闭的有限公司特别是股权转让关系中有被进一步规定为了公司人合性与转让自由，不能影响兼顾两者的原则，若有需要优先保护的利益，调整和牺牲也要在必要范围内。尤其在《公司法》中最高利益就是公司的整体利益，公司人合性也好，股权转让自由也好，都是整体利益的不同体现而已，保护应当是相对的而不能是绝对的。

对优先购买权问题上，立足于《公司法》应更倾向于优先购买权的保护，因为公司法性质上相较于行为法更注重于团体法的属性，那么在一定程度上更要考虑公司的整体利益，在此问题上就表现为人合性。即使对抗公司人合性的股东权利上，它作为个体权利的同时，更是一个附属于公司的、有较强人身属性的团体性权利。据此，在侧重公司组织稳定与人合利益保护之际，也要尽量保护股东享有的个人流通利益。对此《公司法》第 71 条采取同意权与优先购买权的两层结构，在贯彻有限公司人合性保护原则下，也兼顾了股权转让自由。建议稿对《公司法》第 71 条的解释也应贯彻此思路，在具体措施的安排上,在当事人间做好进一步的具体利益协调。

(五)对利润分配请求权部分的评析

公司利润分配可理解为对公司经营的部分清算或者是对超过公司现运营所需要的资本的分配,[①]可能与股东阶层内部、股东与债权人、股东与管理者三类利益冲突相关,建议稿对此三类冲突均有涉及,但其主要的调整手段是规范此类案件审理中相关程序和判决结果。

1. 类似共同诉讼是属性与决议通过是前提系该部分的两个坚持

该部分规定坚持了两个导向,即性质上属类似共同诉讼及抽象利润分配请求权向具体利润分配请求权转化的条件是“股东会决议通过”。[②]

程序方面的规范化,建议稿立足于此类诉讼的类似必要共同诉讼属性。虽然股东可就利润分配分别单独起诉,但就同一分配事项必须在股东之间合一确定,即便股东单独起诉,该判决既判力也是扩展到其他股东的。[③] 因此,建议稿第19条第2款规定其他股东以相同诉请参加诉讼,应列为共同原告;第20条又明确判决结果也对未参加诉讼的其他股东发生既判力,第21条还进一步规定其他股东可据此申请执行,但不得再行起诉。至于与原告在利润分配事项利益相悖的股东,若从类似必要共同诉讼的角度,是强制其接受裁判结果,但应赋予其程序权利上的保障,故第19条第2款同时规定它可以第三人身份参加诉讼。

对于股东主张利润分配请求权是否应有持股与时间上的限制,各国立法例均无限制,且获得的投资收益是公司法明定之股东固有权利,故限制不具正当性。建议稿第19条规定此类诉讼被告应为公司,董事、高管虽为利润分配方案、决策的制定者或主导者,股东会虽为利润分配的决定机构,但两者都是公司内部机构,不应作为被告。至于期中存在违背忠实勤勉义务事由的,股东可通过决议效力瑕疵之诉或通过股东代表诉讼来完成。

判决结果的规范化方面,建议稿认为“股东会决议通过”是利润分配实然

---

① [美]罗伯特·W.汉密尔顿:《美国公司法》,齐东祥等译,法律出版社2008年版,第433页。

② [日]前田庸:《公司法入门》,王作全译,北京大学出版社2012年版,第470~472页。

③ [日]新堂幸司:《新民事诉讼法》,林剑锋译,法律出版社2008年版,第546页。

化的界限。享受资本利润固然是出资者的终究性目的，因此，利润分配请求权是固有的、本质的股东权利。但未经股东会决议予以具体确定，它还是抽象化的权利。只有经股东会决议才能明确化的具体利润分配请求权，此时才形成了与股权相分离的、股东对公司的特定债权，股东也同时具备了独立的公司债权人身份。第20条第1款与第2款分别从正反两个方面规定体现了上述内容。其要求已有载明具体分配方案的股东会决议，是法院判决在一定期限内支付分配利润的条件。至于第20条提及的判决在“一定期限内”支付利润，不一定与决议载明的分配期限一致，因为法院多数是针对的是未实现的分配决议产生争议，此处“一定期限”某种程度上还是更多地考虑了判决的确定性或者说是审执兼顾。

2. 对强制公司分配相关规定的评析

值得关注的是建议稿第20条第2款后半句规定“股东有证据证明其他股东滥用股东权利或董事、高管存在欺诈导致公司不分配利润”，是没有股东会决议应驳回诉请的例外。从条款的文义表述来看，建议稿已赋予法院强制公司利润分配的权利，笔者赞成建议稿明确司法有权介入的观点，而在具体制度安排上还须进一步细化，以避免带来新的裁判不统一的情况。

强制公司分配的问题具有复合性，需要多层次的解决方案。首先要回答法院是否应该强制公司进行利润分配？其次要回答法院是否有能力强制公司进行利润分配？最后才是法院如何强制公司进行利润分配。

（1）司法介入公司利润分配的正当性

第一个问题针对的是司法实践中，以未经股东会作出分配决议为由不予支持利润分配诉请[①]的正当性问题。该正当性的背后依据为是否分配利润是公司自治范畴，属于商业判断领域，且《公司法》第71条、第74条也已经安排股权转让、异议股东回购请求权等制度的背景下，股东已有救济途径，司法更不应介入。但是否有赋予法院强制公司进行利润分配的必要性，应审视有限公司治理的实然状态。

---

① 最高人民法院（2006）民二终字第110号民事判决书，河南思维自动化设备有限公司与胡克利润分配纠纷。

①有限责任公司的实际状况决定了法院介入的必要性

利润分配牵涉的是公司与股东之间的关系,控股股东与非控股股东之间的矛盾与利润分配并不具有直接关联性,但上述判断与审判实践反映的情况却有出入。有限责任公司中更常见的是,控股股东兼任公司职位,通过高薪、福利获得实质回报,又利用资本多数决长期不分配利润,公司本身已成为控股股东压榨非控股股东、侵占公司利润的工具。[①] 此时控股与非控股股东的利益冲突同时兼具了股东与公司管理层之间矛盾的属性,[②]又鉴于决议制度资本决的安排,非控股股东又无能为力,法院完全有介入干预的必要性。

②救济手段无力和缺位也决定了法院介入的正当性

强调法院不宜干预公司利润分配的主要理由是"此属于公司自治和商业判断的范畴",但这是建立在股东会理性决策基础上的。[③] 考虑到公司的基本属性就是营利性,这不仅包含公司应积极获取利润,还要把利润分配给股东,当公司存在巨大利润而基于不恰当目的故意不分配,股东投资获利的合理预期就不能实现。[④] 由于公司进行了非理性决策,法院就有介入公司利润分配事项的正当事由。

或有观点提出,《公司法》第 71 条、第 74 条通过规定股权转让、异议股东回购请求权,已为非控股股东安排了救济路径,[⑤]从制度成本上不宜再行允许法院介入公司利润分配。但有限责任公司不像股份公司,其封闭性确定了股权流转困难性,缺乏公开的股权转让二级市场,股东难以找到受让方,通过股权转让来用脚投票并不畅通。同样,第 74 条第 1 款第 1 项是规定"连续五年不分配利润,而五年连续盈利,且符合公司法分配利润条件",对"该项决议投反对票的"股东来可要求公司收购其股权,上述条件很容易被规避,难以全部满足,甚至说公司根本不就分配进行决议,因此,实践中该救济的可能少之又少。

---

① 马胜军:《司法可否介入公司股利的分配》,载《法律适用》2013 年第 8 期。

② 此利益冲突包含了异质股东之间、股东与管理层之间的双重代理问题,成为有限责任公司的主要矛盾。

③ 刘俊海:《现代公司法》(上册),法律出版社 2015 年版,第 381 页。

④ 梁上上:《论股东强制利润分配请求权》,载《现代法学》2015 年 3 月。

⑤ 陈颖:《股东利润分配请求权纠纷之司法裁判困境与出路》,载《人民司法(应用)》2009 年第 1 期。

更何况公司法对异议股东回购请求权的具体适用没有相关设计，也会对股东利用该项制度寻求救济带来困难。①

在其他立法例中，此情况下股东还可提起公司解散，如英国1986年《破产法》第125.2条规定，“当申请人提出公平与正义为依据解散公司时，如果法院认为：(1)有权通过公司解散或其他措施获得救济；(2)在欠缺其他救济措施的情况下，公司的解散将是正义的。”②而最高人民法院《关于适用〈中华人民共和国公司法〉若干问题的规定(二)》第2款规定股东……利润分配请求权等权益受到损害……提起解散公司诉讼的，人民法院不予受理。这就说明我国不予分配利润是不构成提请解散公司的事由。

由此，非控股股东通过股权转让、异议股东回购请求权来救济利润分配请求权实际操作可能性低，又不能提起公司解散诉讼，间接补救措施并不能保护股东的利润分配请求权，因此，引入利润分配司法救济制度势在必行。

③公司法现行规定也确立了司法介入的合法性

其一，《公司法》第4条、第34条关于除非全体股东另有约定，股东享有按实缴出资获得利润分配的权利的规定，就蕴涵了股东平等获得公司利润之权利。而有限公司中控股股东把持享有高薪福利的高管职务，属于另一层面上的投资回报，非控股股东投资多年颗粒无收，造成了实质意义上股权不平等。其二，有利润却以非正当理由利用资本多数决拒不分配，就是对《公司法》第20条第1款“股东滥用股东权利损害其他股东利益”规定的违反。其三，股东投资公司通常源于投资回报的合理期待，无论是经股东会决议具体化了的具体利润分配请求权，还是之前抽象的利润分配请求权，都是固有的、本质的股东权利，对此权利的剥夺导致股东期待的落空，是对股东合理期待的侵害。其四，即使未有直接明确的法律规定，法院从民事诉讼法禁止拒绝裁判的理论出发，也要对此行为提供切实审慎的司法救济。

可见，司法对利润分配的介入也是基于公司、控股股东对上述规定和公司法原则的实质违背，是具有相应法律依据的。

① 赵旭东：《新公司法制度设计》，法律出版社2006年版，第205页。

② 2006年《公司法》最终没有将基本公平与正义解散公司并入不公平损害救济的程序。

3. 法院具备强制公司进行利润分配的能力

关于法院是否有能力强制公司进行利润分配的问题。笔者不否认利润分配的商业判断属性,但商事裁判本身的专业性使法院有能力根据商事惯例确定具体利润分配数额。路径之一是由会计师事务所等中介机构审计确定税后利润后,按照《公司法》第166条按“税后利润-公司亏损-公积金”确定最高利润分配额,再参照中国证监会于2008年发布的《关于修改上市公司现金分红若干规定的决定》将《上市公司证券发行管理办法》第8条第5项修改为“最近3年实现的年均可分配利润的30%”规定,或者是银行的年贷款利率,来确定最低利润分配数额,再由法院结合具体案件因素,酌情确定具体分配数额。路径之二是法院以公司资产负债表、利润及利润分配表为参考,结合本案具体情况确定股东应分配数额。①

当然法院确定的可分配利润未必是商业上最合理的,不过正是其中可能存在的某些不合理的因素,会对公司利润分配形成正面导向,在公司拒不分配倾向突出情况下,通过司法裁判的导向予以纠偏。②

4. 法院介入公司利润分配

建议稿关于法院介入公司利润分配的规定被最终采纳,符合什么要件才能作出强制利润分配之判决,将是法院面对的主要问题:

要件之一当然是公司有利润但没有进行分配;要件之二是公司不分配利润没有合理的商业目的。

要件一要多长时间没有进行分配才是符合的呢?是否可以参照《公司法》第74条关于5年连续营利不分红的规定呢?笔者认为,该条针对的是异议股东要求公司回购的规定,是在控股股东客观上绑架或裹挟其他股东,使其合法期待的利益落空货蒙受额外风险的威胁时,保证其他股东退出公司的权利。③ 而强制公司分配利润的前提是股东不愿放弃股东资格,侧重于股东固有权利的保护。规范目的不同,不能进行类推适用。相反《公司法》第166

① 湖南省湘乡市人民法院(2011)民二初第181号民事判决书。

② 张辉:《公司利润分配纠纷的司法裁判规则》,载《社会科学》2014年第11期。

③ 安建:《中华人民共和国公司法释义》,法律出版社2005年版,第113~114页。

条规定每年在弥补亏损和提取公积金前不应分配利润,那也隐含了符合上述条件的股东会就可以分配利润了。再结合《公司法》第4条、第34条股东有权按实缴出资获得投资收益的权利,那么即便公司认为基于公司经营需要不能分红,也应向股东说明,否则即使1年未分配利润也是属于要件所述情形。

要件二"不分配利润没有合理的商业目的",虽属于消极事实,按民事诉讼法解释的相关规定,应由主张分配的股东承担证明责任。虽然控股股东也未从公司获得收益,表面上股权平等原则得到了维护。不过常态是控股股东担任公司高管,拿着高薪享受着公司福利,变相获得公司利润,而其他股东却一分未得,只要证明存在此类"实质同股不同权"情况,或者其他公司管理层、控股股东不分配利润构成欺诈、恶意或者滥用权利情况的,[①]法院就有理由认为公司拒绝分配偏离了正常情况,法律介入就获得了正当性。此时公司也可提供相反证据证明其股息政策是完全符合商业判断的,如不分配是缘于公司有扩大经营范围且已制定相关计划、本年度高额利润是不寻常经济环境带来的、高额利润不具可持续性等。当然上述法官心证上要适度降低主张利润分配股东证明标准,理由在于以下前提性的认知:纠纷通常发生在有限责任公司;这里缺乏有效的资本市场,不具有"双M"[②]适用余地;股东是将利润分配作为其投资的主要回报;公司拒不分红显然是将股息政策作为违反信托义务的工具、排挤股东的武器。

5. 利润分配纠纷的主要类型及相关情况

此处的论述已超出对建议稿利润分配部分的评析范围,但司法实践中此类诉讼有哪些类型,每个类型的主要特征是什么,各种类型的纠纷是否有其他的诉讼路径选择,可选择的诉讼路径之间关系如何。这都是关于建议稿此部分的适用范围问题,也是笔者希望建议稿须继续明确之处。

利润分配诉讼应属给付之诉,它是股东权利受到损害之后的救济。换言

---

① 梁上上:《论股东强制利润分配请求权》,载《现代法学》2015年3月。

② Modigliani 和 Miller 创设的不相关说。

之,此类纠纷也可理解为损害股东利益责任纠纷。① 依李建伟教授的观点此种权利系成长性的权利,②是否形成公司利润分配的股东会决议是股东具体与抽象利润分配请求权的“分水岭”。

首先,在决议形成之前,利润分配权还仅是象征性权利,消极性权利,除非其本身受到直接剥夺或不公平限制,才得以积极行使,其方式是排除妨碍。其中假设公司具备利润分配实体条件情况下(此处以控股股东滥用股东权利为分析样本),又可主要区分为召开了股东会会议,利润分配决议未获通过;股东提议召开股东会会议,且要求讨论利润分配,而会议没有召开;股东无权提议召开股东会,股东会会议长时间不召开或召开也不就利润分配进行决议三种类型。

三种类型均可归入公司利润分配诉讼,但第一种类型中,在承认消极决议也可提起决议无效之诉前提下,若认为利润分配实体条件成就,控股股东滥用股东权利阻碍分配,则可视为控股股东损害非控股股东的利润分配权利,系《公司法》第 20 条第 1 款股东禁止行为,是否可据此提起决议无效之诉呢?直接依据《公司法》第 20 条第 2 款关于股东滥用股东权利造成其他股东损失的规定,要求控股股东承担赔偿责任可不可以呢?此两类诉讼与公司利润分配之诉,是否构成一事不再理呢?都很值得探讨。第二种类型中,根据《公司法》第 39 条第 2 款的规定,10% 以上的股东可自行召开临时股东会,该股东也可提出利润分配的提案,而董事会作为召集人有权不将此提案纳入决议事项,也就不存在建议稿第 7 条中规定决议可撤销事由“提案的确定瑕疵”。但此事实如果实质是控股股东利用董事会决议事项确定权否定了股东的利润分配的可能,也是损害利润分配权利的一种形式,非控股股东在符合其他要件情况下也可提起利润分配请求权。第三种类型中,在股东根本无权提议召开股东会的情形下,公司长时间不召开股东会或召开也不就利润分配进行决议,又无其他合理理由的,是对股东获得利润分配的固有权益的漠视,无救济即无权利,应

---

① 最高人民法院立案庭:《最高人民法院民事案件案由规定理解适用》,人民法院出版社 2011 年版,第 391 ~ 393 页。

② 李建伟:《有限公司强制分配股利之法理基础》,载《当代法学》2010 年第 2 期。

允许股东提起利润分配之诉救济。

其次，还有一种情形在审判实践更为常见，即利润分配决议形成之后，根据《公司法》第46条第2项董事会应执行该决议，若不执行，此时已成就的具体利润分配请求权，债权独立明确，股东应直接要求公司进行给付。公司长期不予支付，此时股东也可依据《公司法》第152条规定，以董事为原告提起股东权益受损之诉。

上述四类情形均可提起利润分配决议，在第四种情形下，利润分配的内容、对象已经确定，可直接判决公司进行给付。但该决议缘于决议产生之际的公司财务状况，若诉请时公司已无财产可予分配，应依据查明情况向其释明是否采取其他救济途径，如股东可按照《公司法》第20条或者第152条分别向控股股东或董事高管要求损害赔偿。其坚持诉请的，因请求依据是已生效的利润分配决议，法院不宜根据现有情况驳回其诉请，而执行时是否可以对股东债权后序清偿，不应影响对诉讼结果的判断。

其他三种情况下，有观点提出应按照属于程序瑕疵还是实体瑕疵做不同处理，前者法院应指定在期限内重新召开股东会就公司利润分配再行决议，理由是法院不能预先判定程序瑕疵被矫正之后形成怎样的分配内容。[①] 笔者认为此观点值得商榷，若上述决议结合案件情况已表明损害了股东利润分配请求权，股东权利的保护已越过公司自治进入司法强制的领域。另外，若强调程序和实体错误的区分并做不同处理，是一叶障目，忽视损害股东利润分配权利的行为本质，从行为方式上确定不同救济方式，不符合“同类事务同一对待”的原则，直接导致同案不同判的结果，间接也会导致某些主体选择性违法。故既然已经损害股东利润分配权利，对此直接可见的损害就应作出适当救济，没有必要再判决召开股东会会议，设定一个形式上的公司自治程序了。从司法资源、制度成本的节约上也会得出相同结论。

（六）对股东代表诉讼部分的评析

近年来，公司直接诉讼、股东间接诉讼（股东代表诉讼）案件增长迅速，其中又以股东间接诉讼更为明显。所幸在《公司法》第147条的统领之下，第148

---

① 张辉：《公司利润分配纠纷的司法裁判规则》，载《社会科学》2014年第11期。

条明确了董事、高管违反忠实义务的主要形式,第149条又从董事、监事、高管违反法定义务导致损害结果的角度,进行了兜底性规定,再结合第151条、第152条对直接诉讼和间接诉讼明晰的程序安排,构建了较为完善的股东提起的保护公司权益纠纷的救济体系。鉴于立法的完善性,建议稿第30条至第35条在文义和体系解释的界限内,对《公司法》相关条文在具体程序的把握上进行了更深入的延伸性规定。鉴于建议稿该部分内容主要涉及股东代表诉讼程序问题,本文也在此范围内进行阐述。

1. 建议稿遵循股东间接诉讼服务于公司利益的本质属性

股东代表诉讼中,因公司本身系独立法律主体,对于公司利益所受损害,本应由董事会或监事会代表公司提出诉讼。现实中董事会、监事会成员自己就是损害公司利益过程中的获益者,故在他们怠于行使上述诉权时,股东就有代表公司提起诉讼的必要性。① 其目的是维护公司利益,这里涉及的股东利益仅是公司利益损失的反射而已,②不能视为独立利益。为此,建议稿第35条第1款强调股东代表诉讼的胜诉利益归公司而非股东,当然胜诉后股东支出的合理律师费用及诉讼中的调查费用等诉讼支出也要由公司负担。同理,第34条规定股东代表诉讼中的调解协议要经股东会决议通过,或全体股东书面同意,这既是为了防止股东利用代表诉讼"以小讹大"获取个人利益,也是《公司法》第37条第2款、第43条有关公司重大事项应经股东会决议通过规定的贯彻。或有观点提出此类诉讼定性上属于公司经营事项,属于董事会职权范畴。但立法者考虑有限责任公司中董事会通常直接由控股股东组成,或是代表了控股股东利益,而诉讼又是与其相关,不能排除董事会出于掩盖过错出高价调解,或为坚持自己的意见拒不调解。在公司诉讼中的问题转化为公司整体利益与管理层或控股股东的利益冲突时,更须关注公司整体利益,通过将调解事项上提至股东会层面,由其直接进行该公司特定事项的决策,③应为最佳策略安排。

---

① 黄辉:《现代公司法比较研究》,法律出版社2011年版,第257页。

② 林少伟:《英国现代公司法》,中国法制出版社2015年版,第351页。

③ [美]克拉克曼:《公司法剖析:比较与功能的视角》,罗培新等译,法律出版社2012年版,第75页。

2."公司作为第三人参加代表诉讼"的规定是否正确

有疑问的是建议稿第30条第2款法院受理股东代表诉讼后,应当通知"公司作为第三人参加诉讼",建议稿可能是考虑到此类诉讼胜诉利益归于公司,公司与案件处理结果有利害关系,故第30条中的第三人依据《民事诉讼法》第56条第2款之规定,将公司确定为无独立请求权的第三人。但立足于代表诉讼是股东作为公司代表机关主张公司权利的根本属性展开的话,"应通知公司为第三人"的规定还是需要探讨的,对此有以下认识:

首先,该情况不属于最高人民法院《关于适用〈中华人民共和国民事诉讼法〉的解释》第249条规定的诉讼承继。虽然建议稿第33条规定股东代表诉讼提起之后,公司申请替代股东诉讼的,应当征得股东同意,否则不能另行起诉;而第30条第2款又规定代表诉讼中通知公司作为第三人参加诉讼;看似与《民诉法司法解释》第249条"受让人申请替代当事人承担诉讼……可以追加其为无独立请求权的第三人"相同。但第249条指向的是诉讼过程中诉讼标的移转而发生的当事人资格变化之情况,[①]而代表诉讼在程序法上是股东基于对公司的维护权利,旨在保护诉讼标的—公司利益(股东整体利益),替代诉讼标的的权利义务主体(公司)而为之诉讼,一般还不涉及诉讼标的移转,应归入"为了担当人的法定诉讼担当"。[②] 因此不属于诉讼承继的情况,也就不能依据《民诉法解释》第249条,直接得出应当准许公司替代股东参加诉讼,或追加其为无独立请求权第三人的结论。

其次,从代表诉讼的性质出发是否可得出建议稿第30条结论也是存疑的。第30条规定公司可以作为第三人参加诉讼,仅是从目的论出发,体系上尚有不周延之处。因为股东代表诉讼的提起是董事会、监事会不愿代表公司起诉,股东作为公司机关为公司利益而进行的诉讼。如果允许公司参加诉讼,这时必然有另一个公司机关代表公司参加诉讼,如此一来就存在两个公司机关来代表同一主体"公司"。诉讼中可能各说各话,不利于诉讼的推进。

---

① 沈德咏:《最高人民法院民事诉讼法司法解释理解与适用》(上),人民法院出版社2015年版,第639页。

② [日]新堂幸司:《新民事诉讼法》,林剑锋译,法律出版社2008年版,第208~209页。

若是从防止提起代表诉讼的股东与被告合谋诉讼的,且公司又要从直接接受裁判的结果这个角度出发,来安排规定公司作为第三人参加诉讼或许有一定其合理性。该意图从33条"公司申请替代股东诉讼的,应当征得股东的同意",以及第34条股东代表诉讼中"调解要提交股东(大)会通过调解协议,或全体股东在调解协议签章……"的规定中也得到了体现,可见防范合谋诉讼的精神,建议稿是贯彻始终的。

公司作为第三人参加诉讼是否能达到此目的呢?又是有疑问的。代表诉讼中公司利益已被股东代表,公司本身不能有独立的诉请,只能作为无独立请求权的第三人。既然是无独立请求权的第三人,他只能是依附于原、被告一方,①作为辅助参与人,只能基于一方当事人的立场向法院有限度地陈述其对争议的意见。也就是说,公司若是被赋予较强推进诉讼的权利,更有利于防范股东将代表诉讼作为获利手段,故也有观点提出为什么不直接给予公司共同诉讼人的地位呢?让它作为诉讼当事人以完整的诉讼权利参加诉讼,韩国通说即持此观点,②此也是日本旧公司法时期的有力说。③ 采取此观点当然也存在统一公司有两个机关代表的问题,且公司作为原告具有更充分的程序权利,可能不利于诉讼推进,但若考虑到公司作为共同诉讼人参加诉讼能有效防止合谋诉讼这点上,则具有积极作用。

还有一点需要注意的是,即使认可公司作为无独立请求权的第三人参加诉讼,应作为股东的辅助诉讼第三人,而不能作为"辅助参加被告董事一方"第三人,④若是后者,会导致董事等产生只要站在公司控股股东一边就安全的暗示,更强化了控股股东对公司的支配,故难谓此种第三人参与诉讼具有正当性。但在诉讼中法院又是不能防止公司为此行为的,那么为防止股东与被告间合谋诉讼采取的对策,又可能产生公司与被告间合谋的可能,立法上可能陷于首尾不能相顾的境地。

---

① 沈德咏:《最高人民法院民事诉讼法司法解释理解与适用》(上),人民法院出版社2015年版,第287页。

② [韩]李哲松:《韩国公司法》,吴日焕译,中国政法大学出版社2000年版,第519页。

③ [日]前田庸:《公司法入门》,王作全译,北京大学出版社2012年版,第338页。

④ [日]前田庸:《公司法入门》,王作全译,北京大学出版社2012年版,第338~339页。

该问题最终还应由立法者在利益权衡之后作出法政策上的选择,公司无论是作为无独立请求权的第三人还是共同原告参加诉讼都有相应的理由。应决断的是,股东代表诉讼的设计就是防止公司管理层对诉讼救济权利的阻断,股东当然是此类诉讼的主导者,这时公司作为何种主体参加诉讼,才能更好地保障股东通过诉讼对公司利益的维护,同时防止其利用诉讼谋求个人利益,而这又需从现实诉讼问题层面上来判断。笔者从代表诉讼的根本属性出发,更倾向于按建议稿现在规定将公司确定为第三人,但同时认为还须有相应的制度配套来解决股东以此作为手段诉讼之问题。

他国立法例中,有将公司作为名义被告与真正被告公司管理层一起被诉的规定,①至少在管理层控制公司层面上来解读具有合理性,但公司又是作为管理层侵害之客体是欠妥的,因未有相关立法资料不展开评述。

3. 股东代表诉讼中适格原告范围应予限制

此类诉讼适格原告的范围在《公司法》第 151 条第 1 款已有规定,即“有限责任公司股东、股份有限公司连续一百八十日以上单独或者合计持有公司百分之一以上股份的股东”。审判实践中股东代表诉讼多见于有限责任公司,且该条款对原告应为“有限责任公司股东”有多个解释,故对该规定有明确之必要,但建议稿并未涉及。

对此问题的主要争议:一是原告在公司管理者发生不法行为时到诉讼时,应否持有股权,即持续持股要件是否应予规定。二是诉讼中股权转让的,受让股东能否替代出让股东继续代表诉讼。

(1)持续持股股东为代表诉讼之适格原告

从《公司法》第 151 条的规定来看,对股东并无限制性表述,且从公司管理者的不法行为提起诉讼时股权资产利益的一部分具有可转让性②来看,不应对此类诉讼的诉讼资格有所限制。其背后的逻辑是,既然是对管理者过错行为的纠错途径,就不应限制股东提起诉讼。如此一来,是将诉讼权利交至股东群体,不附加必要条件,没有根据的诉讼可能肆意泛滥,无论对公司与司法制度

---

① [英]A. J. 博伊尔:《少数派股东救济措施》,段威等译,北京大学出版社 2006 年版,第 39 页。

② [美]罗伯特·C. 克拉克:《公司法则》,胡平等译,工商出版社 1999 年版,第 539 页。

都会造成巨大损失,故现实层面上有限制之必要。

《公司法》第151条第2款关于前置程序的规定,其目的之一就是对代表诉讼做适当限制,避免滥诉给公司造成不利影响。[①] 而它本身应理解为代表诉讼自生制度,是股东替代法定公司机关代表公司意思的制度配置,而非限制适格原告的额外制度配置,且功能上也不避免减少此类诉讼发生,相反在诉讼之前就增加了公司应对成本。相对于应对端的控制,还不如在发起端就原告范围进行限制,如《美国联邦民事程序规则》第23条第1款规定,必须断定代表诉讼原告在所控不法行为发生时是股东,或者此后他的股权是依法律的实施移交给他的,[②]即所有权规则,又称持续持有规则。该规定能够很好地防止"健讼"股东购买股权而轻率提起诉讼。但同时为保护受让股东的利益,如受让之股权的价格本身可能就包含了该部分诉讼之预期价值,为此《加利福尼亚法》第800(b)(1)条规定,成为股东之后才发现引起诉讼事实的,该受让股东可以提起代表诉讼,此即为"不能规则"。但多数州出于对代表诉讼的反感,仍不允许上述受让股东参加诉讼。[③]

笔者考虑到我国有限责任公司设立与经营过程中不规范状况较多,一言不合就提起诉讼的情形不少,为防止轻率、恶意之诉讼应当采取"持续持有规则"。明确原告必须在不法行为发生时就是股东,在提起代表诉讼时仍为股东,当然不法行为发生后持续期间受让股权,或者根据法定原因取得(如继承、遗赠等)股权的股东也可提起,[④]应为当然解释。对于"不能规则",势必涉及事实查明,非立案阶段能甄别之问题,必然进入案件实体审理阶段,故不能达到防范股东轻易诉讼之目的。且代表诉讼是提供一救济全体股东利益之"管道",[⑤]股东受让价值与价格平衡与否,也不应成为此诉讼能否提起之理由,否则有违代表诉讼之本旨。故不建议采纳。

---

① 安建:《中华人民共和国公司法释义》,法律出版社2005年版,第218~219页。

② [美]罗伯特·C.克拉克:《公司法则》,胡平等译,工商出版社1999年版,第539页。

③ [美]罗伯特·W.汉密尔顿:《美国公司法》,齐东祥等译,法律出版社2008年版,第406页。

④ 苗壮:《美国公司法制度与判例》,法律出版社2007年版,第240~241页。

⑤ 王文宇:《公司法论》,元照出版社2008年版,第183页。

（2）诉讼中股权转让之受让股东不宜为代表诉讼之当事人或第三人

《民诉法司法解释》第249条规定，诉讼中争议的民事权利义务转移的，不影响当事人诉讼主体资格……判决、裁定对受让人具有拘束力……受让人申请替代当事人承担诉讼的，人民法院可以根据案件的具体情况决定是否准许；不予准许的，可以追加其为无独立请求权的第三人。依此规定，诉讼中系争股权转让之受让人或替代出让人或为无独三参加代表诉讼，应为允许。但第249条应为诉讼承继之一般规定，目的在于维护诉讼程序的稳定，[①]在代表诉讼中是否适用还应结合此类诉讼之特性进行考察。

代表诉讼在没有以公司名义实现公司权利而提起诉讼的情况下，创制的股东“代表自己以及全体其他股东”提起的诉讼，构成股东对公司之监督的重要途径，作为对法人严重失职之救济措施，被各国判例充分证明了其合理性与必要性。[②] 而代表诉讼中对原告资格限制的目的在于防止代表诉讼对公司正常经营的影响，不仅会阻止毫无根据的诉讼，也会阻止有价值的诉讼。对于已进行中的代表诉讼，它已经过了前置程序、适格原告资格等诉讼“过滤器”的审查，已被证明为有价值的诉讼。受让股东又愿意为全体股东承担诉讼成本，来对抗占用、利用公司资源的管理层。仅因诉讼中股权转让来拒绝对全体股东整体阶层的救济是不明智的。

4.建议稿是否创设了“二重股东代表诉讼”

更需关注的是，建议稿第31条关于“公司法第151条第1款、第2款所称的董事、高管、监事会、监事包括全资子公司的董事、高管、监事会、监事”的规定，这主要是希望改变司法实践中机械地理解《公司法》第151条文义的情况。如有的法官指出“标的公司是原告江某诉称利益受到损害的公司，该公司唯一股东是媚某某公司，原告只是媚某某公司的股东，并非标的公司股东……无权行使股东代表诉讼的权利”。[③] 若据此理解，既是全资子公司，要是作为其唯一

① 沈德咏：《最高人民法院民事诉讼法司法解释理解与适用》，人民法院出版社2015年版，第639～640页。

② ［英］A. J. 博伊尔：《少数派股东救济措施》，段威等译，北京大学出版社2006年版，第4页、第38～39页。

③ 2008沪二中民五商初字第21号判决。

股东的母公司不起诉管理层，而母公司股东又不符合《公司法》第151条第2款“直接持股”要件，不能对子公司管理层提起代表诉讼，就只能坐视母公司受损，为此建议稿明确母公司的股东可对子公司的董事、监事、高管提起诉讼。

（1）建议稿第31条不应视为已确立了二重股东代表诉讼

许多学者认为该规定的意思重大，其实质就是一种“公司穿透”，属于“二重股东代表诉讼”。[①] 但笔者认为，从第31条“第151条……所称的……包括……”的表述方式来看，它仅是对《公司法》第151条第2款的扩张解释。其解释的逻辑是：子公司当然是其全资母公司的资产，子公司董事、监事、高管损害子公司利益的行为，就是直接损害母公司利益，故应承认母公司股东对子公司管理层提起代表诉讼的权利。[②] 建议稿考虑到司法解释不应大幅突破现行法的规定，希望在调整应由本公司股东提起公司代表诉讼原则后，通过母子公司“全资控制关系”，从子公司为母公司财产的角度来构建母公司股东起诉子公司管理层的正当性。第31条充其量也仅是个缩水版的二重代表诉讼。

建议稿如此限缩二重代表诉讼范围另一个可能的出发点是顾虑此类诉讼的过度增长。相较于二重代表诉讼的发源地美国，我国的股东代表诉讼中并未要求股东，像Lew v. Anderson案中特拉华州法官所主张的，“原告股东不但必须在受质疑之不当行为发生时和诉讼开始时是股东，而且在整个诉讼中保持股东身份[③]的继续持股要件”，[④]而二重代表诉讼本质又是否定“同时持股要件”，[⑤]即只要原告股东持有母公司股权即可；由此可能产生原告通过收购母公司股权进行诉讼意图获益，进而导致滥诉。鉴于此，建议稿有以上之规定。

（2）宜全面设立股东二重代表诉讼

建议稿第31条意图将此类诉讼的范围限缩至全资子公司的范围内，母公

---

① 2016年4月26日华东政法大学国际金融法律学院《公司法》新司法解释专题研讨会上梁爽教授的发言。

② 思路源于美国1988年Sternberg v. O' Neil案。

③ 《商事公司示范法》的规定已有松动，第7.41条规定：“股东不能启动或者继续一项代表诉讼，除非该股东：1. 在被控诉的作为或不作为发生时为该公司股东或者通过合法转让从一名当时股东手中受让股份……”

④ 对股东代表诉讼的适格原告，《公司法》第151条第1款规定：“有限责任公司股东、股份有限公司连续一百八十天以上单独或者合计持有公司百分之一以上股份的股东”。

⑤ Contemporaneous Ownership Requirement.

司控股股东、管理层在设立子公司之际只要不是全资控股,就阻却了母公司股东二重代表诉讼的提起。此规定防止公司内部控制人通过创设全资母子公司的架构,来恶意阻断股东提起代表诉讼的目的的实现。

要论证二重代表诉讼设立的必要性,就要在认识上明确实现二重代表诉讼对母子公司管理层的规制,与防止股东利用此类诉讼实现自身目的孰轻孰重?笔者的观点是,建议稿第30条、第32条、第33条分别安排了其他股东作为共同原告,公司替代原告股东或作为第三人参加诉讼,并结合第34条调解要经股东会决议或全体股东书面同意之规定,已通过制度安排很好的防范股东通过此类诉讼获取个人利益的问题。在此情况下,结合以母子公司架构为主体的企业集团已成为我国公司形态中的常态[①]之背景,建议稿更关注如何通过赋予母公司股东提起对子公司管理层诉讼的权利,实现对企业集团的必要规范,防止控股股东对非控股股东的掠夺。

首先,解读上要解决二重代表诉讼涉及的母子公司的法人人格独立性问题,这有多种理论建构方案,如揭开公司面纱、代理人理论、[②]母公司股东最终受害者理论、特定履行理论、共同控制理论[③]等,建议稿第31条是依托共同控制理论,采取了直接定义的方式,将"子公司董事、监事、高管直接定位为母公司的董事、监事、高管"予以解决,这也是司法解释不能突破现行《公司法》的立场使然。此理论选择简洁明了,以强调全资子公司对于母公司的资产属性,回避了"同时持股要件",有一定合理性。但其背后隐藏的是将公司视为系股东派生的财产,不强调法人独立的主体属性。[④]

其次,宜将二重代表诉讼规制范围扩大至控股子公司的董事、监事高管。鉴于建议稿第31条明确二重代表诉讼只适用于全资子公司,极易被控股股东规避。但通过明确"《公司法》第151条第1款、第2款所称董事、高级管理人

---

① 王淼:《美国特拉华州二重代表诉讼的实践及其对我国的启示》,载《法学评论》2014年第1期。

② 子公司是母公司的代理人,故母公司股东享有对子公司管理层提起二重代表诉讼的正当性。

③ 母公司与子公司受相同人控制时,由于母公司的股东是唯一能提起诉讼的当事人,故母公司股东可提起二重代表诉讼。

④ 邓峰:《作为社团的法人:重构公司理论的一个框架》,载《中外法学》2004年第6期。

员、监事、监事会,包括控股子公司的董事、高级管理人员、监事、监事会”,引入《公司法》第216条第2项关于何为控股股东的规定,采用该条款的实质标准作为判断“母公司对子公司是否形成实际控制”①的依据,实现防范母公司的控股股东通过设立子公司,使之成为向控股股东利益输送之途径的企图。

再次,宜采取“多重代表诉讼”代替“二重代表诉讼”。母子公司只是企业集团的一种较为常见的架构形式,母公司之上还有“婆婆”公司所形成的三层公司架构,乃至于更多层的“金字塔”型的公司架构,只要公司之间有控股关系的存在,底层公司利益受损,就可能导致顶层公司致损。从同类事物也应同样对待的原则出发,以及从防范控股股东规避的角度,都有采取“多重代表诉讼”的必要性。即使像《日本公司法》第851条第1款、第2款的规定虽然也仅限于母公司股东可对全资子公司管理层提起股东代表诉讼,②但其第3款、第4款规定将可提起主体定位于“最终完全控股母公司的股东”,③即不限于二层架构的母子公司,值得建议稿借鉴。

最后,二重代表诉讼中前置程序应明确,一般是指母公司股东单独向母公司提起诉讼的申请被拒后,不需要向母公司与子公司同时、分别提起诉讼申请,就可提起代表诉讼。理由在于建议稿的切入点是将《公司法》第151条中“董事、高管、监事会、监事”扩张解释至子公司的董事、监事、高管,既然是对自己公司的“董监高”进行代表诉讼,当然只须向自己公司进行提起诉讼之申请。

二重或多重代表诉讼皆系股东代表诉讼的变形,司法实践中代表诉讼基本出现在有限责任公司中,股份公司特别是上市公司极为鲜见。但在极速扩张的证券市场中,大量上市公司中利用公司之间控股关系进行利益输送的情况比比皆是,多重股东代表诉讼理应成为打击上述不正当行为的“利器”,同时也能打破证监会颁布的“软法”与《公司法》对股份公司、有限公司划江而治的不正常司法割据局面。

建议稿该部分还有条款就股东代表诉讼开始后其他股东要求参加的应列

---

① 王淼:《美国特拉华州二重代表诉讼的实践及其对我国的启示》,载《法学评论》2014年第1期。

② [日]《最新日本公司法》,于敏等译,法律出版社2006年版,第458~459页。

③ [日]近藤光男:《最新日本公司法》,梁爽译,法律出版社2016年版,第325页。

为共同原告，未参加诉讼的其他股东也受既判力主观范围扩张之影响进行了规定，都是基于类似必要共同诉讼之定性，此在利润分配请求权、公司决议效力瑕疵诉讼部分都有论及，不再赘述。

四、余论

建议稿内容上涉及了知情权、利润分配、决议瑕疵效力等5部分内容，关注不仅的是股东权利的伸张，更与公司治理有关。《公司法》当初构想是扩展股东权利，来减少代理成本，形成公司的有效治理。但在某些封闭性的有限责任公司中，股东内部控股与非控股股东异质化，控股股东与管理层同质化。典型意义上的控股与非控股股东间的矛盾又包含了股东与管理层间的矛盾，由此公司治理的失范直接导致了股东权利的缺失，控股股东把持公司的实然状况，又堵塞了非控股股东介入公司治理的内部路径。提起诉讼只能是唯一的选择，司法实践中建议稿所涉五类诉讼多发于有限责任公司也缘于此。

相关诉讼制度安排定位于股东权利的保护，也有协助公司治理的辅助手段属性。但现实是有限责任公司内部治理缺失情况下，股东才求助于司法救济，诉讼就转换成对封闭型有限公司内部治理纠错的主要手段。但同时司法也不应过度介入以免干预公司正常运作。[①] 这就产生了司法对公司治理介入的正当性与权利边界的界定问题，本建议稿诸多问题也是围绕正当与否和介入边界展开的。

建议稿是通过利益平衡来把握非控股股东权益与公司利益之关系，并依据现有法律的立法宗旨，立足于审判实践，采取了比较务实和稳妥的制度安排，对当事人的交易安排没有预期、现有的法律规定不够清晰、实践中裁判标准并不统一的问题作出了回应。特别是有些争议尖锐又没有形成通说的问题，如优先购买权对股权转让合同效力的影响、法院能否进行利润分配等都予以直接规定，这至少对统一事后裁判标准，便于公司事先规范自身行为都有益处。

当然，何为公司内部管理事宜之范围尚须作出明确界定。法律的强制性

① 林少伟：《英国现代公司法》，中国法制出版社2015年版，第239页。

规范以及支持股东之间的私人协议或安排,只是为司法干涉界定了一个笼统的基础性框架。[①] 建议稿向社会公布之后,许多观点也提及了管理权与所有权没有有效分离的有限公司,公司利益既由控股股东代表,强调非控股股东利益保护的正当性在哪里?即便要保护非控股股东利益,要实现的目的是使控股股东更好地关注公司整体价值的提升,就此更应关注的是建议稿采取的策略是否妥当?这些观点里反复出现的是公司利益,但何为公司利益,涉及对公司本质的认识,到底是股东财产的延续,还是完全独立于股东的独立之新主体?[②] 学界和实务界争论激烈,建议稿也搁置了此问题,而是转换思路从必须保护的股东固有利益,如知情权、利润分配权、自由转让权等出发,来界定公司自治的边界,堪称智慧。并在此基础上对现有《公司法》相关规则进行了延展、扩张。

该思路的核心是要"厘清什么是非控股股东的固有权利的损害",它又与英国法上"不公平损害"[③]有一定类似性,作为确定非控股股东利益保护的核心,以及司法介入公司治理的边界[④]具有正当性。其作为"规范性概念",不是简单的感觉或经验,只有在关联到个案时才能被理解或想象,必须通过评价完成。[⑤] 在中国公司法语境下可将不公平损害理解为利益平衡的问题:既为法律的强制性规范没有被排除适用和修改的可能,法院自然不允许有股东或公司相关利益者有违反此类规范的情况出现,否则可进行介入。[⑥] 此毋庸置疑。

笔者也是循此思路就建议稿对以下三个问题进行探讨:第一是建议稿的立法逻辑问题,包括有限责任公司的公司利益如何定位?大小股东间的利益冲突是何性质?第二是针对特定类型利益冲突解决策略的选择问题,包括如何判断控股股东行为的妥当与否,如何采取措施来制裁其失当行为?其中关

① [英]保罗·戴维斯:《英国公司法精要》,樊云慧译,法律出版社2007年版,第253~254页。

② 笔者同意的是邓峰教授的观点,其认为随着公共性的增强,公司本质也是从财产的组合形态发展到独立的财产集合,而不断地向独立人格发展。详见邓峰:《作为社团的法人:重构公司理论的一个框架》,载《中外法学》2004年第6期。

③ unfair prejudice,英国公司法中最有价值的保护小股东救济机制。

④ 林少伟:《英国现代公司法》,中国法制出版社2015年版,第244页。

⑤ [德]卡尔·恩吉施:《法律思维导论》,郑永流译,法律出版社2004年版,第135~136页。

⑥ [加拿大]布莱斯·R.柴芬斯:《公司法:理论、结构和运作》,林华伟等译,法律出版社2001年版,第234页、第237页、第246页。

键在于立法和司法都不宜直接建立公司相关利益群体之间的法律关系，而必须通过“公司”作为它们之间的媒介，这样，保障的是非控股股东对公司的权益，限缩的也是控股股东对公司的控制。第三是关注建议稿为实现其规制目的，对于现行公司法的基本制度改进和规则扩张，是否符合公司法体系架构，与其他部门法衔接是否到位，这涉及的是法律如何解释和漏洞如何填补。本文的相关评述也是基于上述问题展开，在此过程中也感受到建议稿制定者的务实和睿智，更希冀建议稿的后续工作能对笔者有更大启发。

总体而言，建议稿对诸多司法实践中裁判标准不统一的问题进行了务实、稳妥、清晰的回应，预计能够解决五类诉讼案件审理中大多数困惑。当然还有一些问题，特别是决议效力瑕疵、优先购买权纠纷涉及的理论争议较大，还需要进一步打磨，完善。如果将法律制度视为社会产品，提供过多救济途径如同供过于求，反之属于供小于求，无论何种均属于供需失衡，皆不利于公司制度的发展，[①]更宜从救济途径不同层次的安排上，实现股东利益保护与公司规范治理的“双赢”。

① ［美］道格拉斯·C.诺思：《制度、制度变迁与经济绩效》，杭行译，格致出版社2014年版，第114～116页。

民事案件的证明责任的分配

张钢成*

[讲座阶段]

大家好！今天下午非常高兴能和大家交流，我今天讲的题目是"民事案件的证明责任分配"，为什么要讲这个题目？主要是因为法学院的学生在进入研究生学习阶段，分民法、民事诉讼法和知识产权法等专业，但是出去后，可能就不按照专业进行分配了。当然，知识产权法专业的可能就做知识产权审判人员或者知识产权方面的律师。但是作为一个法律人，不管是做律师还是做法官、检察官，有一些基本功、基本的知识是通用的。

我从人民大学毕业以后一直从事商事和民事审判的工作，已经20年了，我认为有一些共同的知识还是各个专业的学生都应该掌握的。法学院的学生有一定这方面的知识，对于学习或者职业生涯都有帮助。我记得我在人大上

---

* 张钢成：北京市海淀区人民法院党组成员，副院长。

学的时候，对很多问题不是很清楚，但是有一个特点，我们除了学民商法还学刑法，只要有课我们就会去听。现在的教育我不知道是什么样的，但是我上学的时候，全校的公共课都要上，哲学、历史、经济学、社会学的著名导师都要讲一次课或者讲座，还要考试。法学院知名的导师也都要讲一次法学前沿课，我们还选修了诉讼法等。所以我想，一些通用通识的东西还是大家要掌握的。我个人感觉到法院工作后的经历对我影响最大。我感触最深的知识是实体法和诉讼法相关联的一门学科，叫证据学，或者说是证据分配理论。我们国家这个方面是比较滞后的，从立法来讲，我们旧的《民事诉讼法》第 64 条就一句话："谁主张，谁举证"。刑事的部分举证责任在检方，但涉及很多证据的排除规则，也是这几年刑事立法和司法解释才确立的。但当我们在法院的司法审判过程中，一个法官或者法律人如果没有一定的证据学知识和理论，恐怕在审判中会遇到很多问题或者很多疑惑，无法判案，或者会发生错案。

举一个例子：2014 年 9 月 8 日，一个女大学生看到老人在车前摔倒了，就扶老人到医院并且垫付了一些医疗费，老人和儿媳妇就称这个大学生撞人了，要求女大学生赔偿，这个女大学生就发微博请现场目击者指认。后来警方介入调查认定是交通事故，认为这个女大学生的汽车离这个老人最近，有和老人接触的可能，女大学生应当负主要责任，但是没有直接证据证明是女大学生撞人。因此，引发了两个讨论：一个是法律界的讨论；另一个是道德界的讨论。所谓道德讨论，认为有可能是女大学生撞人了，只要不赔偿就是道德沦丧。从法律的层面来讲，这里面有一个很大的问题，之前南京鼓楼区法院也判过一个案子，大家也都知道，大概也是这种情况，一方称是扶老人但是老人称是他撞人了要赔偿。这种情况在现实中非常多，所以，就出现一个现象：很多人看到人被撞了也不敢扶，不然被赖上就麻烦了。但从法律上来讲，如果是真发生交通事故，例如撞人了，那么这里面就有一个证明责任的分配问题，也就是我们现在民事诉讼法说的举证责任分配，但举证责任分配和证明责任分配是不完全等同的。举证责任分配在《侵权责任法》的一般侵权案件中，由受害人对主张的事实承担举证责任，在侵权的要件事实被证明是真实的情况下，被告的一方或者说加害人才承担侵权责任，如果受害人对主张的事实拿不出足够的证据让法官相信,那么原告或者说受害人要承担败诉责任。

我为什么要提这个案件呢?因为这里面有两个问题:第一,如果说是交通事故,警方介入有其合理性,但是没有录像,也没有别的证据证明,凭什么认定是交通事故,凭什么认定是女大学生撞了这个老人。第二,即使认定是交通事故,老人也就是原告本身的证明责任也不能免除,警察只是作为事件去介入,才提供了一定的依据,但警方的认定不是民事或者侵权案件里面我们的法律必须要认可的,所以这个案件折射出的社会问题既是道德问题,也是法律问题。我固然觉得对这种现象不应当只做道德上的评判,而是要从法律上看这个案件引发的问题是什么。我认为,最关键的问题是举证责任分配。如果把这个责任给女大学生,让她证明自己的清白是不对的,而应当给原告,让原告证明他提出的事实是真实的,加害人才承担赔偿责任。我今天讲这个问题是我们在民事案件里面经常碰到的证明责任的问题,就做个引子吧。

讲这个案例本身,是想说以后我们做律师给别人写诉状列各种证据的时候,或者做法官审理案件的时候,明白对当事人提出的事实主张应当从哪里入手。拿一个案件来剖析的话,提一个民事诉讼应当首先提出一个诉讼请求。比如买卖合同中,作为卖方请求买方给付货款,或者买方违约了可以请求给付违约金,如果没有违约金的条款还可以要求赔偿;如果是一个还没有履行完毕的合同,还可以请求解除合同。诉讼请求有若干项,每一个诉讼请求相对应的都是一些要件事实,是有法律规定指向的要件事实。例如,买卖合同要求给付货款或者违约金,或者赔偿,或者解除合同。对方违约了,可能是根本违约或者约定的期限未付款等,你所请求的解除合同或者给付货款,在《合同法》总则及买卖合同部分中都有相关的规定。再如,在买卖合同里,卖方履行交付义务之后就可以行使请求权;又如民间借贷,出借方在《合同法》里面叫贷方,要追回借款,就要符合《合同法》的要求,要有真实的出借款项的存在。现在大量的民间借贷里,有两类很特殊,一类是有借款的合同,有借条但是没有付款的证明;另一类是有打款的证明却没有借款的证明。在这种情况下,原告一方就来起诉称:他借我的多少钱未还。过去在最高人民法院没有规定的情况下,我们在审判中也是比较困扰的。例如我们2015 年审了一个案子就有借条但是没有打款的证明,原告拿借条来,说被告借了他68万元,但没有付款的证明。我们讨论这个案件的时候,有一部分法官说,借条是被告签的,那么有借条就应该判返还。可是68万元是什么概念? 我不知道你们试过没有,如果你们手提50万元现金,女孩可能都会觉得很重,不信你们有机会放50万元进你们背包里看看是什么感觉。后来我说,我们审理这个案件的时候,应该知道借款的法律要件中要有出借的意思表示,没有严格规定意思表示是书面的还是口头的,只要有意思表示就是要件事实,要是没有这个要件事实或者要件事实不成立就是不当得利。比如,无论我认识或者不认识对方,但是我打款到对方的卡里面了,却没有借款的意思表示,那么只能以不当得利来起诉。但单有出借的意思表示还不行,还必须有给付的证明,因为出借人最主要的义务是交付借款,我们知道交付借款在民间或者在日常生活中,一两千元、5000元、1万元都可能拿着现金,这是可信的。但是我们刚才讲的案子是68万元,一是量很大,二是现代的支付手段一般是打卡或者转账。真有68万元在ATM机就可以完成,所以,这里面就有一个可信不可信的问题。所以去年在最高人民法院民商事审判工作会上,最高人民法院提出一个意见,在借款合同纠纷里面,尤其是民间借款纠纷中,仅有借条,但没有付款证明,如果金额比较大,出借人拿不出付款证明,对出借人起诉的主张不宜采信,这就是借款合同中的证明责任分配。这个意见里面已经很明确,第一有出借的意思表示,第二有出借的证明,尤其是大额的借款。所以,如果审理案件的时候我们对审判中举证责任分配不熟悉,就不知道怎么判。现在大家在法院实习觉得没什么难的,但当你是个法官的时候你就很难下手了,毕竟数额很大,如果驳回原告诉讼请求,但他真借了呢? 那可能就血本无归了。从法律的层面上来讲我们只能是从证据入手,证据首先是从举证责任分配来把握的,所以我们审理案件的时候,一个有经验的法官在案件来了以后不是研究开庭怎么审,而是从案件入手,从当事人的诉讼请求和案件的类型、性质来确定举证责任的分配在哪一方,告诉原告应当提供什么证据,来证明诉讼请求所需要的要件事实,给出举证期限。应该说我们民事诉讼,从20世纪80年代到现在,特别是2012年的相关司法解释出来后原则才基本上慢慢确立起来。我们过去,1991年的《民事诉讼法》,只有"谁主张,谁举证”。到2000年,最高人民法院颁布了民事和行政诉讼证据责任的若干问题的意见,对一些类型的案件的举证责任进行了分配,还是不完善的。我们的证明责任理论包括举证责任分配是在2000年以后,特别是引入罗森贝克的证明责任理论以后,法学界、民事诉讼法学界才对这个问题有真正的认识。随着学术研究的深入,最高司法机关也将罗森贝克的理论引入司法解释。我个人是在2001年开始比较系统地学习罗森贝克的证明责任理论,2002年的时候我写了一篇文章叫《合同法的证明责任分配》。应该说十几年了,我个人感觉从那么多年审判实践来看,当时从事的研究还是很有指导意义的。我们每年都招收大学生和研究生,但从我和她们研讨案件的角度来看,能感觉到学校对这方面还不是很重视,当然各个学校还不一样。我们很多法官手上拿了案子以后不知道怎么办,其中最主要的一点就是对证明责任的理论包括举证责任分配在司法实践中怎么运用不够熟练。当事人提交给法院的证据在庭审过程中经过举证质证,对证据真伪的认定是有规则的,是比较好认定的,但是对于一些案件的举证责任分配,我们往往拿不准。所以我想,证明责任分配是法官做好审判的基本功,也是我们做律师的基本功。

什么是证明责任分配呢?和我们讲的提供证据的责任有什么区别呢?我想讲几个区别:(1)证明责任分配是法定的,实体法已预设给哪一方当事人;(2)证明责任决定提供证据的责任;(3)诉讼双方仅有一方对要件事实负担证明责任,不可能双方都负担证明责任,提供证据的责任可能双方都负提供义务。任何一方的当事人都有提供证据的责任,不管主张什么,但是提供证据的责任不等于证明责任,证明责任首先是实体法已经预设给一方的当事人,所以我们在学习实体法的时候,很多证明责任分配没有在实体法的规则里面写,但规则里面已经包含了证明责任的分配。比如,仔细看《侵权责任法》,里面很多侵权责任的类型,如一般侵权责任。例如,女大学生撞到老人的案件是一般侵权,一般侵权的案件承担过错责任,而承担过错责任的案件是由受害人承担证明责任。而特殊的侵权责任,如环境损害、环境污染的案件就是由造成污染损害的一方承担没有过错的责任。《侵权责任法》中并没有明确这样写,但是在实体法中已经预设了一方当事人的证明责任。证明责任如果要从学术上进行表达，就是当事人在诉讼的过程中，当法律规定的要件事实在最后的阶段仍处于真伪不明的状态时，主张该事实的当事人承担不利的后果即败诉的风险。以刚才讲述的借款案例为例，原告拿出借款的借条，即被告向其借款68万元，如果主张的诉讼请求成立，首先要证明其主张的要件事实成立，这个要件事实一有借款的意思表示；二有给付借款的证明。如果说到诉讼的最后阶段，仍不能证明其有交付68万元的现金的证明，其承担败诉的责任。

证明责任较为复杂，细说要涉及法官心证的问题，法官心证并不是说内心相信哪一方，而是根据证明责任的分配，当事人提供的证据在诉讼的最后的阶段，法官内心上不能确认或确信一方当事人提供的证据是真实的，或者诉讼主张是成立的，或者抗辩理由是成立的，这也叫客观的证明责任，不是主观的。

归纳总结一下，今天讲的证明责任证明的对象就是要件事实，证明责任是法律对当事人之间风险的分配，当要件事实处于真伪不明的状态时，由一方当事人承担不利的后果。世界各国在民事立法时，对证明责任分配的规定较早，例如，《德国民法典(第一草案)》第193条，此规定在德国民法典最终未被采用，但在草案中规定，如果谁提出请求，应当证明其依据的必要事实；如果谁提出请求权的消除或者请求权的阻碍，应当证明消除或者阻碍请求的必要的事实依据。罗森贝克所写的《证明责任论》主要是根据第一草案第193条的规定所作的书籍。《法国民法典》第1315条规定，请求履行义务的人必须对其进行证明；相反，主张免除义务的人，必须证明其已经履行，或者证明其权利义务灭的事实。此民法典的规定在各个条文里面规定不同，无须一一进行规定，而有一条总的规定即可。《意大利民法典》第2697条的规定，在诉讼中主张权利的人应当对权利依据的事实进行举证，就上述事实的无效提出抗辩的人或者提出主张的权利已经变更或者撤销的，进行抗辩的人应当就其抗辩所依据的事实进行举证。世界各国制定的民法典里，证明责任从层次上包含两个方面：第一是提供证据；第二是对证据所指向的证明事项、内容，证明要件事实是真实的。2015年最高人民法院《关于适用〈中华人民共和国民事诉讼法〉的解释》第10条，是对整个证明责任分配的总的原则，当事人对自己提出的诉讼请求所依据的事实或反驳对方诉讼请求所依据的事实应当提供证据加以证明，但法律另有规定的除外,如侵权责任法中特殊侵权不一定是谁提出谁主张谁举证,而是举证责任倒置,在作出判决前当事人未能提供证据或者证据不足以证明其事实主张的,由负举证证明责任的当事人承担不利的后果,司法解释不单适用举证责任而且是举证证明责任。

法律要件事实的分类和证明责任的分配,从实体法的规范或者看案件如何来确定证明责任分配的原则。按照罗森贝克的观点,证明责任分配的一般原则为对谁有利的法律要件事实就由谁承担证明责任。例如,买卖合同当中,卖方主张支付货款或支付违约金,卖方应提供买卖的口头意思表示,书面的买卖合同以及交付商品或者产品的证明,但仅交付商品或者买卖的标的物还不能证明其主张成立,如被告答辩卖方交货但数量不够或质量存在瑕疵。因此,看买卖合同的规定,包括《合同法》的规定,凡是合同案件,主张权利一方,尤其是出卖方、承揽方都要对他完成合同义务承担证明责任,因为主张给付货款或者给付加工款,都要对给付、交付完成合同义务提供证明责任,此为一个原则。要深入了解证明责任理论,还需要对法律要件事实进行分类,按照罗森贝克的理论,分为两大规范:一类为权利形成规范,如在合同的案件里,权利形成规范一般来说是由出卖方、承揽方、出租方等对完成合同义务承担证明责任,其存在请求权,卖方按照合同的要求约定了义务,按时、按质、按量给付了买受人,给付之后就形成一种债,此种债形成一个请求权。而此请求权是一个权利的形成的规范,所有的规范,合同法中涉及这类的规范都是权利形成规范,合同法中大量的法律条文都是此类规范。另一类是对立规范,对立规范又分为两种:

一种是权利妨碍规范,就是使对方权利不能发生的规范,如《合同法》第47条规定:"限制民事行为能力的人订立的合同,经法定代理人追认后,该合同有效,但纯获利益的合同或者与其年龄、智力、精神健康状况相适应而订立的合同,不必经法定代理人追认。相对人可以催告法定代理人在一个月内予以追认。法定代理人未作表示的,视为拒绝追认。合同被追认之前,善意相对人有撤销的权利。撤销应当以通知的方式作出。"这条规定是一个权利妨碍规范,此条文是针对限制行为能力人来说订立合同是否有效。一般情况下,需要法定代理人的追认,若未追认则归于无效。但针对此案件,若法定代理人起诉和主张合同无效,需要证明被监护人或者限制行为能力人的要件事实,需要证明其未追认;相反,如果是相对人证明合同有效或法定代理人已经追认,也需要证明。此种规范叫做权利妨碍规范,因为此合同在订立时是效力待定合同,最开始不一定是无效的,但取得有效要件的前提是经过法定代理人追认。当然,若是超过期限,如超过1个月未追认,相对人也可撤销。另一种是权利消灭规范,是指权利发生后,能够使已经存在的权利归于消灭的规范,如《合同法》关于合同履行前义务终止的规定。这些说明证明责任是如何分配的。

在案件的审理中经常会碰到时效制度,而时效制度从权利规范来讲究竟属于哪一类?我认为时效包括除斥期间这样的规范,属于权利妨碍规范,在权利形成以后,在准备行使权利时,权利的相对方提出时效已过,阻止其行使权利;若相对方提出的主张成立了,请求权就不能得以支持。时效过了,债权人有权提出请求,但此请求得不到法院支持,没有强制执行力,因此,属于权利妨碍规范。

时效抗辩这类案件在民商事案件中非常多,民商事侵权案件的时效一般是1年,一般的债权债务,如买卖或其他的债务的时效是两年,人大常委会修订的民法总则草案规定时效期间变为4年,两年确实太短,这属于较大的变化。例如,货物买卖。若买受人或定做人或其他债务人提出时效抗辩的情况下,举证责任的原则是谁提出的主张对谁有利他就承担证明责任,一般是被告一方,也是债务人一方。一般情况下,若债务人或被告一方提出欠债或借款,但时效已过。时效的事实是一个要件事实,谁抗辩谁承担证明责任,但是此事实为消极事实,而不是积极事实,所谓积极的事实是指如合同的履行或者交货或加工行为,而消极事实是债权人怠于行使其权利,因此在诉讼中往往是被告提出时效抗辩,原告一方提供各种证据证明主张权利,原告提供证据或者证明只是提供证据的责任而不是证明责任,真正负担证明责任的被告一方,如果原告有证据证明发过短信或打过电话或快递的事实,就足以动摇被告提出时效抗辩的主张。

一般合同案件的证明责任分配和侵权责任分配都不难,但是对于一些特殊的法律案件的证明责任分配往往是困扰法官、律师等法律人判断的因素。关于产品瑕疵货物证明责任分配,我自己做了一个归纳,无论是需方或者定做方为原告以货物或者定做物有严重的质量瑕疵为由要求被告承担违约责任或者以质量瑕疵为由进行抗辩,都应当由供方或者承揽方承担证明责任,需方仅承担主张责任或者提供证据的责任。因为供方或者承揽方为履行方,要完全履行合同义务就要履行瑕疵担保的义务,无论是买卖合同或者加工承揽合同包括建筑工程合同都有瑕疵担保的义务,瑕疵担保的义务在买卖合同当中都是卖方承担,在加工承揽合同中是承揽方承担,在建设工程合同中是施工方承担义务,若房屋已建好,就是由开发商对房屋承担瑕疵担保责任。无论是需方或者定做方,买方想要解除合同主要是因为质量问题,那么向法院提供各种证据即可。

卖方对出卖的产品质量承担证明责任。所以,如果买方请求解除合同或者请求退货,或者卖方请求支付货款,买方以质量问题提出抗辩,不管是哪一种情况,都是由卖方对产品质量承担证明责任,必须证明给付的产品是符合合同约定或者国家质量要求的。如果说买方提出质量问题的相关请求而卖方否认,有可能买方会提出鉴定,如果卖方不同意鉴定,那么即推定产品存在质量问题,卖方将承担败诉的风险。所以,买卖合同、加工承揽合同、包括建筑工程合同等,涉及产品货物、定做物产品质量瑕疵的证明责任,都是由卖方、承揽方或者是施工方来承担举证证明责任。比如,在诉讼过程中,卖方表示按时按量将货物交给买受人即完成合同义务,这个是不对的。因为买卖合同中,出卖人应当按时按量按约定的质量来完成合同义务,所谓合同义务的履行完毕,即时间数量和质量缺一不可,这是审理案件中常见的。所以理解这个问题,即交付不等于履行。

那么特殊的法律要件事实的证明责任分配呢?我讲的是事实推定的证明责任分配。事实推定不是立法上的规范,是法官依据经验法则对案件事实的评价。一般来说,如果一方当事人提出应证的案件事实存在,那么由提出的一方当事人承担举证证明责任。事实推定在证明责任的分配中虽然不一定是法律规范,但立法者在法律规范中以一定的事实推定基础直接推导出另一个特定的法律要件作为推定结果。法律推定分为两种:一种是可反驳的规定,另一种是不可反驳的推定。不可反驳的推定在最高人民法院《关于贯彻执行〈中华人民共和国继承法〉若干问题的意见》第2条中有所体现:“相互有继承关系的几个人在同一事件中死亡,如不能确定死亡先后时间的,推定没有继承人的人先死亡。死亡人各自有继承人的,如几个死亡人辈分不同,推定长辈先死亡;几个死亡人辈分相同,推定同时死亡,彼此不发生继承,由他们各自的继承人分别继承。”这条规定中的几个推定,是不可反驳的推定——保护有继承权的人。不可反驳的推定在法律规范中已经明确规定了。我今天讲的呢,是可反驳的规定,比如《合同法》第158条关于质量数量等的规定。这个法律规定,我们在案件的审理中,是遇见非常多的,尤其是买卖、加工承揽合同中。我国《合同法》第158条规定:“当事人约定检验期间的,买受人应当在检验期间内将标的物的数量或者质量不符合约定的情形通知出卖人。买受人怠于通知的,视为标的物的数量或者质量符合约定。当事人没有约定检验期间的,买受人应当在发现或者应当发现标的物的数量或者质量不符合约定的合理期间内通知出卖人。买受人在合理期间内未通知或者自标的物收到之日起两年内未通知出卖人的,视为标的物的数量或者质量符合约定,但对标的物有质量保证期的,适用质量保证期,不适用该两年的规定。出卖人知道或者应当知道提供的标的物不符合约定的,买受人不受前两款规定的通知时间的限制。”从条文上看,从要件事实上讲,买受人如果说要行使抗辩权,应该在收到货物的约定期限内提出质量或者数量不符合的通知,在这个规范里可以这么区分:通知是一个前提事实,如果不通知,视为标的物数量、质量符合约定,那么就是一个法律推定的事实和后果。但是,要出卖方证明标的物的数量、质量符合合同约定,需要有一个前提事实,即买受人在约定的期间没有告知其数量和质量不符合要求。《合同法》第158条也是我们在审理买卖合同、加工承揽合同所大量引用的条款,为了规范合同买受方收到出卖人或者承揽人交付的货物和商品在合理或约定时间提出通知,否则则视为合格。整个证明责任分配时,如果说买受人认为这个产品不合格,不管是数量还是质量不符合合同约定,都要提供证据,并且买方如果抗辩并未按照约定或者合理期间内提出异议则视为合格,这就是《合同法》第158条关于证明责任的分配。

另一种是我们在审理案件中也常碰见的还有表见代理。《合同法》第49条是表见代理的规定,大量的纠纷和表见代理有关。举个例子:我们过去审理的案件中有一个公司叫航空港建设公司,在管理上存在混乱。这个公司在全国各地有很多分公司并承揽了项目。这些分公司或者是承包人在盖章以后,卷走工程款,另一方来起诉,但分公司并不认账,后来它资不抵债被收购。我们遇到的案件是航空港建设公司在北京有一个项目,当时有一个项目经理,收了很多项目结款,卷款跑了。航空港建设公司抗辩称经理早就离职了。我们查到航空港建设公司给经理出了很多授权委托书,还有很多合同专用章的空白纸。这种情况应该在我们社会生活中大量的存在。一方面公民个人不能亲自处理很多事;另一方面公司企业在进行交易的时候不可能由法定代表亲自进行,所以这方面的案件数量很多。《合同法》第49条规定:"行为人没有代理权、超越代理权或者代理权终止后以被代理人名义订立合同,相对人有理由相信行为人有代理权的,该代理行为有效。"这个条文是为了确定谁有证明责任。行为人的代理权外观及表面上的事实,这个属于应证的事实,由相对人对这个客观事实承担证明责任。至少拿出亲笔签名或者盖公章的授权委托书证明其真实性,才推定代理行为有效,所以合同有效。这条的前提是相对人是善意的,不知道行为人没有或者超越代理权或者代理权已经终止,如果已知即为恶意,相对人恶意或者有过失是主观事实,由相对人或者说本人来承担。第49条客观事实由相对人证明,主观事实由被代理人证明。因此,对一些法律规范进行一些分析,有助于解读这些法律规范,如果碰到案件,就知道证明责任分配是在哪一方。

下面我也讲一些涉及《侵权责任法》或者和《物权法》相关的案件。我们遇见比较多的如相邻关系,随着楼房区分建筑物所有权的发展,会存在邻里关系的问题。现在很多都市因为装修、改造等原因产生漏水等侵权纠纷中,往往当事人情绪比较激动,影响邻里关系。在处理这些案件的时候,首先要确定这些纠纷应该由谁来承担证明责任。一般来讲,上下左右漏水等,原告这一方属于受害方,原告只要提出上面有漏水的证明,如果认为其有损失,应当对损失予以证明,当然也存在特殊性。现在很多建筑、浇筑、其他砖瓦结构,可能出现同一个楼梯口,你住在左边,你楼上家漏水,渗透到右边家去的情况。一般情况下,若是你这家破坏了结构或者是装修等原因导致漏水,那么你(被告)承担证明你不是漏水的原因。漏水过错跟你没有关系,证明责任是你,是上家,是被告。还有一种情况,当然也是真实发生的,就是现在的建筑,比如楼顶上面有一个露台,靠近露台这方为了扩大住房的面积搭个棚,即违建。因为在北京,楼顶上面除了防水以外,还有供暖以及其他的管道,搭棚、搭建这种行为往往有可能破坏防水,也可能破坏暖气,也容易导致漏水。一般来说,只要有一方搭了违建,或者是进行了改造,那么只要发生漏水或者其他问题,对住在楼下的人造成损害,都要承担证明责任。

以上是我们处理这类案件经常碰到的,我做一个简单的介绍。归纳起来,证明责任分配不是我们凭空想出来的,第一,我们在实体法的很多规范里面已经预设了证明责任分配,我想我今天讲这个多多少少会对法学院的学生读民商法的条文有一些启发,至少我们从多个意识、多个角度去理解,而不是简单地阅读。我想我们学法律的目的是要用,但是怎么用,前提是你怎么读。第二,证明责任分配实质上也不单是实体法的问题,实际上证明责任分配是诉讼法与实体法的一个交叉,虽然实体法很多规范里有这个预设,但是真正运用还是要通过案件,通过诉讼来确定最终证明责任分配。在审理案件的时候确定分配给哪一方,最终由法官在审理的最后阶段对承担证明的责任的这一方进行判断,如果他提供的证据不能让法官在审判的最后阶段内心确信,确认他提供的事实,证明他的主张,那么他承担败诉的风险。我国《民法通则》在这一方面规定得比较模糊,应该说在《侵权责任法》中是有这样的规定的。我记得王利明老师在2000年左右,最高人民法院在人民大学举行了一个关于举证责任分配的研讨会,他当时就主张在未来的民法典中,对证明责任分配进行规定。我们也很高兴地看到在《侵权责任法》里,很多条文已经有了规定,特别是对于特殊的侵权责任,涉及举证责任倒置,有一些很明显的规定。我想在未来的民法典里面也会有相关的内容,现在的《民法通则》里是不是有规定我还没细看。但最高人民法院在做司法解释的时候,对《民事诉讼法》第64条"谁主张,谁举证”,对举证责任分配,在司法解释第90条做了规定,也是一个很大的进步,应该说这次规定对我们把握法律的精神特别是从法律的角度把诉讼法与实体法结合起来是很有帮助的。第三,我想说我今天讲的只是做一个引子,希望我们以后不管是学习诉讼法也好,还是实体法也好,还是做一些案例的分析也好,至少脑子里面有个概念,有个观念,这个案件怎么判才能得到诉讼的结果,前提是必须要明确把证明责任分配押在哪一方,不明确地话可能写半天,说半天这个案子的结果还是错的。最明显的是,我一开始讲的,2014年女大学生撞倒老人的案件,举证责任分配不当可能导致根本性的错误。我想我今天大概就讲这些内容,因为我也很久没讲课了,客观上每天也有大量的事务,不瞒你们说,我主管民事审判民事案件昨天为止突破21,000件,我同时还管一个商事法庭,也有将近3000件案件,每天听案件非常多,所以要把自己的思路理顺,重新讲一遍对我来讲也确实比较困难,所以今天可能很多东西也没讲透,也可能讲得不对,希望大家批评指正。谢谢!

[讲座点评]

孟强*点评:今天的讲座既体现了一个法官的特点,同时也体现了人民大学民商法学科的学风,就是不空谈,结合现行法,深入浅出,条分缕析,把理论运用到法条的最后,讲得非常深刻。那么我个人的理解,对证明责任分配,它的意义不只在程序法,对于实体法也有重要的意义。我觉得第一点就是能够斩断民事案件对于生活事实的无权推理,因为民事案件与刑事案件不同,刑事案件可以说穷尽一切人力物力还原案件真相,民事案件是不可能的,法官在有限的时间对双方的举证责任进行一个判断,不可能去挨家挨户地走访。最典型的就是辛普森杀妻案,在刑事上他没有杀人因为要排除合理怀疑,但是在民事诉讼中认定他侵犯别人的生命权,因为只需要有优势证据证明就可以了。同样是高楼抛掷物,如果做成一个刑事案件肯定可以查出来,去查抛掷物上面的指纹,去做血迹,重力、风向试验,请李昌钰过来查,一定能查出来。但我们

* 孟强:北京理工大学法学院副教授,硕士研究生导师,兼任中国民法学研究会副秘书长、中国人民大学民商事法律科学研究中心研究人员。

民商事案件没有办法这么做，只能做一个简单的分配，看有可能加害的行为人。所以我认为第一点是斩断民事案件对于生活事实的无权推理，他只能还原一个法律事实。第二点就是一个利益衡量的结果。因为立法过程中要进行利益衡量，比如继承案件中谁先死谁后死的问题，还有就是对于弱者的保护。一个规则的设置体现了某种利益衡量，比如，我们今天国家奖学金评张院长，大家同意的举手，和我说大家反对的举手，完全是两个结果。因为大家都不想举手，这是立法可以配置的规则。包括我们侵权责任法上的归责原则，无过错责任还是过错责任，说到底就是一个举证责任分配，对免责事由的限制作出了不同的倾向。还有一点就是抽象的普遍规则和个案平衡，法律是一个抽象的规则，运用于更多情况，但遇到个案难免会有一些不太公正的地方，这个是法官最为难的地方，规则的抽象性性和个案的特殊性，这就需要法官要自己作出判断，作出取舍。那么，对当事人来说他可以主张事实不是这样的，事实是那样的，但是法官必须作出一个了断；究竟这个钱借了没借，还了没还；人是谁撞的，不是你撞的你为什么要扶他？有的人说那个人是做好事，那为什么做这么多好事？因为我是雷锋。那法官就要作出一个判断，说好到这里为止，法官就必须作出一个取舍。所以，证明责任分配在实体法程序法中都有着非常重要的意义。

［讲座提问阶段］

问：老师您刚刚讲证明责任分配是对当事人权利的一个预设，我国司法解释在证据规定中规定了法官在证明责任分配中有一个自由裁量权，您在实务部门工作，法官在行使自由裁量权的时候有可能会滥用，有什么合理的措施来防止这个情况出现？

答：证明责任分配和自由裁量权有关系，但是，不是同个层次的问题，证明责任分配应该是一种客观的证明责任，就是这个证明责任应该是在我们立法的规定里或者某类案件里，这个证明责任分配是确定的。自由裁量权包括两个：一个是证据的认定上，比如，都没有物证的情况下，或者物证很少的情况下，有很多人作证，认定这个事实是真的还是假的，法官有内心的确信，这是自由裁量权。另一个所谓自由裁量权是对实体权利的一个自由裁量权,比如违约责任。我们都知道《合同法》规定当事人如果一方认为违约金过高,他可以主张降低,但是守约的一方认为违约金过低,还不足以补偿他的损失,那么这种情况下,因为违约金是补偿原则,以补偿为主,惩罚为辅,这个时候法官就有一个自由裁量权,自由裁量权就如我们现在是高不能高出30%。比如损失1000元钱,可能判到1300元,这可能是个原则,但是在1000~1300元,这恐怕是一个法官的自由裁量权。比如一个建设施工合同纠纷,原告这一方称没做供暖,约定赔偿违约金特别高,后来就起诉了,按照合同约定违约金是很高的,开发商说太高了,后来给减一点儿,减多少,这里面就是法官的自由裁量权。还有一个就是给付债务,在判决以后比如说给付金钱的债务,按照同期人民银行贷款利率的双倍来给付,双倍还不能补偿他的损失,按民间借贷可以是银行利率的4倍,那么就4倍来判,这个是法官的自由裁量权。所以说法官的自由裁量权跟证明责任分配不是一个层次的概念,甚至有些方面是不同的领域。

人民法院审判事务职责分工模式实证研究

石东洋* 刘新秀** 潘 红***

摘要:当前法院审判资源的配置,以及"法官 + 书记员"工作模式存在诸多弊端。本文对"法官 + 书记员"工作模式分工状况进行分析,认为构筑"法官 + 法官助理 + 书记员"的新型工作模式是当前问题的解决之道。通过对审判事务与审判辅助事务进行合理区分,进一步明确法官与审判辅助岗位的职责权限;明确审判辅助人员的性质和定位,厘清法官与审判辅助人员的关系;增设法官助理,重新调整法官与审判辅助人员的职责分工;提出新型审判模式下法官与审判辅助人员职责的合理分工,希望对司法改革有所助益。

关键词:人员分类 权力配置 职责分工

---

* 石东洋:中共党员,法学硕士。在山东省聊城市人民政府法制办公室工作,科员,从事法治理论研究。

** 刘新秀:山东省阳谷县人民法院法官;研究方向:诉讼法学。

*** 潘红:山东省阳谷县人民法院书记员;研究方向:诉讼法学。

引言

法院内部构建以法官与审判事务为核心,司法辅助人员与辅助事务服务于法官与审判事务的良性运行机制,须分析法官与司法辅助人员职责分工存在的弊端。本文通过参考国外与国内司法改革、最高人民法院审判权运行机制改革试点法院的先进经验,按照审判权的本质属性对审判事务进行划分,将审判事务分为核心审判事务与辅助审判事务,辅助审判事务又可分为专业性审判辅助事务和一般性诉讼辅助事务。以此为基础,提出了新型审判模式下法官与审判辅助人员职责的合理分工,厘清了各自职责。

一、描摹:"法官+书记员"模式职责分工现状

(一)法院基本情况及工作模式

1.法院工作人员分布

目前我国各级法院的内设机构设置大致相同,基本上都设有刑事审判庭、民事审判庭、行政审判庭、立案庭、审监庭、执行局等审判业务庭和研究室、审管办、信访科等综合业务部门;办公室、政治处、纪检监察室等非业务部门。法院人员分布于各个庭室开展具体工作。以Y法院为例,Y法院现有内设机构27个,其中审执业务部门有15个,如刑事、民事、行政审判业务庭、执行局和各基层法庭;行政综合部门10个,如政治处、监察室、办公室等;综合业务部门2个,分别是审管办、研究室。Y法院现有法官93名,其中审判员86人,助理审判员7人;书记员78人,其中聘用制书记员54人;法警39人,其中聘用制法警24人;司法技术人员8人。具有法官资格的人员中,在非审判业务部门任职的人员数量较大,审判资源分布不合理(见下表)。

法院人员分布情况表

身份(人) 工作岗位	审判员	助理审判员	书记员	法警	司法技术人员
院领导	12	—	—	—	—
审判业务部门	64	5	69	13	—

续表

身份(人) 工作岗位	审判员	助理审判员	书记员	法警	司法技术人员
综合业务部门	3	1	2	—	—
行政综合部门	7	1	7	26	8

2. “法官 + 书记员”工作模式

目前法院的案件审理工作是由法院内部的各审判业务庭来负责完成的，除立案工作由立案庭负责外，其他审判事务则由各审判业务庭负责完成。各审判业务庭的法官根据案件的实际情况独任审理或者组成合议庭对案件进行审理。由于我国的法官助理制度尚未全部推开，当前人民法院在审理案件时，无论是独任制还是合议制，都是采用“法官 + 书记员”的审判组合工作模式，由他们共同协作完成案件的审判任务。

(二)“法官 + 书记员”工作模式职责分工

1. 一审民行案件审判流程职责分工

审判流程7个环节。从Y法院一审民行案件审判流程来看，一个案件进入法院大致要经历从立案、送达、庭前准备、开庭审理、庭后决议、宣判、结案7个环节，这7个环节从接待立案当事人开始到最后的案卷归档结束，所有的工作细致划分起来约有141项工作。

送达工作贯穿整个诉讼流程。诉前保全案件中须向各方当事人送达诉讼保全裁定，立案阶段须向当事人送达案件受理通知书，案件不予受理的要送达不予受理裁定书；立案送达阶段要向对方当事人送达应诉通知书、起诉状副本、举证通知书等；庭前准备阶段，如当事人申请先予执行、诉讼保全、撤诉或者要求追加被告人等事项均需向当事人送达相应的法律文书，确定开庭日期之后，还要向当事人送达开庭通知书等事项；案件审理完毕之后，需要将裁判文书送达各方当事人；如果当事人上诉还要将上诉状副本送达被上诉一方当事人。

2. 法官与书记员的职责分工

在一审民行案件审判流程7个环节中约141项工作，法官承担了92项工作,书记员承担了49项工作。

(1)法官承担的审判事务。在"法官+书记员"工作模式下,法官具有审判权,承担了大部分审判事务。在立案阶段,法官负责审查立案材料并决定是否立案,审查诉前保全材料并决定是否诉前保全,符合条件的,实施诉前保全。案件移转到审判业务庭后,法官负责接待诉讼当事人、送达、诉讼保全、先予执行、庭前调查、调解、开庭审理、合议庭合议、撰写裁判文书、裁判文书送达、判后释明答疑、上诉等与审判权有关的一切事务等共计92项工作。

(2)少数法官承担行政综合事务。部分法官身兼数职,如有的法官在行政部门或综合部门任职,这些法官除办理案件担任案件承办人之外,还要从事其所在行政、综合管理部门的相关工作,使法官不能专心办理案件,如审判业务庭庭长既是办案骨干,办理大量案件,也要代表所属业务部门处理对外联络、业务协调、参加相关会议等工作,还要从事案件质量评查等工作。

(3)少数法官承担化解社会矛盾方面的任务。基层法院,特别是人民法庭参与平安建设,承担着化解社会矛盾的角色,但从实际情况来看,基层法院,特别是人民法庭与当前农村社会治理的关系越来越远。从司法的正常发展规律来看,基层法院参与社会综合治理的角色每年都在弱化,越来越走向司法的专业化道路。基层法院参与社会综合治理、平安建设的主体主要是院长、庭长,在日常工作中,主要是院长、庭长与县委、政府协调关系。一般法官参与"一村一警"等平安建设活动,基本没有增加法官的任务。

(4)书记员承担的事务。书记员没有审判权,只负责担任审判庭的记录工作,一并办理有关审判的其他事项,如案卷材料的移转接收、扫描上传、庭审记录、装订卷宗、案卷归档等共计49项工作。

(三)"法官+书记员"工作模式分工存在的弊端

(1)法官承担程序性工作多,浪费审判资源。在"法官+书记员"审判组合模式下,法官与辅助人员的比例失衡,呈"倒金字塔形",这就造成了法官不仅须承担审判核心事务,还要承担送达、接待当事人、案件信息录入等审判程序性事务。比如,在送达过程中,由于书记员人员较少,法官与书记员组合外出送达时,往往要等书记员的时间安排,有的法官为了尽快送达,甚至组成法官组合进行送达。这些非审判核心事务耗费了法官大量的时间和精力，成为法官工作的重头戏，分散了法官处理核心审判事务的精力，打乱了法官处理核心审判事务的节奏和思路，使法官无法专司核心审判事务，从而影响了审判效率，造成审判资源不必要的浪费。

(2)辅助性工作量大，挤压法官裁判空间。法官承担了过多的保全、一般事项调查等辅助性工作。以保全工作为例，2012年至2014年，Y法院共受理各类保全案件1061件，保全工作占审判工作的比重很大。在办理诉讼保全案件时，保全人员须持有人民法院的执行公务证件，基于临时聘用人员没有执行公务证件的限制，人民法院的保全工作仍然需要法官进行办理，同时需要法官与其他审判人员进行组合。另外，保全案件需要在受理保全申请后，需立即进行办理，若不办理就可能丧失保全的最佳时机，这样法官就需打破原有的工作计划去办理保全工作。协助人民法院办理保全工作的金融机构、相关单位没有开辟协助法院办理保全事务的专门工作窗口，法官在办理保全工作时往往需要等待相关单位进行必要的工作协调，在时间上造成不必要的浪费。

(3)关系定位不清，职能发挥不明显。目前，法院的书记员队伍由两部分人员组成，一部分是委任制；另一部分是聘任制。委任制书记员具有公务员身份，其担任书记员是为了晋升法官，向法官学习业务知识，法官与委任制书记员之间是"师徒+上下级"的关系，书记员对法官的依赖性十分强，由于书记员晋升为法官不再需要考试，很多书记员不安心本职工作，只想等工作年限满足条件之后晋升为法官。很多聘任制书记员只是将书记员工作作为临时岗位，加上职业待遇较低，对其考核主要依靠法官的评判，法官与聘用制书记员之间呈现"领导与被领导"的关系。在这种人员关系构成下，书记员的辅助职能不明显。法官与书记员的关系定位不清使书记员的业务水平不高，影响办案质量。

(4)工作权限不明，分工不科学。在"法官+书记员"审判工作模式下，法官处于绝对主导地位，书记员在法官安排下工作，由于书记员人员较少、工作能力差别较大，法官与书记员的工作权限比较模糊，工作职责时有混淆。有的书记员工作能力较强，法官就会让书记员从事本应由自己负责的审判工作，甚至存在书记员以法官的名义独立办案的情况,实践中出现的"书记员单独开庭"的情况屡见不鲜;有的书记员能力弱,法官在从事审判工作之外,还要分担许多本该由书记员负责的审判辅助事务工作,由于书记员人员较少,法官为了提高工作速度,自审自记的情况也时有发生。

二、审思:"法官+法官助理+书记员"分工模式的合理性和必要性

从我国的司法实践来看,"法官+书记员"的分工模式存在诸多弊端,对比"法官+书记员"的分工模式,建立"法官+法官助理+书记员"分工模式十分必要,意义重大。"法官+法官助理+书记员"分工模式的关键在于增设法官助理岗位。

(一)增设法官助理的合理性和必要性

1. 应对法官员额制改革、案多人少矛盾的需要

随着司法体制改革的逐渐深入,旨在实现法官精英化和审判辅助人员的合理配置为目标的审判人员分类和法官员额制改革势在必行。[①] 但与此同时,随着经济的不断发展,立案登记制改革的推行,法院受理案件数量持续攀升。目前案件数量急剧增加、案件内容复杂化与审判人员人数不足、法官负担过重、诉讼延迟的矛盾与日俱增。推进法官员额制改革后,意味着现有法官数量将大幅度缩减,案多人少矛盾将更加突出。因此,需要增设法官助理岗位,让法官专注于核心审判事务,将法官从所从事的非核心审判事务中脱离出来,将法官从事务性工作中解放出来,使之专司审判。

2. 优化法院审判辅助人员结构的需要

在诉讼爆炸的司法环境下,法官员额制改革后法官数量急剧减少,而审判辅助人员类型单一且数量较少。(1)助理审判员不助理。在法院从事审判工作的人员由审判员和助理审判员构成,但根据诉讼法的规定,助理审判员不应有完全的审判权,但实际工作中助理审判员和审判员一样,行使完全审判权,助理审判员并未从事着助理工作,相关法律对助理审判员的助理工作内容未明确,导致助理审判员不助审。(2)书记员队伍过度社会化,专业性审判辅助

① 傅郁林:《以职能权责界定为基础的审判人员分类改革》,载《现代法学》2015年第4期。

人员严重缺失。之前法院书记员基本都是法学专业本科生,经过锻炼都会任命为助审员,他们协助法官处理审判事务,专业水平较高,工作积极性也有保证。目前,法院书记员基本都是招聘的社会化的临时聘用人员,很少有法学专业本科毕业生。由于是聘任制,书记员的任职保障较差,工作积极性不高,由于缺少法律专业背景,书记员的专业无保证,他们的工作主要以记录为主,无法从专业上对法官处理审判事务进行辅助,法官不得不承担大量的核心审判事务以外的事务。

3. 遵循司法正常发展规律的需要

从国外较完备的审判来看,无论是大陆法系国家,还是英美法系国家,基本上每个法官都有自己的法官助理,帮助自己从事专业辅助事务,使法官能够专司审判,法官助理的存在是符合司法规律的。因此,不管是资本主义国家,还是社会主义国家,司法规律都是相通的,成熟的、优秀的审判经验都是可以相互借鉴的,增设法官助理是具有合理性的,司法遵循发展规律必然要求增设法官助理。

(二)增设法官助理的制度价值和程序价值

1. 符合法官职业化发展方向,有利于促进法官的精英化

推进法官员额制度改革,就是要选出最优秀的法官,然而优秀法官的养成不是一蹴而就的。优秀法官应当具备担当司法责任所应具备的政治素养、业务能力、司法经验、社会阅历、群众工作能力和个人心理承受能力。这些综合素质的养成,离不开审判实践的积累,且需要长期的审判经验积累。要想当法官,就必须先当法官助理,法官助理作为法官的助手,在成长过程中会潜移默化地受法官的影响,并积累审判经验,不断提高自身的素质,从而为选任法官打下坚实的基础,为选任法官提供充足的人才准备。这符合法官职业化建设的要求,有助于法官职业化进程,符合法官精英化的趋势。

2. 符合专业化分工的要求,有利于提高审判效率

增设法官助理可突出法官的审判核心地位,法官对个案的审理负总责,有权指派法官助理完成相关辅助工作,法官助理也应当按照法官制定的审理方案,在法官指导下办理与审判相关的专业性事务工作。法官助理分担法官负

担过重的送达、保全等审判辅助事务,承担大量的业务性审判辅助性工作,使法官能够从这些纷繁的事务性工作中脱身出来,专心致力于“审”与“判”。这样分工合作将使法院内部工作实现专业化,有助于消除审判职责不明、人员职责不清等弊端,审判流程将会更加科学、规范,可以有效地促进审判效率的提高。

3. 符合司法中立的精神,有利于保障司法公正

增设法官助理,明确法官助理在不同审判流程阶段的工作职能,由法官助理组织庭前准备等辅助性工作。一方面,负责案件审理和裁判的法官不同当事人直接接触,避免了法官与当事人的不正当接触;另一方面,同当事人接触的法官助理没有决定权,这样在法官与当事人之间树起一道屏障,隔断他们之间的联系,有利于法官中立、公正地行使审判权,有助于维护司法的独立,保障司法公信,更好地实现司法公正的法律价值目标。

(三)法官助理的身份、职责定位

1. 国外法官助理的身份、职责定位。随着纠纷急剧增加、案件内容越来越复杂,为了缓解压力,美国联邦最高人民法院大法官开始雇用助理,德国则逐渐发展出司法辅助官制度。在司法体制改革的背景下,审判权运行机制有序运转,应当以法官为基础建立一支长期稳定的专业化、职业化审判辅助队伍,但没有法官助理、书记员,就无法形成独任制和合议制审判的单元和团队。① 在美国,法官助理(law clerk)是指:“给法官提供主要帮助的年轻律师。(他们)最关键的工作是帮助法院法官审阅上诉人递交的上诉状,还要撰写有关诉讼文书或法院摘录的摘要。法官助理对于被选出复审的某些问题也做法律研究,也常担任起草附在法院裁决后的判决意见的工作。”②在德国,司法辅助官代行部分法官事务,其权限主要集中在非讼事件程序领域,在民事诉讼领域内

① 陈永忠、王鹏:《法官助理制度运行试点中的问题》,载《人民法院报》2015 年 9 月 3 日第 5 版。

② 江振春:《美国联邦最高法院与法官助理制度》,载《南京大学学报》2010 年第 2 期,第 35 页。

权限极少。[①] 从国外的实践来看，对法官助理的定义虽然基本都是“法官的助手，承担判决以外的法律性事务”，但其承担的工作内容不尽相同，在是否享有审判权这一点上也不尽一致。例如，美国的法官助理不但能撰写开庭时的案件备忘录，并且可以帮助法官草拟判决，享有一定的审判权。而德国则明文规定：“不享有审判权的法官助手，在法官的指导下，协助法官完成判决以外的法律性任务，法官助手并不能真正行使审判权”。[②]

2. 我国法官助理的身份、职责定位

最高人民法院《关于在部分地方人民法院开展法官助理试点工作的意见》中明确规定：“法官是依法行使国家审判权的审判人员。法官助理是协助法官从事审判业务的辅助人员。书记员是审判工作的事务性辅助人员”。[③]《海南省法院法官助理试点改革实施方案》将法官助理定位为“协助法官履行审判职能的人员”。[④] 从上述规定来看，我国的法官助理不具有审判权，是与法官相对应协助法官完成审判任务的审判辅助人员。

三、构建：“法官＋法官助理＋书记员”审判分工模式

建立法官助理制度，打破“法官＋书记员”的传统审判模式，将法官从事务性、程序性工作中解脱出来，使其专司审判，从而提高审判质量和效率，应构筑“法官＋法官助理＋书记员”的新型审判模式、分工模式。

（一）法官与审判辅助人员的关系定位

在“法官＋法官助理＋书记员”的审判组织模式中，法官居于核心地位，法官助理和书记员是法官的助手，工作上受法官指导。法官、法官助理、书记员应各司其职、相互配合、相互补充。合理定位法官与法官助理、书记员之间的

---

① 傅郁林：《以职能权责界定为基础的审判人员分类改革》，载《现代法学》2015 年第 4 期，第 16 页。

② 宁波市中级人民法院、余姚市人民法院联合课题组：《法官职业化建设背景下法官助理制度的重新审视与现实进路》，载《时代法学》2013 年第 6 期。

③ 最高人民法院“关于在部分地方人民法院开展法官助理试点工作的意见”，载 http://www.lawyee.net/Act/Act_Display.asp? RID＝661660，2015 年 9 月 17 日访问。

④ 《海南省法院法官助理试点改革实施方案》，载 http://www.hicourt.gov.cn/xw2tc/show－news.asp? newsid:2015－10－20－13－13－3，2016 年 3 月 16 日访问。

关系,有助于提高整个审判组织的质量和效率,实现整个审判组织的良性运转。

1. 法官助理是法官的助手和后备军

设立法官助理的目的是分担法官负担过重的审判辅助事务,突出法官的审判核心地位。中央政法编通过国家司法考试选任为法官助理,优秀的法官助理可以经过遴选被任命为法官,因此,法官助理是法官人选的培养和储备基地、法官的重要后备力量。[①] 在新型的审判组织模式中,法官与法官助理之间是指导与配合的关系,法官对个案的审理负总责,有权指派法官助理完成相关辅助工作,指导法官助理办理与审判相关的专业性审判辅助事务。法官助理作为法官的辅助人员,应当按照法官制定的审理方案,履行其工作职责。同时,作为法官的后备力量,法官助理还应通过参加重大、疑难、复杂和在社会上有重大影响案件的庭审、在法官指导下草拟简单案件的裁判文书等工作,提高自身的业务能力,为晋升法官做好准备。

2. 法官助理与书记员分工负责、相互补充

法官助理与书记员都是法官的辅助人员,二者应当相互配合,同心协力辅助法官做好审判工作。法官助理同时还对书记员负有指导责任,指导书记员做好各种琐碎的事务性工作。[②] 虽然法官助理与书记员都属于审判辅助人员,但法官助理的工作更侧重"业务性",会介入对案件实质性内容的处理,在诉讼流程中承担部分组织、主持、引导、调研、调查等职能。书记员的工作更侧重"事务性",主要在程序性事务中承担记录、整理、装订、归档、校对等职能。[③] 二者的区别在于业务分工不同,法官助理承担的工作专业性更强,书记员的职责范围要窄于和低于法官助理,两者在不同的业务分工下,要做好案件流程的衔接和意见的及时交换,更好地配合法官的工作。由于法官助理承担的工作专业性较强,其负责的某些工作需要书记员的配合才能完成,因此,法官助理与

---

① 陈永忠、王鹏:《法官助理制度运行试点中的问题》,载《人民法院报》2015 年 9 月 3 日第 5 版。

② 张传军:《我国法官助理制度之探析》,载《法律适用》2005 年第 1 期。

③ 李少平:《深刻把握司法责任制内涵 全面、准确抓好〈意见〉的贯彻落实》,载《人民法院报》2015 年 9 月 25 日第 2 版。

书记员之间是在分工协作的基础上指导与配合的关系。在必要时,法官助理和书记员可以相互补充,以保障审判的正常运行。

(二)法官与审判辅助人员的权利配置

为了探索建立符合司法规律的审判权利运行模式,最高人民法院启动了审判权运行机制改革,深圳市中级人民法院、江苏省江阴市人民法院等被确定为试点法院,中央启动了司法体制改革试点工作,上海、广东等法院被确定为第一批司法改革试点法院,在明晰法官与审判辅助人员的职责权限方面,各试点法院进行了有益的探索。首先对法院的工作进行分类,将行政事务与审判事务进行分离,由行政人员承担行政事务,由审判人员承担审判事务。其次要对审判权和裁判权进行解析,区分必须由法官行使的权限和可由审判辅助人员代行的权限。①

1. 法官行使核心审判权,承担核心审判事务

审判权是依法审理和裁决案件的权力,按照对案件处理结果的影响大小,可以将审判权分为核心审判权和辅助审判权。核心审判权是指对案件处理结果具有直接、重要、主导、终极性影响的那部分审判权,辅助审判权是指对案件处理结果具有间接、次要、从属、阶段性影响的那部分审判权。② 根据审判权的分类,与行使核心审判权相关的事务可称为核心审判事务,这些事务对个案的实体和程序具有决定性影响,必须由法官亲自完成并独立进行决策,包括指挥诉讼程序、认定案件事实、适用法律和司法裁断。事实认定即根据现有证据推定已经发生的未知事实的专门活动,适用法律即根据证据证明的事实选择法律适用的过程,司法裁断即依法确认和分配当事人之间权利义务的过程。③ 从司法实践来看,法官承担的核心审判事务具体表现为程序的决定性事项、庭审、合议、制作裁判文书等。

---

① 傅郁林:《以职能权责界定为基础的审判人员分类改革》,载《现代法学》2015 年第 4 期。

② 王庆廷:《法官分类的行政化与司法化——从助理审判员的"审判权"说起》,载《华东政法大学学报》2015 年第 4 期。

③ 贺小荣:《人民法院四五改革纲要的理论基点、逻辑结构和实现路径》,载《人民法院报》2014 年 7 月 16 日。

2. 审判辅助人员行使辅助审判权,承担审判辅助事务

辅助审判权衍生、从属于核心审判权,且须以核心审判权的行使为中心,不以调整、确定和处理当事人具体权利义务为目的,不介入或干预案件实体审理和裁判,[①]可由审判辅助人员行使,与行使辅助审判权相关的事务可称为辅助审判事务。辅助审判事务所涉及的内容繁多,对审判质效的影响巨大,广州市中级人民法院将辅助事务进一步区分为一般审判辅助事务和专业审判辅助事务。[②] 笔者认为,根据辅助审判事务对个案的实体和程序的影响程度可分为业务性审判辅助事务和一般性诉讼辅助事务:

(1)法官助理承担专业性审判辅助事务。业务性审判辅助事务的完成质量和效率对个案的实体和程序影响较大,此类事务的处理需要相应的法律专业知识和一定的程序指挥能力,并应随时接受法官的指导和法官的裁判思路保持基本一致,此类事务的处理可由具备良好的法律专业知识的法官助理来承担。从司法实践来看,法官助理承担的业务性审判辅助事务具体表现为审阅案件材料,归纳和整理诉讼争议焦点,准备与案件审理相关的参考资料,在法官指导下采取保全措施、进行庭前调解、召开庭前会议等。

(2)书记员承担一般性诉讼辅助事务。一般性诉讼辅助事务的完成对个案的实体和程序影响不大,可替代性强,对法律方面的专业知识无特别要求,可由具备初步法律知识的书记员完成,如庭审记录,卷宗整理、文书印发、案卷归档等。

(三)法官与审判辅助人员的职责分工

"法官+法官助理+书记员"分工模式中,法官的核心职责是裁判,书记员的核心职责是记录。增设法官助理后,应从传统"法官+书记员"分工模式中剥离出法官助理承担的事务,明确其相应职责。法官助理的核心职责可归结为:(1)完成庭前准备工作;(2)做好庭审的辅助工作;(3)调解与辅助起草裁

---

① 张倩、俞丽虹:《改进思维中的审判事务分离"最大公约数"——以辅助审判分工的经济学方法为视角》,载贺荣主编:《公正司法与民商事法律适用问题研究论文集》,人民法院出版社2015年版,第941页。

② 《广州市中级人民法院审判辅助人员管理方案》,载 http://www.gzcourt.gov.cn/sfgg/ck287/2016/07/13103004367.html,2016年7月14日访问。

判文书,指导书记员开展工作;(4)安排法官日常工作,法官参与综合治理、平安建设等工作由法官助理安排,由法官决定,并服从庭长指挥。

结语

审判是人民法院工作的核心,在诉讼爆炸和司法改革的大背景下,人民法院能否公正、高效地行使其审判职能,关键是在审判流程的各个环节和审判组合内部,厘清法官与司法辅助人员的工作权限,对法官和司法辅助人员的职责进行合理分工,从而确定审判流程各环节的人员配置,使法官与司法辅助人员在分工负责的基础上,互相配合、互相监督,提高审判质量和效率。在法院内部形成以法官与审判事务为核心,司法辅助人员与辅助事务服务于法官与审判事务的良性运行机制。

［法学教育］

新形势下法科青年教师教学观念转变与教学能力提升的反思*

彭海青**

摘要:“全面推进依法治国”等新形势要求高等法学教育关注政治思想与职业道德教育、法律知识教育以及法律技能教育等内容。法科青年教师在教学观念与教学能力方面存在的问题导致其教学难以满足新形势的要求。为此,应从更新教学观念、创新教学机制、建立教学支持机制等方面进行探索,提升高等法学教学质量,为法治中国建设输送合格的法律人才。

关键词:法科青年教师　教学观念　教学能力　工会

进入21世纪第一个十年以来,尤其是党的十八大提出“全面推进依法治国”、“加快社会主义法治国家建设”以

* 本文为2016年度北京理工大学工会理论调研课题的研究成果。

** 彭海青:北京理工大学法学院诉讼法学研究所所长,副教授。

来,我国法治建设进入了一个新的发展时期。新形势下,以法治人才培养为己任的我国高等法学教育也面临新的发展契机与挑战。法科青年教师居于高等法学教育一线,其教学观念与教学能力与我国高等教育质量息息相关。在新形势下,研究法科青年教师教学观念的转变与教学能力的提升问题颇有意义。本文拟对此进行探讨,期望对推进"法治中国"的建设目标有所裨益。

一、新形势对高等法学教育的要求

2011年12月,教育部、中央政法委员会《关于实施卓越法律人才教育培养计划的若干意见》(以下简称《卓越人才计划》)开启了21世纪以来我国高等法学教育发展的新篇章。党的十八大以来,尤其是2014年10月党的十八届四中全会通过中共中央《关于全面推进依法治国若干重大问题的决定》(以下简称《决定》),站在"全面推进依法治国,建设社会主义法治国家"的国家发展的新的战略高度,对"创新法治人才培养机制"提出新的、更高的要求。教育部《"十三五"教育规划》也从"创新法治人才培养模式"等方面对高等法学教育寄予了新期望。虽然上述规范性文件对高等法学教育规范的层次、方式、角度、内容不同,但其中体现了对高等法学教育几个方面的共同要求,即政治思想与职业道德教育要求、法律知识教育要求、法律技能教育要求等。例如,《卓越人才计划》的总体目标是"经过10年左右的努力,形成科学先进、具有中国特色的法学教育理念,形成开放多样、符合中国国情的法律人才培养体制,培养造就一批信念执著、品德优良、知识丰富、本领过硬的高素质法律人才。"又如,《决定》明确指出,"全面推进依法治国,必须大力提高法治工作队伍思想政治素质、业务工作能力、职业道德水准,着力建设一支忠于党、忠于国家、忠于人民、忠于法律的社会主义法治工作队伍"。具体而言,这些要求主要包括内容如下:

(1)政治思想与职业道德教育要求。要求法科教育应当既重视政治思想教育,又重视职业道德要求。因为法律是上层建筑的重要组成部分,属于政治制度中的内容,所以对于高等法学教育必然要有政治要求。比如《决定》中提出,"坚持用马克思主义法学思想和中国特色社会主义法治理论全方位占领高校、科研机构法学教育和法学研究阵地"。《"十三五"教育规划》中提出,"坚持用马克思主义法学思想和中国特色社会主义法治理论全方位占领高校法学教育和研究阵地”。职业道德,是同人们的职业活动紧密联系的符合职业特点所要求的道德准则、道德情操与道德品质的总和,它既是对本职人员在职业活动中的行为标准和要求,同时又是职业对社会所负的道德责任与义务。法律人才的职业道德水平直接关系到其所提供的法律服务的质量,所以法律职业道德应当成为高等法学教育中应有之义。比如《决定》中要求,“加强学生职业意识、职业伦理教育,增强学生服务社会主义法治国家建设的责任感和使命感”。

(2)法律知识教育要求。传承知识是教育事业的重要使命,也是传统高等法学教育的主要内容。高等法学教育中的知识教育要求是按照教学大纲的要求帮助学生识记、理解我国的法律规范知识,夯实法律专业素质。《决定》提出,“推进法治专门队伍正规化、专业化、职业化,提高职业素养和专业水平。完善法律职业准入制度,健全国家统一法律职业资格考试制度,建立法律职业人员统一职前培训制度”。

(3)法律技能教育要求。“法律的生命在于实践。”法学是一门实践学科。因而法律实务操作能力也应当是高等法学教育的重要一环,直接关系学生今后的职业水平。《卓越人才培养计划》的主要任务之一是“强化学生法律实务技能培养,提高学生运用法学与其他学科知识方法解决实际法律问题的能力,促进法学教育与法律职业的深度衔接”。还要求“加大实践教学比重,确保法学实践环节累计学分(学时)不少于总数的15%。加强校内实践环节,开发法律方法课程,搞好案例教学,办好模拟法庭、法律诊所等。充分利用法律实务部门的资源条件,建设一批校外法学实践教学基地”。《“十三五”教育规划》中指出,“深入实施卓越法律人才教育培养计划,加强卓越法律人才教育培养基地、校外法学实践教学基地建设。加大法学专业骨干教师培训力度。继续推进高校与法律实务部门人员互聘‘双千计划’。”

二、法科青年教师教学观念与教学能力辨析

(一)优势分析

法科青年教师教学观念与教学能力直接影响着其教学质量。不可否认的

是,法科青年教师具有其前辈们所没有的许多优势。具体而言,这些优势体现在以下4个方面:

其一,学历层次高。青年教师基本是法学科班出身,系典型的学院派,都具有博士学位,有些还拥有博士后研究经历。高学历使其具备系统的知识储备与积累。

其二,海外经历丰富。青年教师在攻读博士学位或者进行博士后研究期间,或者入职教师之后,基本都有出国留学的机会,有些甚至是拥有海外高校博士学位的“海归”。丰富的海外经历拓展了其眼界。

其三,电脑与互联网技术水平高。法科青年教师大多熟悉一般办公软件,并能够熟练地运用互联网进入所需要的网站、数据库等查找所需信息。这使其有条件运用现代科技手段进行教学工作。

其四,科研能力强。法科青年教师通常对学术热点敏感,思路敏捷、精力充沛,比较容易产出高水平的法学论文、专著。并且国家、部级科研项目中也单列青年项目,使青年教师有更多的机会申请国家、部级科研项目并立项。这些使其有条件结合到教学中去,从而使其教学更具有前沿性。

(二)劣势分析

对于高等法学教育质量而言,上述优势仅仅是“标”,而非“本”,这些优势只有切实应用到日常教学中才是有意义的。而“本”即为教学观念和教学能力,高等法学教学实践表明,这些优势并未充分渗透到法科青年教师的教学观念与教学能力中去,法科青年教师在教学观念与教学能力两个方面都存在局限性或阙如之处,影响了法科青年教师的教学质量。

教学观念是教师对教学活动的看法和持有的基本的态度,虽然看不到,摸不着,却对教学活动发挥着主导和统率作用。目前,法科青年教师的教学观念普遍不强,满足于完成课时量,完全不同于对科研的热心追求。这导致他们在教学过程中只满足于主要关注知识传授,包括法律理论、法律规范以及司法实践现状。这些知识为青年教师本身所熟悉,也比较适合以传统的教授方法来讲解。但忽略了对学生政治思想与职业道德的教育。这种“只教书,不育人”的教学观念必然会影响学生的法律素养的全面养成。对于实践教学的理解不够,认为实践教学系模拟法庭、法律诊所等课堂的任务,与其他课程无关,这种偏颇的观念必然会影响学生们职业能力的养成。

教师教学能力"是一个综合的个人特征,是支持在各种教学情境中满足有效教学绩效所需要的知识、技能和态度。"①它是教师职业能力的主要方面,是教师有效完成教学活动的本领,是教师对整个教学过程的驾驭能力。高等法学教师的教学能力包括教学认知能力、教学设计能力、教学调控能力、教学评价能力以及运用教学媒介能力等多方面内容。目前法科青年教师的教学能力总体而言并不强,主要体现在对于法律理论与知识的教学能力比较强,但对于政治思想与法律实践教学的把握不够。主要原因是法科青年教师大多没有司法实践经历,缺乏充分的司法实践经验,对于法律执业中的政治思想要求、法律职业道德以及法律技能等不熟悉,而在高校入职培训中基本不涉及这些内容。在入校后的职称评聘工作中,对于教学的要求并非像对于科研成果的要求那样"高",似乎只要完成规定的教学工作量、没有教学事故就可以过关。

三、法科青年教师教学观念转变与教学能力提升的思路

应新形势下党中央对高等法学教育的新要求,针对法科青年教师教学观念与教学能力的现状及存在的问题,为提升高等法学教学质量,为法治中国建设输送合格的法律人才,应大力转变法科中青年教师的教学观念,提升其教学能力。大致思路如下:

(1)更新教学观念。通过宣传、资深教师帮带等方式,督促青年教师将教学放在与科研同等重要的位置。使法科青年教师充分认识到法科教师不仅要传授知识,还要培养具有社会主义法治理念、具有法律职业操守的法律人,而且还要将教学与学生未来的法律职业能力相联系,重视法律职业技能的培训。

(2)创新教学模式。"教学目的的实现依赖于教学过程,要实现教学目的

---

① TIGELAARDE H, et al. The Development and Vali-dation of a Framework for Teaching Competencies in Higher Education[J]. Higher Education,2004,48(2).

就必须变革教学过程，创新教学模式和教学手段，革新教学内容。”①创建政治思想教育、职业道德教育、法律知识教育以及法律技能教育等相互融合的教学模式。在传统法学教育重视法律知识教育的基础上，以理论讲解、案例等方式加强政治思想的教育，通过校内法律诊所、模拟法庭以及校外实习基地等形式强化法律技能的提升。要真正将上述方面的内容有机融合，而不是分而治之的进行。

（3）建立教学支持机制。教学支持机制主要包括连续培训机制、教学激励机制。连续培训机制是指在法科青年教师入职培训中增加有关政治思想、法律职业道德、职业技能方面的培训，弥补青年教师自身知识结构的缺陷。在入职后，针对新形势，设置继续培训机制，不断更新上述有关培训内容，从而使青年教师能够跟上时代步伐。教学激励机制主要是以教学竞赛、教改立项、名师表彰等形式激发青年教师的教学积极性，并且激励力度不应当低于相应的科研激励水平。

（4）完善教学考核机制。将教学有效地融入目前的教师考核机制，如年终考核、职称评聘等，加大教学评价所占的权重（至少与科研持平），细化考核标准，使教学真正成为青年教师重视、关系其事业发展的重要方面。

应当指出的是，正如有学者提出的“教师教学能力的提升是一个长期的过程，高校应积极建设学习型组织，培育以学习为中心、质量至上的组织文化，营造一种全校上下积极参与教学研究、提升教学质量的学习氛围”。② 所以上述改革思路需要学校多部门的配合，包括人事部门、财务部门、工会、学院等从不同方面予以支持，只有多方面相互配合，教学支持机制的运行才能够成行，并且行之有效。比如，由北京理工大学工会牵头设立的“女教授助青年女教师成长项目”就是通过女教授帮带方式，有效地影响了青年女教师的教学工作。本人有幸得以入选该项目，受益匪浅。

---

① 樊泽恒：《提升大学教师教学能力的技术选择及策略》，载《高等教育研究》2009 年第 8 期。

② 毛洪涛：《高校教师教学能力提升的机制探索》，载《中国高等教育》2011 年第 23 期。

四、结语

高等法学院校是法律人才成长的起点,法科青年教师是高等法律院校的一支重要的生力军,其不仅关系高等法律院校的未来发展,更关系人才培养与国家法治建设的未来发展。因此,法科青年教师的教学观念与教学能力值得关注。"全面推进依法治国"等新形势为教学观念的转变与教学能力的提升提供了前所未有的契机。本文仅仅是浅陋的初步尝试,期待更多同人加入进来,奉献丰硕成果。

[域外司法]

电影的版权保护:判例研究*

[美]史瑞·L.柏 [美]威廉姆·D.亨斯利 著
王佳斌**译

根据《美国宪法》第1条第8款第8项:“国会有权为促进科学和实用技艺的进步,对作家和发明家的著作和发明,在一定期限内给予排他性的权利保护。”1790年的《版权法案》是美国国会对此条款的首次实施,该法案以英格兰的“安妮法令(1709)”为蓝本。1450年德国人约翰内斯·古腾堡发明了第一台印刷机,26年后,英国人威廉姆·克莱斯顿发明的第二台印刷机引起了盗版行为的发生,通过实施“安妮法令”,英格兰对盗版的控制取得了重大突破。

在印刷机出现之前,僧侣们用手抄的方式造书,平均1

---

* 本译文摘译自:ENTERTAINMENT LAW—CASES AND MATERIALS ON FILM, TELEVISION, AND MUSIC;作者:Sherri L. Burr, William D. Henslee;出版社:West Academic Publishing,2004年版。

** 王佳斌,北京理工大学法学院法理学硕士研究生。

年才能完成1本。造书的进度非常缓慢,作者们便无须担心作品遭他人剽窃。实际上,他们抄的书大多都是圣经。印刷机变革了书的生产,使大量复制、剽窃原始作品成为可能。

"安妮法令"授予作者对其作品14年的保护期,保护期满后,作品则进入公有领域。1790年《美国版权法案》授予作者14年的起始保护期,期满后作者有权续期14年。起初国会只保护图书、图表以及地图版权,但随着新型艺术和技术的出现,版权保护范围逐渐扩及新领域。美国国会于1865年开始保护照片的版权、1912年开始保护电影的版权、1972年开始保护录音的版权,并于1976年开始保护计算机磁盘版权。

作品的保护期限也得到了延长,起初的最长保护期为28年,现在则是作者终生加死亡后70年;如果版权人是法人,如公司,保护期则为95年。一件作品需要满足三项要求,方能取得版权保护,此三项要求缺一不可:

(1)受保护作品类型。

(2)固定于有形表达载体:

a.作品的物理表现;

b.实物;

c.纸张;

d.磁带;

e.石料。

(3)作品须由作者原创。

版权申请人不得抄袭他人作品。

第一项要求引发的诉讼和困惑要远多于后两项,本章的第1节将对第1项要求进行讨论。电影、电视节目以及音乐这些作品固定于有形表达载体,它们有形、可触摸、可控制。影院用胶卷播放电影,消费者通过DVD或者VHS等形式来购买电影;电视节目通过磁带或者数字格式播放,其中数字格式来源于工作室或者下载自卫星信号;音乐可以物理再现于乐谱、磁带或者CD。

作品须由作者原创这项要求也引发了一些纠纷,尤其当出现剽窃指控的时候,原告提起剽窃诉讼宣称被告的作品实为原告所创。演绎作品的原创性有双重含义,法院会审查演绎人是否对于原作品有新的或原创性的贡献。此问题由葛利森与布拉德福德案(Gracen v. Bradford Exchange)而引出,我们将在下述第1节回顾此案。

第1节还会讨论受版权保护资格这一棘手问题,第2节讨论受版权保护作品的一般形式要求。

第1节　受版权保护的作品类型

根据《美国法典》第17编第102条:

(a)依照本章,对于固定于任何有形的表现媒介中的原创作品予以版权保护。该媒介可以是目前已知的,也可以是今后发明的。通过该表达形式,人们可以直接或借助于机器或装置,感觉、复制或用其他方式传播这些作品。原创作品包括如下类别:

(1)文学作品;

(2)音乐作品,包含所涉各类文字;

(3)戏剧作品,包含所涉各类音乐;

(4)哑剧及舞蹈作品;

(5)绘画、印刻及雕刻作品;

(6)电影及其他视听作品;

(7)录音作品;

(8)建筑作品。

(b)原创作品的版权保护范围不及于想法、程序、过程、系统、操作方法、概念、原理或者发现,无论其采用何种描述、解释或表现形式。

下述两个案例讨论原创作品的构成条件以及何种情形下可以基于原始作品而创作二次作品。由于二次作品的创意部分来源于原始作品,故而常被称做演绎作品。布莱斯坦案是本领域最早的案例之一,尽管它所涉及的是另一种娱乐形式——马戏团美术。

布莱斯坦诉唐纳森拓印公司

美国联邦最高法院

(188 U. S. 239,23 S. Ct. 298,47 L. Ed. 460.)

霍姆斯大法官执笔法院意见:

本案原审由美国联邦第六巡回上诉法院审理,以再审令状上诉至本院。原告所称侵权行为是指被告简化地复制了3幅平面彩绘,此彩绘由原告雇员制作,用于华莱士先生的马戏团广告宣传。3幅彩绘的每一幅都在边角包含华莱士先生的人物形象,而且文字与装潢结构也有些许关联,暗示着设计主题以及真实场景是可在马戏团观看到的事实。其中一幅是一个普通的芭蕾形象,另一幅是斯特克一家人在进行自行车表演,还有一幅是男男女女化上白装表演塑像。巡回法院以平面彩绘不属于版权法的保护范畴为裁判理由作出了有利于被告的判决,此项判决被巡回上诉法院维持。

有证据可以佐证此推断——此项设计属于原告,该设计由原告雇用的专门从事此项工作的员工于原告处完成。同样,得以轻易查明的是,该3项版权是由适格的权利人所主张。其中之一由"快递"公司主张,另外两项由"快递拓印"公司主张。前者是一家非法人股份团体,依纽约州法(1894年法,第235章)而设立,后者是同名的贸易企业。

最后,有证据证明,这些图画在公布前已取得版权。可能会存在这样的问题,即被告的使用是否使原告对华莱士违约或者侵害原告在合同中保留的何种权利这样更一般性的问题。但是根据法律规定,我们无法对这些问题发表意见,当案件再次审理时,这些问题将由陪审团定夺,因而我们直接采纳下级法院的裁判意见。该裁判基础并非来源于原、被告的论辩,而是来源于这些设计的本质和目的。

除非应用于机械领域,彩绘和雕刻不属于国会依宪法保护的实用技艺的意见已无须加以讨论。宪法没有将"实用"限定于直接满足人的身体需求。因此,原告的权利并不受这样的事实影响,只要此种事实确实存在,即这些彩绘代表实际的东西——可见的事物。根据证言,几幅图案由暗示和描写构成,而非表演场景。然而即便取材于生活现实也不是剥夺其法律保护的理由。相反的意见会认为委拉斯凯斯及惠斯勒画中的肖像是公共财富,因为其他人也可以试着描绘同样的一张脸。其他人可以复制原始形象而不得复制他人作品,作品是个人对于自然的私人反应。个人性格又总是包含着独特的内容,甚至一个人的字迹也反映着他的性格,一件非常平庸的艺术也包含着一些不可约减的内容,这些内容专属于作者一人。而这些内容就受版权保护,除非有法律的明文限制。

如果确有限制,在这几件作品有限的权利主张中也不存在,最朴素的图案也比受版权保护的人名、地址录等有更多的新颖性。完成比我们所面对的作品还要简单的作品所需的训练量已被拉斯金很好地揭示,《绘画的元素》第1版第三章中写道"任何一个年轻人,在学过绘画(用上流社会的话)以后,当他试着临摹最普通的实在作品,比如,报纸杂志上的图画,或者当天报纸上最简陋的木版画——他会获得一种完全的挫败感。"毋庸置疑的是这些彩绘无论就整体还是全部细节,就设计还是形象、线条和颜色的特定组合都是原告设计师的原创工作。如果有必要的话,有明确的证言可对此事实加以证明。根据此案已有证据,如果把原创性问题留给陪审团解决,将会把被告的权利推向边界,甚至界外,正如赫格曼诉施普林格案[(49 C. C. A. 86,110Fed. 374)]的情况那样。

我们假定,授予任何雕刻、木刻、印画的作者及设计师或者染色体的所有人版权的 Rev 法案 4952(U. S. Comp. Stat. 1901,p. 3412),其颁布受到 1874 年法案(18Stat. at L. 78,79,chap. 301, 3, U. S. Comp. Stat. 1901,p. 3412)的影响。该法案规定,"在对本法案的解释中,'雕刻''木刻''印画'这些概念仅适用于图案插画或者与纯艺术相关联的作品"。除了把"与纯艺术相关联"理解为对于"作品"的要求外,我们找不到任何理由把它理解成任何其他的要求。而且,即便我们如被告所主张的那样,将其理解为"图案插画"的要件,我们的判决意见仍将如此。

这些彩绘是图案插画,"插画"一词并不必然意味着其仅指对书中文字的形象说明,而且也不意味着如果有其他人能够创作圣母玛利亚铜版画,伦勃朗或穆勒蚀刻的圣母玛利亚铜版画在今天就不受保护。而且,不论对该法案做何种解释,都不意味着一般的海报没有进入其保护范围的资格。"与纯艺术相关联的插画或作品"的对立面,不是价值低下或者水平卑微的作品,也不是面向低受教育水平阶级的作品,而是设计"用于其他作品或者产品的绘画或标签"。当然,作品确实与纯艺术相关联,因为它们的图画品质会吸引大众,因而赋予其实用意义,如果此处的实用意味着增加交易量以及帮助获利的话。用于广告宣传的图案也仍然是图案,也仍然是版权保护的客体。如果图案可以用于宣传肥皂或剧院或杂志,那么就可将其用于宣传马戏团。当然,芭蕾与其他任何主题具有同样的作为插画主题的适当性。如果一项制度将德加的画作排除于保护范围之外,那它就不应该被制定。

最后,将这些图案改编并应用于华莱士秀场的广告,不妨碍其获得版权。那可能是陪审团在确定华莱士先生的权利范围时的考虑因素之一,而不是获得版权的阻碍。此外,根据证据,当客户放弃这些图画的时候,它们仅被用于不太显眼的展示。

对于仅受过法律训练的人,超出最狭窄又明显的能力界限,对图案插画的价值作出最终的判决将会是个棘手的任务。一个极端是,一些天才的作品将注定无法得到欣赏。他们独特的创造性会使他们遭到排斥,直到公众学会作者作为新的"语言"所使用。例如,戈雅的铜版画或者马奈的油画,在第一眼看来是否确定会获得保护是很值得疑虑的。另一个极端是,如果图画受众的受教育水平低于法官,那么图画的版权将会被法官否定。然而如果它们博得了任何公众的兴趣,它们就具有商业价值——说它们没有审美和教育价值是很大胆的——而任何公众的兴趣都不应当受到蔑视。不管我们寻求改变的愿望如何,此刻的基本事实是这些图画有价值并获得成功。这项事实已经被不顾原告权利而复制的行为所充分证实。我们的观点是,有证据证明原告享有合法权利。

撤销巡回上诉法庭判决,撤销巡回法庭判决,发回原法院重新审理。

哈伦大法官执笔异议意见:

巡回上诉法院的卢顿法官、戴法官以及塞布兰斯法官意见一致地支持地方法院的判决。因而卢顿法官的裁判意见就代表了3位法官的共同意见,即"我们的判决意见为原告错误地获得版权的设计,除了作为未来活动或者华莱士秀场中过往表演的广告外,从中我们找不到任何用处和价值。除了从图画本身引出的推断外,没有证据证明这些设计有任何的原创审美品质。除从彩绘本身推断外,陪审团无法发现其他的益处及价值,作出于被告有利的判决并无不当。许多其他的要点也已被提出并佐证着下级法院的裁判意见。基于早已宣判的判决,我们认为没有必要对其发表任何的意见。判决应当被维持。"

我完全赞成这些意见,因而反对本院的意见及判决。通过赋予作家与发明家一定期限的排他权利,以促进科学和实用技艺进步,授予国会该种权力的宪法条款,依我看,不保护区区一个马戏团广告。

提　　要

(1)霍姆斯大法官与哈伦大法官均有力地论争,他们争论的核心问题是平面彩绘这一介于原创画作与具有艺术特征的海报之间的作品,是否受版权保护。什么是艺术?你怎样定义艺术?电影在多大程度上被视作艺术?"对于仅受过法律训练的人,超出最狭窄又明显的能力界限,对图案插画的价值做出最终的判决将会是个棘手的任务。"霍姆斯大法官的这一告诫,你是否认为正确?更多关于艺术的法律定义的讨论,参见杜博夫、伯尔、莫雷著《艺术法:案例与材料》(2004)第一章。

(2)霍姆斯大法官的告诫同样适用于电影吗?被一个人认为卓越的电影可能被另一个布宜诺斯艾利斯的人认为不值那2.25美元票价而轻易忽视。当全球电影票价从2.25美元的低点到伦敦19美元的高点,电影制作者是否有义务将艺术呈现给观众?参见罗伯特麦基,《电影票价的世界》,载于纽约时报,2004年1月22日,第二版,第八页。

(3)回顾下述案例,思考波斯纳法官尽管改述,但他是否在实际上忽视了霍姆斯大法官的告诫?

葛利森诉布拉德福德

(联邦第七巡回上诉法院,1983年 698 F. 2d 300.)

波斯纳,巡回法院法官。

至少在此次审理中,该上诉为我们带来一些有关原创性的疑问,关于隐含其中的版权许可以及演绎作品获得版权保护的原创性程度要求。

1939年米高梅公司制作了电影《绿野仙踪》,并取得版权。电影的核心人物多罗茜由朱迪·嘉兰饰演。1966年米高梅公司对该版权进行了续期,并对权利作出让步,以使其版权在今天依然存在且有效。1976年米高梅公司许可布拉德福德公司使用该电影中的角色和场景,用于一套收藏盘的制作。布拉德福德邀请几位画家提供朱迪·嘉兰所饰演的多罗茜的画像,并表示提供最佳画像的画家将获得整套产品的签约权。布拉德福德提供给每位画家来源于电影的图片,并对画作有如下要求:"我们着实欢迎你对这些图片进行诠释,但是你的诠释一定要能够唤起人们对电影及演员的温情。所以,你的朱迪一定是每个人心中的多罗茜。"

乔丽·葛利森是布拉福德公司订单处理部门的雇员,她被允许参加此次竞赛。根据公司提供的图片以及她对于电影的回忆(这部电影她看了好几遍),她制作了一幅朱迪饰演的多罗茜的油画。本判决意见末尾处的图1是葛利森小姐画作的照片复印件(复印件不完整,因为原作品为彩色)。布拉德福德公司将此作品与其他参赛者的作品一同于一购物中心展出。大家最喜欢葛利森的作品,于是布拉德福德宣布葛利森为此次竞赛的获胜者,并为她提供了一份制作整套收藏盘的合同,而且,同其他参赛者一样,还支付了她200美元。但是她反对合同的条款,并拒绝签约,布拉德福德于是找到了另一位起初没有参加竞赛的画家——詹姆斯·奥克兰。奥克兰签订了制作整套收藏盘的合同,布拉德福德把葛利森的作品给了他,以帮助他创作多罗茜的画像。庭审记录中没有关于现在谁占有葛利森作品的线索。

葛利森指控奥克兰创作的多罗茜是其作品的盗版复制品。如果指控失实,布拉德福德本可以通过对多罗茜收藏盘一案申请速裁判决,从而轻易地反驳这项指控,但他并没有这样做。为了上诉审理的进行,我们必须假定收藏盘图案是葛利森油画的复制品。这不是荒唐的假设,至少在最开始,布拉德福德非常喜爱葛利森所创作的多罗茜画像,他称葛利森为"真正的天才",他称葛利森的作品"表现了电影中朱迪角色的本质……看到的人都会说,'这是绿野仙踪里的朱迪'"。奥克兰的证词表示,布拉德福德将葛利森的作品给他时要求"收个尾",他就将其理解为:画出同样的图案,只是使它"更专业一些"。

葛利森还画了电影中的另外5个角色的素描画,如雷·博尔格饰演的稻草人。奥克兰的宣誓证词陈述了在他对相同角色进行创作前,没有看过葛利森的任何作品,但不存在与此证词对应的证据。基于奥克兰这些画作的收藏盘图案与米高梅与布拉德福德的速裁判决请求相关,但并没有涉及他带有多罗茜图案的那张收藏盘,这在一定程度上佐证了关于多罗茜画像的收藏盘"盗版复制"的指控。但很显然其他收藏盘的图案确实不是抄袭作品。

奥克兰完成了整个系列,收藏盘被制造并售出。然而同时,葛利森获得了其画作的版权登记,并于1978年向米高梅、布拉德福德、奥克兰及收藏盘的生产商提起了版权侵权诉讼。米高梅及布拉德福德提起了反诉,反诉内容之一是葛利森展览她的画及画的照片以吸引观众的艺术认同的行为侵犯了电影版权。

地区法院对本诉与反诉均作出了不利于葛利森的速裁判决。判决认为,由于其作品非为原创且已侵犯米高梅公司的版权,所以葛利森不能获得版权。法院就反诉作出了赔偿1500美元的判决。判决主文及判决意见均未提及反诉中的非版权诉求,于是引出了该判决是否为终审以及根据(28U. S. C 1291)是否可上诉的问题。但这个问题不重要,因为此判决意图处理他们的(米高梅和布拉德福德)反诉,而且原、被告双方也均认为整个判决是对反诉的处理。因而非版权的诉求就该被视为被驳回或被放弃。

庭审的案件声明与法庭辩论依循地方法院,将焦点问题锁定为葛利森的画作是否有足够高的原创性,以根据(17U. S. C 103)作为演绎作品获得版权保护。但是本案的焦点恐怕不应为此。演绎作品["以一件或更多事先存在的作品为基础的作品,如一件画的摹本或者其他任何重塑、变换或改编作品的形式”(17U. S. C 101)]的可版权性问题,通常产生于原作版权人(或被许可人)基于原作而创作新作品时,如达勒姆工业公司诉托弥公司案,[630 F. 2d 905,909(2d Cir. 1980)]或者基于公有领域的作品而创作时,如巴特林及宋诉斯奈德案[536 F. 2d 486,491 –92(2d Cir. 1976)]。此种案件的争议不在于是否有权复制原作,而在于演绎作品与原作是否有足够的区别以满足法律的原创性要求,见[17U. S. C 102(a)],从而使演绎作品具有可版权性。由于版权人的一系列专属权利中包括“基于原作品创作演绎作品的权利”[17U. S. C 106(2)],即便葛利森的画作有足够的原创性而且作为演绎作品具有可版权性,她也不能获得版权,除非她有权使用电影中的受保护材料。“如果非法使用已获得版权的事先存在的材料,作品的任何一部分都不受保护。”[17U. S. C 103(a)]。

葛利森未主张其所画的1939年绿野仙踪中16岁的朱迪·嘉兰是来自生活还是来自电影中的图片,也未主张她的画并非是朱迪·嘉兰而是对多罗茜这一角色的奇思妙想。不管是通过葛利森的独立回想还是布拉德福德为其提供的固定静止图片,画作均以电影为基础。尽管任何的画作都融有作者的创造,不管我们事后承认多少,但是由于这是一幅展现朱迪·嘉兰在电影图片中形象的油画,因而这是一件演绎作品的事实,是毋庸置疑的,那几件素描画也是如此。

因此,如果葛利森无权根据电影创作演绎作品,她就不能获得画作的版权,而且公开展览的行为侵犯了米高梅公司的版权。但由于是受布拉德福德邀请根据电影图片创作一幅多罗茜的图画,显然她有一些权利。而且尽管布拉德福德没有被明确地授予此种方式的再许可权,但她具有此种权利也没有多大疑问。因而问题不是葛利森是否被许可创作演绎作品,而是她是否同样被许可展览作品以及申请版权登记。

布拉德福德没有就画作的处置与参赛者形成任何书面协议。它本可要求参赛者给予其完整权利,作为200美元及一份潜在的签约机会的对价,但它没有这么做,至少没有以书面的形式。尽管布拉德福德主张以200美元“买”了葛利森的多罗茜画像,可我们找不到将此交易做该种定性的证据。葛利森在其宣誓证词中指出,负责此次竞赛的福斯特曾说他会将作品返还给她,我们不禁要问,如果双方达不成协议,葛利森取回她的作品,福斯特认为葛利森会对其作品如何处置?毁掉它还是把它藏在密室直到米高梅的版权过期?布拉德福德在承诺葛利森(为了此上诉的目的,我们必须假定它做了承诺)可以保留此作品的时候,一定已经知道她会展览这件作品以发展其艺术生涯。尽管米高梅对布拉德福德的许可可能不包括做任何这类承诺,但是布拉德福德大概已经明显有权如此行事,而这就是授予葛利森(假定她对于许可条款一无所知)展览其作品权利的全部条件。参见西维,《代理法手册》[125 - 28(1964)]。我们不是说她确实享有这种权利,而仅是说存在一个真正的实质性事实问题,即她创作演绎作品的默示许可范围。

葛利森不大可能被授权展览,甚至创作那几幅素描画,创作这些不是比赛的内容。然而她的证言指出,福斯特让她创作素描画以提高获胜的概率,此证言没有被反驳也不自相矛盾。至少在没有与布拉德福德签约的情况下,如果她被许可创作素描画,或许她同样被许可或者有理由相信她被许可展览它们。

假定口头的非排他版权许可是有效的,则对于反诉的速裁判决就是错误的。尼莫将这描述为1976年版权法修订前以及修订后的通行法,①我们仍然认为尼莫是正确的。本案就可以说明理由,虽然对布拉德福德的许可中不包含任何的再许可意旨,可米高梅和布拉德福德甚至都不主张布拉德福德无权许可葛利森创作演绎作品。他们因此便默认了在一切场合均要求书面许可是不切实际的,而且我们也不理解为什么只有许可的存在可以被口头证据证明,而许可的范围则不能。

以上处理了反诉,我们还要考虑葛利森的诉求,即她享有有效的、被被告所侵犯的版权。起始问题仍是布拉德福德对她的默示许可范围。即便她被许可展览她的演绎作品,也不见得她就被许可获得此版权。米高梅许可布拉德

① 参见3《尼莫论版权》[10.3[A] - [B] at pp. 10 - 36 to 10 - 37and nn. 17, 22,23 (1982)],尽管支持此结论的人很少,而且还存在相反的判决,参见道格拉斯国际诉贝克,(335F. Supp. 282, 285)(纽约南部地区法院1971年)。

福德将其版权用于制造一系列收藏盘,而未许可其就因此创作的演绎作品获得版权。版权人天然地不愿意许可被许可人就演绎作品获得版权,因为此版权可能阻碍自己或者许可他人创作演绎作品。对于被许可人布拉德福德,这也没有道理,即把演绎作品获得版权的武器武装再许可被许可人葛利森,从而当她与布拉德福德没能达成协议的时候,她就可用此"武器"来干涉布拉德福德请其他艺术家来完成收藏盘。请求速裁判决所提交的书面陈述,否认了葛利森被许可就基于电影的演绎作品而获得版权,因而在此一问题上不存在冲突(相比之下,他们不否认她有权展览多罗茜画像。)

不过,我们不想停在这里,基于一个地方法院没有提到,于是我们也可能误解事实上的争论点,而支持驳回原告的请求。所以我们应当继续考虑地方法院法官驳回原告请求的基础,即葛利森的油画和素描画不具有足够高的原创性,因而不能获得版权。

葛利森提醒我们,当法官就审美问题作出宣判时,可能会自我愚弄。但是艺术原创性和版权法中的原创性这一法律概念是两码事。艺术原创性确实可能存在于一个枝节、一个细微之处、一个描影以致法官无法领会。一个当代的被称做超写实主义的艺术流派,他们尝试创作一些人眼无法甄别是油画还是彩色照片的作品,且已获得一些成功。参见《超写实主义:评论集》(巴特科克 1975 年版)。这些油画值很高的价钱,买主一定能从中找到某些原创内容。文艺复兴时期的许多北欧油画就是精致的具象派的,参见贡布里希,《艺术的故事》178 - 80(1978 年第 13 版),因而一定意义上但不是审美意义上,比立体派或者抽象派表达的原创性差一些,一幅肖像不因为逼真就不具有原创性。

尤其当应用于演绎作品时,正如人们可以预料到的,版权法上的原创性概念具有法律而不是审美功能——防止重叠主张权利。参见巴特林及宋诉斯奈德案,[supra,536 F. 2d at 491 - 92]。假如 A 艺术家制作一件属于公有领域的蒙娜丽莎的摹本,稍稍不同于原作。B 同样制作一件蒙娜丽莎摹本。已经获得其演绎作品版权的 A 诉 B 侵权。B 的答辩主张为其复制的是原作,而不是 A 的摹本。但是如果原作与 A 的摹本之间差别微小,则 A 的摹本与 B 的摹本之间差别也将同样微小,以至于如果 B 得以见到 A 的摹本,将会难以判断 B 是复制了A的摹本还是复制了蒙娜丽莎原作,如此将会使事实认定者处于窘困的境地。葛利森的素描画就反映了这一问题,这些画与源自电影的图片以及奥克兰设计的收藏盘均十分相像。假定奥克兰见过她的素描画,虽然事实上奥克兰的宣誓证词证实他没有复制甚至都没有见过她的素描画,判断他是依授权复制电影剧照还是复制她的素描画将会是非常难的。

那件多罗茜油画带来一个更难的问题。比较图1和图2显示出可察觉的不同点。一件油画(或许,除了由前述提到的超写实主义派的成员所做)与其所描绘的主体永远是不同的,不管主体是一张照片、一件静物、一处风景或是一位模特,因为大多数画家不能也不愿与主体达到摄影的相似度。然而,如果葛利森的多罗茜油画与朱迪·嘉兰的多罗茜照片区别足够明显,使油画从法律上具有原创性,那么依据奥克兰的任务,他的油画同样致力于创作一件"很容易看得出来的,每个人心中的多罗茜",他的油画就将与他见过的葛利森的油画相似;事实认定者判断奥克兰无论是复制了葛利森的油画还是复制了原电影剧照都将会陷入困境。诚然,葛利森油画的背景不同于图2的背景,但该背景亦取自电影。我们不认为通过将两件已获得版权的作品叠加而得到的作品具有原创性——永远记住版权法条款的意图不在于引导审美判断,而是确保原作与演绎作品间存在足够的总体区别,从而使后续的原作演绎者避免纠缠于版权问题。

然而,我们仅仅在讨论演绎作品的原创性要求。如果一位画家描绘实景,没有法院会认为由于作品有完全的摄影相似度而不可获得版权。如果那样规定的话,照片就无法获得版权,比如"绿野仙踪"中朱迪·嘉兰的照片。不过,照片可以获得版权,参见《尼莫论版权》[2.08[E](1982)]。原创性要求主要在与演绎作品相联系时较为显著,而如果在此处对原创性的解释太过自由,通过给予第一演绎人过于大的权利来干涉后续的基于同一原作的演绎作品的创作,反而会阻碍而不是促进此类作品的创作。

于是,葛利森所特别依仗的霍姆斯大法官在布莱斯坦诉唐纳森拓印公司案中的判决意见[188U. S239(1903)],不是问题的核心,问题的关键在于一个将版权局限于与"纯艺术相关联"的作品的法案(已失效)下,马戏团的平版画是否可获得版权,霍姆斯的意见是反对用审美标准来回答此问题的一个警示。如果葛利森画的是生活中的朱迪·嘉兰,那么她的油画就可以获得版权,即便我们认为它是粗劣的作品;但作为一件演绎作品就一定要与原作品有实质上的不同,才可以获得版权;这是巴特林及宋诉斯奈德案,[supra,536 F.2d at 491 (2d Cir.1976)]探索的结果,全国最好的版权法院——第二巡回法院由全体法官一致通过的一份判决。巴特林案中所涉及的第二巡回法院在过去案件中确立的更自由的探索成果已被新成果替代。

我们赞成地方法院依据巴特林案的探索,即不管审美价值如何,在版权法意义上,葛利森的油画不是原创的演绎作品。不可否认,本案比达勒姆工业诉汤米公司一案更为复杂。彼案中的原作是米老鼠和其他沃尔特迪斯尼卡通形象,演绎作品是这些形象的塑料复制品。由于这些卡通形象是极为简单的绘画,所以复制品就很精确,只有载体不同。塑料的米老鼠与其卡通原型的相似度要比朱迪·嘉兰的多罗茜与葛利森的油画的相似度更高。即便正如我们非常怀疑的,葛利森得到了布拉德福德的许可。但我们认为(油画与电影的)差别没有大到允许她就其油画获得版权。

因而,维持原判决,驳回诉讼请求。撤销反诉判决,发回重审且不得与本判决意见不一致,免除诉讼费用。

提　要

(1)观看如下两幅图片,思考审美原创性与法律原创性之间是否存在区别?图一为葛利森油画作品的照片,图二为电影《绿野仙踪》中朱迪·嘉兰的剧照。

图 1　葛利森的油画

图 2 《绿野仙踪》剧照

(2)考虑到演绎作品源自另一件作品,波斯纳是否创立了一个不现实的标准,即要求“演绎作品必须在实质上不同于原作才可获得版权”?演绎作品的原创性要求是否应该更宽松或更严格一点?

第2节 版权程序

如下一节讨论版权保护的形式要求。

一、版权公示、交存及登记

向全世界公示保护你的版权有如下要求:

版权所有或者©,姓名及年份。例如,本书就包含如下的公示:© 版权所有 2003 雪莉·伯尔与威廉·亨斯利。

国会通过《实施伯尔尼公约修正案》以后,对《美国版权法》进行了修正,版权公示就成为选择性的。不论是否在作品上设置公示,作品都自动得到保护。不过公示的动力仍然存在,你可以排除不知情侵权人的答辩,或者排除某人不知道已有人对作品享有版权而使用该作品的辩解。

相似地,填写申请表,支付申请费,交存最佳版作品的两件副本同样是可选择的。申请作品登记的表格可在 www. loc. gov/copyright 找到。点击表演艺术一栏寻找适用于电影的表格。

登记仍是在美国法院启动诉讼程序的先决条件,登记被视做拥有版权的初步证据。

交存两件最佳版的副本(如两件 DVD 或者 VHS 副本)已经不是启动诉讼的先决条件,但是如果拒绝国会图书馆提交作品的要求,则可能会被处以罚款。罚款金额通常和在国会图书馆购买两件副本的价格等同。

二、版权保护期

版权保护具有一定的存续年限,年限取决于作者的不同类型与首次获得版权的时间。详情可见于(17U. S. C. 302)及下述:

302. 版权保护期:创作于 1978 年 1 月 1 日以后的作品

(1)一般情况。创作于1978年1月1日以后的作品的版权,从作品创作完成即开始存在,除非以下条款有例外规定,版权存续至作者终生及死亡后70年。

(2)合作作品。当作品为两人以上完成,且不为职务作品时,版权存续至最晚死亡作者终生及其死亡后70年。

(3)匿名作品、笔名作品、职务作品。在匿名作品、笔名作品以及职务作品的情形下,版权存续至作品首次发表后的第75年,或者到作品创作完成后第120年,取先到期的计算方式。

1998年12月,国会通过由克林顿总统签署的桑尼波诺版权保护期扩展法案,该法案溯及将版权保护期从作者终生加死亡后50年扩展到作者终生加死后70年。另外,该法案还将合作作品以及首次发表于1978年1月1日以前作品的保护期限,从以前的75年扩展至95年。自法案实施之日,条款适用于已获得著作权的作品。例外地,在一些有限条件下,允许图书馆、档案馆以及非营利性教育机构,以非商业目的将处于最后20年保护期内的作品视为已进入公有领域。

在埃尔德雷德诉雅斯科案中[573U. S. 186,123S. CT. 769,154L. Ed. 2d683(2003)],保护期扩展遇到了质疑,由于其阻止最早发表于1923年的一系列作品于1998年及随后的年份依原法进入公有领域。那些原告已经准备再版或者还原的书籍、电影及其他材料,由于版权限制已无法使用。

主导请愿人为埃里克·埃尔德雷德,一家非营利网络出版公司,出版公有领域的文本、演绎作品,还有一群营利或非营利的利益相关人作为共同请愿人。他们依赖公有领域的作品而经营,其中包括多佛出版公司——一家廉价书商业出版公司;卢克音乐图书馆公司与埃德温卡尔马斯公司——出版管弦乐乐谱;以及许多的法庭之友包括自由软件基金会、美国法律图书馆协会以及学院艺术学会。

最高法院否决了请愿人对版权法保护期扩展法案的质疑,认为"国会在权力范围内行使职权,没有超出宪法限制"。埃尔德雷德诉阿什克罗夫特,[537U. S. 186,123S. Ct(2003)]。

三、著作权归属与移转

电影是一种协作媒体,最终产品由许多有创造力的人共同贡献。任何一部电影,由如下人作出贡献:编剧、演员、导演、制片人、布景设计师、服装设计师、化妆师、摄影师、编辑、音轨制作人、特技演员、特效指导、卡通绘制人以及灯光设计人。如果没有合同、习惯与法律确定版权归属,以上的任何人都可主张自己为电影的作者,并阻止他人利用。职务作品规则解决了作者与著作权归属的问题。如果在电影制作开始前未就版权问题作出安排可能会引发哪些问题? 以下即为一例。

雪莉伯尔

版权问题与纪录片拍摄:戴安娜·布鲁姆作家访谈

版权所有© 2003 雪莉伯尔

2003 年 12 月 7 日,作家雪莉伯尔于圣达菲电影节与戴安娜·布鲁姆座谈,戴安娜布鲁姆公映了一部 34 分钟的电影——《不可能友谊》。电影讲述一位黑人女性活动家与北卡罗来纳州杜罕市三 K 党头目之间的友谊。布鲁姆拥有一个 MPH(公共卫生硕士)学位,一个心理学博士学位。这是她首次涉足电影制作领域。

"我从奥沙格雷·戴维森的书《最佳敌人》中读到了一位黑人女性与三 K 党人之间的友谊,我认为在她们去世之前,应当以她们自己的口吻讲述此故事。当时我没有考虑任何的法律问题,但后来受到了教训。

我喜欢上了这个故事,并在截止日前两天向北卡罗来纳大学申请资助。我花费一整夜写申请书,当收到足够雇一个摄影师和一个编辑的 5000 美元的时候,我兴奋异常。我对职务作品协议一无所知。

到最后,每个人都主张版权。采访者主张版权;北卡罗来纳大学主张版权,因为它给了我们资助;答应借我编辑器材的人使我陷入挫折,可他也来主张版权。我不得不聘请一位律师,律师告诉我采访者和大学无权获得版权,最终他们放弃了主张。

讽刺的是我们拍了一部关于和平与和解的电影,结果却没有双方的任何对话。我们在北卡罗来纳大学向300人放映了这部电影。我们收到了长久的欢呼喝彩,而我却跑到家泪雨滂沱。

我是个意外的电影制作人(那不是我的职业,我也没受过专业训练),电影却出人意料地成功。我原想它只会播放一晚然后就一直被放在架子上。如果那样的话,法律工作就没有必要了。它的成功却给我带来了问题,我也无法预料到利益争夺,因为纪录片常常无钱可赚。

此事之后,我自己花了很多钱聘请律师。电影得到一点版税,编辑和编辑器材提供人要分一杯羹。那些糟糕的新器材,因为硬盘驱动错误而崩溃。丢了我3个月的工作成果,那人却还想要版税。我发现每个人都常常高估自己对于整个作品的贡献。

这些讼争耗尽了我的创造力,我只想埋头讲故事。我甚至不知道我需要被采访人的同意才能发布作品,电影拍完后我不得不回过头再去找她们,那是我从没想过的细节工作。如果我需要再重新做一遍的话,从一开始我就要聘请一位律师,我将可以为自己省去很多苦恼。”

提　要

(1)如果一位像戴安娜·布鲁姆一样的电影制作人到律所找你,在电影开拍之前,你对她有什么建议?

(2)当阅读本节如下的文章与案例,思考你会怎么帮助与布鲁姆类似的人?

(一)职务作品

雪莉伯尔

对里德关于雇佣框架及其对学术作品市场潜在影响的批判性评价

[24 John Marshall L. Rev. 119(1990).]

版权所有© 1990 雪莉伯尔(脚注省略)

在大多数情况下,实际创作作品的人被认为是获得版权的作者。这个有少数例外的一般规则最初由司法裁判创造,后来被1909年法案收入法典,并依

1976 年法案而得到扩展。1976 年法案中,例外规定为“就本篇而言,作品为雇用作品的,雇主或委托作品创作的人,视为作者,除非各方以书面形式明确签章同意他种权利安排,前述作者享有版权中的一切权利”。将一件作品归类为职务作品不仅决定版权的原始归属,还涉及版权的期间、权利人对于发表于 1978 年 1 月 1 日前作品的续约权、权利人的终止权,有时甚至决定作品是否可获得版权。

根据第 101 条的定义,职务作品是指:

(1)雇员在职务范围内所创作的作品;

(2)受到专门命令或委任用于创作集体作品的作品,如电影或其他影音作品的一部分、一件翻译、一件增补作品、一件汇编、一份说明文本、一次测试、一份测试的答复材料、一件地图集,或者各方以书面形式明确签章约定作品为职务作品。

第 101 条清晰的语言印证,“职务作品”源自身份,且只能由雇员或者受到专门委任或命令的人而创作。如果作品由雇员所作,根据第 1 项规定,作品必须在他或她的职务范围之内方能成为职务作品。如果作品是受到专门委任或命令而创作,根据第 2 项规定,作品必须属于所列 9 项类别中的一种方能成为职务作品,如作品由雇员所作,不需要任何的书面文件,作品即为职务作品;而受到专门委任或命令而创作作品的情形下,则需要有书面文件,作品方为职务作品。

第 2 项对于受到专门委任或命令的要求意味着,假定那类作品的创作者已经阅读了合同文本,必须有意识地放弃他或她在一般情况下作为作品的创作者而享有的版权。相比之下,根据第 1 项规定,在职务范围内创作的雇员作品,法案推定雇主为作者,需要双方签署明确的书面文件以使雇员保留任何版权。

提　要

(1)在电影产业,电影贡献属于第 2 项所规定的类别。尽管如电影剧本作者,会因写作电影剧本而受到赞扬,并可就剧本单独地获得著作权。而一旦转让剧本,作品就被纳入电影整体,视为职务作品,制片厂或出品公司会以自己的名义取得著作权。

(2)口头协议可能会导致版权归属的误会。1985年秋,一家华盛顿特区致力于消除无家可归的组织——创意非暴力社团(CCNV),与詹姆斯厄尔瑞德达成口头协议,制作一件雕塑以渲染无家可归的困境,并在1985年华盛顿特区圣诞巡游上展示。双方达成协议,由CCNV负责材料及助手的开支,由瑞德贡献劳动。与纪录片制作人布鲁姆的情形相似,双方未讨论版权归属问题。结果引发了版权纠纷,CCNV主张瑞德是职务作品规则下的雇员。最高法院判决其关系非为职务作品关系,并发回重审认定是否为合作作品。[创意非暴力团体诉詹姆斯厄尔瑞德,490U. S. 730,109S. Ct. 2166,104L. Ed. 2d 811(1990)。]

(二)合作作品及其版权归属

版权法关于职务作品及合作作品的规则适用于电影与音乐,因为它们均为协作艺术形式。就合作作品而言,通常可能有两个或更多人参与贡献创造性成果,其他人有时可能会觉得他们的贡献应获得署名权。

杰弗里·阿尔穆罕默德诉斯派克·李

美国上诉法院,第九巡回法院[2000. 202F. 3d 1227.]

克莱因菲尔德,巡回法院法官:

此案涉及对于电影《马尔科姆X》的共同作者身份的主张。我们驳回合作作品的主张,发回重审做进一步审理……

Ⅰ.事实

1991年华纳兄弟与斯派克·李及其旗下的制作公司签约,基于《马尔科姆X自传》这本书拍摄电影《马尔科姆X》。斯派克·李共同编写剧本、指导,共同出品了电影,马尔科姆X由丹吉尔·华盛顿饰演。由于阿尔穆罕默德对马尔科姆X与伊斯兰教了解很多,华盛顿遂让阿尔穆罕默德协助其作出演角色的准备,阿尔穆罕默德是一位虔诚的穆斯林,对马尔科姆X的生活了解深入,曾编写、指导、出品马尔科姆X的纪录片。

阿尔穆罕默德加入了华盛顿的电影片场，电影拍摄于纽约大都会区以及埃及，阿尔穆罕默德提出证据证明他广泛地参与了电影拍摄，他为斯派克·李和丹吉尔·华盛顿阅览了拍摄剧本，提出了许多修改意见，他的一些修改可见于已发行的最终版，其他修改部分也已拍摄，但不见于发行版。阿尔穆罕默德所做的大多数修改是为了确保描绘马尔科姆X的信仰转变及麦加朝圣镜头的宗教和历史准确性与真实性。

阿尔穆罕默德提交证据证明，他在片场指导了丹吉尔·华盛顿及其他演员，创造了至少两个设置新角色的场景，将阿拉伯语翻译为英语作为字幕，提供旁白，为角色选取正确的祷词与宗教仪式，并在后期制作中做了一些编辑工作。华盛顿提供的宣誓证词证明阿尔穆罕默德对电影贡献"巨大"，因为他"帮助改写剧本，使其更真实"。电影制作完成后，阿尔穆罕默德会见无数的伊斯兰教组织，并使他们信服该电影是对马尔科姆X生活的准确描绘。

阿尔穆罕默德未与华纳兄弟、斯派克·李以及斯派克·李的制作公司签订书面合同，但他希望斯派克·李补偿他的付出。他并不想无偿地工作，无偿地承担他在纽约和埃及的开支。最终阿尔穆罕默德从斯派克·李那里拿到了25,000美元的支票，并已提现，从华盛顿那里拿到100,000美元的支票，未提现。

在《马尔科姆X》1992年11月发行前的那个夏天，阿尔穆罕默德要求署名为电影的共同作者，但遭到了拒绝。电影发行时，仅将阿尔穆罕默德署名为"伊斯兰技术顾问"，列在职员表的末尾处。1995年11月，阿尔穆罕默德向美国版权局申请版权，声称自己为电影的共同创作者、共同作者、联合导演。版权局为他颁发了"登记证书"，但以信件通知他，对此电影，其"权利主张与前在登记相冲突"。

1995年11月17日，阿尔穆罕默德起诉斯派克·李、斯派克·李的制作公司、华纳兄弟（共同称做"李"）、拉戈国际、N. V.、拉戈娱乐公司（共同称做"拉戈"）、以及日本维克多公司、JVC娱乐公司（共同称做"维克多"）。诉讼请求为确认侵权，并依版权法计算损失。另外，诉请主张被告违反默示合同、按劳计酬、不当得利，以及联邦（兰哈姆法案）与州的不正当竞争法案。地方法院根据12(b)(6)驳回了部分请求,其余请求则以速裁判决驳回。

Ⅱ.分析

阿尔穆罕默德主张电影《马尔科姆X》为合作作品,且自己为电影的作者,于是自己便为共同版权人。他就此事项请求确认判决,以及对利润进行核算。他不是就自己所写或者所贡献的部分主张版权,而是就作品整体主张自己为“合作作品”的共同作者。地区法院作出了不利于阿尔穆罕默德的速裁判决,我们给予了重新审查。

被告辩称阿尔穆罕默德宣称其为合作作品作者之一的主张,为现行成文法的期限所阻却。合作作品的作者权利主张必须在合作作品创作完成3年内提出。因为以创作而非侵权为主张作者身份的起算点,所以作者身份主张始于作品的创作完成,而非侵权的发生,并且在“清楚明确地否定”作者身份3年后,作者身份即受到阻却。

电影职员表清楚明确地否认了其作者身份,把他列在了那些突出名字的远远的下方,列为“伊斯兰技术顾问”。然而,该否定距离提起诉讼尚不足3年。关于在此之前作者身份是否受到否定,此项材料留下了一个待证事实以待解决。阿尔穆罕默德在其宣誓证词中证明,在起诉前3年多,他曾与华纳兄弟的电影监制讨论将其署名为编剧之一。被告主张此次讨论对其署名的要求就是明确的否定,因而阻却其诉求。对此,阿尔穆罕默德予以否认,并证明电影监制对他说:“我帮不了你”,但是“未来我们可以进一步讨论”,事实认定者会将此次交流解释为将作者身份问题留待进一步讨论。关于诉请是否为期限所阻却,便只是一个待证事实问题,所以关于阿尔穆罕默德是否为“合作作品”的作者,我们必须认定是否存在这样一个待证事实。

关于是否为“合作作品”《马尔科姆X》的作者,阿尔穆罕默德宣称他证实了这个真正事实。版权法没有定义“作者”,但定义了“合作作品”:“合作作品”是指由两位或两位以上作者本着使各自的创作融合为一个不可分割或相互依存的整体之意向而共同完成的作品。

法律规定,一件作品若要成为“合作作品”,必须有(1)可版权的作品;(2)两位或更多“作者”;(3)作者必须意在将各自的创作融合为一个不可分割或相互依存的整体。在本巡回法庭,“合作作品”要求每位作者对讼争作品“独立作出可版权的贡献”。[里查德森诉美国,526 U. S. 813,119S. Ct. 1707,143 L. Ed. 2d 985(1999)]《马尔科姆 X》是可版权的作品,而且每个参与人都希望此电影成为一个整体是没有争议的。阿尔穆罕默德对电影作出了实质的、有价值的贡献同样是没有争议的,包括技术性辅助,如在埃及与清真寺的管理人用阿拉伯语沟通;学术和创造性辅助,如指导演员如何正确地像穆斯林一样祷告;以及剧本修改,增加电影宗教方面的真实感。然而,用阿拉伯语与清真寺管理人沟通,对电影没有版权的贡献。对演员的指导必须转化为可版权的表达形式,方能获得版权,阿尔穆罕默德的其他许多活动同样如此。阿尔穆罕默德提交了证据证明他改写了对话的几个段落,并已在《马尔科姆 X》中出现,而且他编写了关于马尔科姆 X 麦加朝圣的场景,且已摄入电影。如果阿尔穆罕默德的证据被采纳,正如在速裁判决中一定要采纳的,这些内容都可单独获得版权。因而,关于是否作出了可版权的贡献,阿尔穆罕默德已经证明了一个待证事实,全部的参与人均认为阿尔穆罕默德的贡献意在融入不可分割的电影整体,阿尔穆罕默德坚称他已就“合作作品”的每一个元素证明了待证事实。

但是“合作作品”包含另外一个元素,“合作作品”由两个或更多作者完成,阿尔穆罕默德证明了他对电影作出了实质性贡献,但没有证明他是“作者”之一。我们认为根据成文法对合作作品的定义,作者身份是必要的,而作者身份与作出有价值可版权的贡献不一样。我们认为表达的贡献人,要判断其贡献是否单独可版权,从而可成为此表达的“作者”。而我们处理的是不同的也是更大的问题,贡献人是《美国法典》第 17 编第 101 条含义下的合作作品的作者吗?

根据成文法定义,一件“合作作品”需要“两个或者更多的作者”。“作者”一词取自这一传统活动,即一人坐在桌前,动笔写作以期发表的活动。将“作者”一词应用于小说是相对容易的,但当贡献人的数量增加,作品本身不再是一两个个人未经太多协助的成果,这一词就变得更难适用。

在合同缺失的情况下,谁可被视为电影的作者?这一词传统上意指原发动者,或者是引起某事发生的人,甚至是初因,如乔叟指涉“自然作者”。对于电影,那可能是筹集资金的出品人。爱森斯坦认为电影的作者是编辑。“导演”理论认为应该是导演,至少在导演能将自己的艺术判断加于电影之上的情况下。传统上,通过与图书类比,作者被视为写电影剧本的人,但电影常常反映的是许多剧本作者的作品。格尼尔认为拥有创作控制力的人常常是以其名义筹钱的人,或许是明星,或许是导演,或许是出品人,由于已拍摄部分的商业投资增长,控制力被吸附到明星身上。在电影的视觉方面尤为重要的情况下,首席摄影师可能被认为是作者。如迪斯尼动画电影“森林王子”,作者可能是动画师或者作曲者。

最高法院在巴洛盖尔斯诉撒罗尼案中[111 U. S. 53, 4 S. Ct. 279, 28 L. Ed. 349.]解决了新媒体“作者”定义问题。该案的问题是:谁是一张照片的作者? 是设置好相机并按下快门的人还是将它制成版画的人。奥斯卡·王尔德,照片中的人物,无疑也提供了一些创造性的建议。法院判决拍照人为作者,同时引述了许多不同的英国判决,“主管安排的人,通过安排人员位置以及布置人员所处场景,型塑了照片——此人为照片产生的实在原因”;“‘作者’包括以创造性或者大师智慧,起源、原创、创作将要受到保护的作品”;“真正呈现、创造、实践创意、奇想或者想象的人”。[Id. at 61,4 S. Ct. 279(引述 Nottage v. Jackson, 11Q. B. D. 627 1883)]法庭指出,“作者”一词,在国父们在宪法中所应用的意义上[Art. 1 8. cl. 8]是指,“‘全部来源于其的人,原创者、创作者、完成科学或文学作品的人。’”[Burrow-Giles,111U. S. at 58,4S. Ct. 279(引自伍斯特)]

与谁是作者相对应,当回答一个不同的问题——什么是可版权“作品”时,最高法院在费斯特出版公司案中[499 U. S. 340,345(1991)]认定,最低水平的创造性或原创性即可足够。但那种作品定义太宽泛、太模糊,以至于用它判断谁为电影“作者”用处不大。如果标准仅限于是否作出实质的创造性贡献,有太多人将符合“作者”条件,那么这种判断将无法作出区分。每个人,从制片人、导演到选角导演、服饰设计、发型设计、灯光助理都被列入职员表,因为他们的全部创造性贡献确实重要。《马尔科姆 X》中控制灯光色调的人对电影的贡献是巨大的,然而没有人会用“作者”一词意指此人与电影的关系。因为其创造性贡献不足以使其成为电影作者。

巴洛盖尔斯一案[111U. S. 53,58,(1883)]将作者定义为全部来源于其的人,监管作品整体的人。在电影中,如果没有相反合同,这种定义一般会将作者身份限于职员表顶端的某个人,即有艺术控制力的人,有时是出品人,有时是导演,也可能是影星或者是编剧。别忘了,在巴洛盖尔斯一案中,平版工作出了实质的可版权的创造性贡献,作出的奥斯卡·王尔德的造型同样贡献很大,但是法院判决拍照人为作者。[Id. at 61.]

阿尔穆罕默德在任何时候均未监管过作品。作品由华纳兄弟和斯派克·李控制。阿尔穆罕默德不是"通过安排人员位置以及布置人员所处场景而型塑了照片"的人。根据现有材料判断,斯派克·李为此人。阿尔穆罕默德,像拉森的戏剧顾问,可以提出极为有益的建议,但斯派克·李不是必须要接受这些建议,如果斯派克·李不接受,电影不会获得任何益处。阿尔穆罕默德缺乏对电影的控制力,缺乏对作品的控制力是不具有共同作者身份的有力证据。

而且,对于成为共同作者的意图,无论是阿尔穆罕默德还是斯派克·李或是华纳兄弟均未作出任何的客观证明。华纳兄弟要求斯派克·李签署一份"职务作品"协议,从而即便斯派克·李与华纳兄弟也不是共同作者、共有人关系。华纳兄弟不希望允许斯派克·李拥有版权,却愿意与在斯派克·李控制下工作的阿尔穆罕默德这样的个人分享版权,特别是当时已经知晓被告不得成为共同作者的情形下,这样的结论是不合逻辑的。而且在诉讼之前,没有任何人,包括阿尔穆罕默德,向其他人表明阿尔穆罕默德意图成为共同作者及共有人。

阿尔穆罕默德未提供任何证据证明他提供电影的"创造性或者大师思想"。他是另一部传播不广的马尔科姆X纪录片的作者,但不是这部电影的主人。阿尔穆罕默德的证据表明且仅表明,其受制于斯派克·李决定是否接受他的意见的权利。他对电影作出了有价值的贡献,但这不足以使其成为合作作品的共同作者。

在成文法中"作者"一词体现为宪法创设的社会政策,国父们给国会赋予作者版权的权利以"促进科学和实用技艺的进步"。如果作者无法在不失去对作品的单独所有的情况下,与他人商议并对有用建议予以采纳,进步不仅得不到促进,反而会受到阻碍。一个太过宽松的作者定义会迫使作者将自己隔离起来,不敢采纳别人可能作出的贡献。当拍摄一部关于转信伊斯兰教的电影,斯派克·李就将无法向一个博学的穆斯林咨询,电影的艺术质量将因此下降。

阿尔穆罕默德提出的更为宽广的解释会将合作作者的范围扩展到许多“过于遥远的贡献者”,比如桑普森案中的戏剧顾问。[147F. 3d at 200(internal quotation omitted)] 而“仅仅因为某人提供了某种形式的协助,就否认了独立作者的专属作者身份”。[Id. At 202]如果创造性的可版权贡献是作者身份的全部要件,那么作者身份主张就会在研究助理、编辑、前夫(妻)、情人以及朋友间被不断提起,这将使与人谈论其工作的作者处于艰难的境地。

阿尔穆罕默德同时主张版权登记证书的颁发提供了版权所有的初步证据。在任何案件中,当全部证据都反驳其所有权主张时,初始证据便不得决定速裁判决。“推定证书的有效性可以被反驳而且可以被速裁判决推翻。”[S. O. S. ,Inc. v. Payday. Inc. ,886 F. 2d 1081,1086(9th Cir. 1989)] 版权局在对阿尔穆罕默德申请版权的回应中(在本案的审理期间)指出他的权利主张“与前在登记冲突”,因而版权局对他有“几个问题”,问题之一关涉“其他作者”,即华纳兄弟的“意图”,前面证据的讨论没有涉及真正的问题,而对该问题的回答为:没有与阿尔穆罕默德分享版权的意图。

就阿尔穆罕默德对合作作品《马尔科姆 X》的共同作者身份这一真正事实问题,由于地区法院庭审中的证据没有作出证明,所以,地区法院对要求确认侵权以及根据共同作者身份核算的诉讼请求通过速裁判决予以驳回是正确的。

部分予以支持,部分予以维持,部分予以改判。

提　要

(1)作出多大的贡献才有资格成为共同作者?注意纪录片拍摄者戴安娜·布鲁姆的情形,采访人、提供资助的大学、出借编辑器材的人均主张版权。罗列出阿尔穆罕默德的贡献,他们和编写整部剧本或指导整部电影相较如何呢?阿尔穆罕默德的问题部分在于,他想要一些连斯派克·李都没有的东西——对电影的作者权或者所有权。那项权利属于制片厂。如果阿尔穆罕默德仅仅是想被承认为电影剧本作者,他应该将此纠纷交由编剧工会解决。

(2)阿尔穆罕默德的困境可能部分源于这一事实,即他向一位非常知名的导演主张作者身份。截至2004年,斯派克·李已经指导了19部电影,并在其中的18部电影中出演,编写了其中11部的剧本。他曾凭1989年的电影《为所应为》获得奥斯卡最佳原创剧本奖提名,并于1997年因专题纪录片《四个小女孩》获得最佳纪录片奖。见 http://movies. yahoo. com/shop? d = hc &cf = gen&id = 1800019419&intl = us。尽管他们尽最大的努力,法官和陪审团还是容易这样考虑,是他们从未听闻的阿尔穆罕默德,还是他们看过其电影的斯派克·李更有创造力?

(3)阿尔穆罕默德没有詹姆斯厄尔瑞德幸运,瑞德与创意非暴力社团的诉讼已在本章的上文提及。重审中,双方达成了和解协议,瑞德依此被确认为"第三世界美国"这一雕塑的唯一作者,而CCNV(创意非暴力社团)则拥有"第三世界美国"原件的所有权。[见创意非暴力社团诉瑞德,1991 WL 415523 (D. D. C. Jan. 7,1991)]双方协议瑞德拥有作品的三维再现的权利,而与CCNV共有作品二维再现的权利。双方行使权利均不需要对方的许可。

(三)转让权

作者权利包括将作品转让给他人的权利。以下案例阐释转让权与续期条款冲突的情形。

斯图尔特诉阿本德

美国最高法院,1990.

(495U. S. 207,110 S. Ct. 1750,109 L. Ed. 2d 184)

奥康纳大法官执笔法庭意见:

原作品的作者可以转让将作品用于演绎作品的权利。本案中,一份原作品的作者同意在作品的版权续展期间将权利转让给一位演绎作品的所有人,但原作品作者却在续展期间开始前去世了。带来的问题是,演绎作品的所有人继续发布、出版原作品的行为,是否侵犯了原作品继受人的权利?

I

康奈尔·伍尔里奇创作了小说《这一定是谋杀》,1942 年 2 月首次发表于《十美分侦探》杂志。杂志的出版商,大众出版公司获得了将小说出版于杂志的权利,伍尔里奇保留了其他全部权利。大众出版公司因《十美分侦探》杂志的发行获得了一个总括的版权,《这一定是谋杀》正发表于此刊。

1909 年的版权法案,[35Stat. 1075,17 U. S. C. 1 et seq. (1976 ed.)]赋予作者 28 年的起始版权保护期间,再加上 28 年的续展期间。参见[17 U. S. C. 24(1976 ed.)]。1945 年伍尔里奇同意将相关权利以 9250 美元转让给 B. G. 德席尔瓦制作公司,以将其 6 个小说摄制成电影,包括《这一定是谋杀》。他同时同意在恰当时间对小说的版权进行续期,并将 28 年续展期间的电影摄制权转让给 B. G. 德席尔瓦制作公司。1953 年演员吉米·斯图尔特与导演阿尔弗雷德·希区柯克成立了一家出品公司——佩恩公司,该公司从德席尔瓦的承继人那里以 10,000 美元有偿获得了电影《这一定是谋杀》的有关权利。

佩恩公司与派拉蒙影业公司共同制作发行了电影《后窗》,是伍尔里奇小说《这一定是谋杀》的电影版。伍尔里奇死于 1968 年,没来得及依约定为原告行使续期权,又没有在世的配偶或子女。他将遗产信托给一家信托机构,管理人为大通曼哈顿银行,受益人为哥伦比亚大学。1969 年 12 月 29 日,大通曼哈顿银行依据[17 U. S. C. 24(1976 ed.)]续期了《这一定是谋杀》的小说版权,并将续期后的权利转让给了被告阿本德,价格为 650 美元加上利用小说全部获益的 10%。

1971 年《后窗》于 ABC 电视网播放。被告后来向电影《后窗》以及续期后电影的权利人——原告希区柯克(由共同受托人代理)、斯图尔特以及 MCA 公司发过通知,被告拥有续期后的版权,原告未经允许发行电影的行为侵犯了其小说的版权。不过,希区柯克、斯图尔特以及 MCA 公司达成了二次授权协议,以恢复播放此电影。1974 年被上诉人向纽约州南部地区法院提起版权侵权诉讼,被告为上诉人与其他人。被上诉人获得 25,000 美元并撤回起诉。

3 年后,美国第二巡回上诉法院对罗浩尔诉吉利安公司(Rohauer v.

Killiams Shows. Inc. ,551 F. 2d 484,cert. denied,431 U. S. 949 1977)作出判决,法院判决演绎作品的版权人可以依原作品作者的原始授权继续使用现存的演绎作品,即便原作品中的授权已经失效。(551 F. 2d,at 494)几年后,根据罗浩尔案的判决,原告以多种形式再次发行了电影,包括美国的新 35 毫米及 16 毫米的剧院展览印刷、录像带和影碟。他们还在剧场、通过电视、录像带和影碟的出租出卖公开放映此电影。

被上诉人向加利福尼亚州中区法院提起即时诉讼,被告为希区柯克、斯图尔特、MCA、MCA 的子公司环球影视交易公司以及电影的发行人。诉由为电影的再次发行侵犯其小说版权,由于伍尔里奇在其登记续期并转让续期权利之前就已逝世,于是上诉人于续展期间使用作品的权利已经失效。被上诉人同时主张在续展期间上诉人还以其他方式妨碍其权利。他声称其寻求与 HBO (Home Box Office)签约拍摄制作此故事的剧场和电视版,可是上诉人向他和 HBO 写信说他与 HBO 均不得使用《后窗》或者《这一定是谋杀》作为标题。被上诉人同时声称上诉人试图转让版权以拍一部电视续集的行为进一步侵犯了他的权利,而且原始电影的发行妨碍了他制作其他演绎作品的能力。

上诉人请求速裁判决,一方面依据罗浩尔案的判决;另一方面基于其所称的小说版权缺陷。被上诉人基于上诉人对电影的使用构成版权侵权这一理由请求速裁判决。上诉人一方运用"合理使用"这一抗辩作出回应并再次请求速裁判决。地区法院支持了上诉人基于罗浩尔案及"合理使用"抗辩的速裁判决请求,否决了被上诉人以及上诉人声称小说版权缺陷的速裁判决请求。被上诉人向第九巡回上诉法院提起上诉,上诉人同样提起上诉。

上诉法院作出改判,判决认为被上诉人的小说版权在续展期间没有缺陷,[阿本德诉 MCA 公司 863 F. 2d 1465,1472(1988)]因而法庭所面临的问题是,上诉人在未经对原小说具有有效版权的被上诉人允许的情况下,是否有权发行和放映电影。根据 1909 年法案的续期条款,[1909Act, 17U. S. C. 24 (1976ed.)]被上诉人向上诉法院主张,因为其从合法承继人大通曼哈顿银行获得续期权利,续期后版权不存在任何所谓的利益负担,上诉人未经许可发行和放映《后窗》侵犯了其续期后版权。上诉人回应主张他们有权在 28 年续期期间继续利用《后窗》,因为伍尔里奇已经同意有偿将小说在续期期间的电影权利转让给上诉人的前身。

和地区法院一样,上诉人也依据罗浩尔诉吉利安姆公司案(Rohauer v. Killiam Shows, Inc., supra.)的判决主张权利。在罗浩尔案中第二巡回上诉法院根据第24条判决,原作品的续期版权的法定继受人不得"作为版权法事项,剥夺演绎作品版权人对原作品进行与已体现于获得版权的演绎作品的同等程度利用权。"(Id., at 492)上诉法院在即时诉讼中拒绝了这一理由,并总结道,即便原作品已经包含在演绎作品中,除非演绎作品权利人在续期期间得到有效的授权,否则使用原作品仍然是侵权。

我们发出诉讼文件移送命令以解决罗浩尔案判决与下述判决的冲突。[493U. S. 807(1989)]上诉人没有质疑上诉法院对被上诉人版权在续期期间有效的认定,因此,我们对于上诉法院的该点判决不发表意见。

Ⅱ

上诉人希望我们将版权法解读为对原作品权利人法定权利的限制。他们实质上主张,假定原作品作者同意转让其续期权利,一旦原作品融入演绎作品中,则将原作品进行演绎使用的版权人权利即受到艰制。因为我们在1909年法案和1976年法案以及两者的立法史中均找不到对此种权利削减的支持,所以维持上诉法院的判决。

正如上诉法院所假定的,上诉人与法庭之友版权局局长声称,1909年法案的第23条,以及解释此条的判例法,直接适用于本案的处置。被上诉人回应道,1976年法案的规定适用于本案,但1976年法案将第24条再规定于第304条中,因而第24的用语及其司法判决解释都与我们对此案的判断有关。不论根据何种理论,我们都必须关注第24条的用语和判例法解释。

第24条的续期权为作者提供就其作品获得报酬的二次机会。第24条规定:

"(已获得版权)作品尚未去世的作者;或者留下的寡妇、鳏夫、子女,已经去世则为作者的遗嘱执行人;如果作者、寡妇、鳏夫、子女均已去世,如果没有遗嘱,则为他的近亲属;应当被授予权利在初始版权期间期满前一年内及时向

版权局递交续期延展申请,将作品版权续期或者延展 28 年。"[17U. S. C. 24(1976 ed.)]

我国最早的版权立法就将保护期分为初始期间与续期期间。起初,续期仅意在作为初始期限的延展。在初始期间的末段,如果作者未去世,续期就可由作者启动并获得,否则为作者的遗嘱执行人、管理人、受让人取得。[见 1790 年 5 月 31 日版权法案(ch. XV,1,1 Stat. 124)]。1831 年,国会修改了此项规定,以便作者可以转让续期期间的未定利益,但不得通过转让剥夺其遗孀续期期间的权利。(见 1831 年 2 月 3 日版权法案,ch. XVI,4 Stat. 436;亦见于柯蒂斯《版权法》,第 235 页,1847 年。)1831 年的续期规定创造了"一项全新的政策,完全割裂了权利,破坏了连续性……而且以此名义授予指定人以一项全新的权利。"[怀特史密斯音乐出品公司诉戈夫(White-Smith Music Publishing Co. v. Goff),187F. 247,250(1st Cir. 1911)]以此方式,国会试图给予作者控制其作品并从中获益的二次机会。如果作者在得以续期登记前就已经去世,国会同样意在保护作者的家庭成员利用作品的机会。

对此问题的争论导致了 1909 年版权法案的通过,国会详细说明了此项政策,该政策构成了一个由初始期限和完全独立的续期期间构成的系统的基础。[见里科尔迪诉派拉蒙影业公司(G. Ricordi & Co. v. Paramount Pictures, Inc.)189 F. 2d 469,471(2nd Cir.)](续期权利"创造一项全新的产权,而且处理此项问题的案例宣称新产权不负担任何初始版权所授予的权利和利益")[cert. denied,342 U. S. 849,(1951)]。"作者把版权以相对较低的价格完全出卖给出版商是比较常见的。"[H. R. Rep. No. 2222,60th Cong. ,14(1909)]续期期间允许开始处于弱势地位的作者在作品的价值得以证实后,得以重新就价金条款进行谈判。"不同于不动产和其他形式的动产,依(版权)的性质,在得以利用之前无法准确地作出金钱评估。"[尼莫论著作权法,(2M. Nimmer & D. Nimmer, Nimmer on Copyright)9. 02, pp. 9 - 23(1989)]"如果作品取得巨大的成功,而且一直持续超过 28 年获得续期便应为作者的专属权利,而且应当制定法律以使(作者)不被剥夺这种权利。"(H. R. Rep. No. 2222, supra, at14)出于这种意图,国会制定了 1909 年版权法案续期条款[17U. S. C. 24(1976 ed.)]

关于作品的初始期间与续期期间,截至1978年1月1日,国会在1976年版权法案中保留了双重期限制度。参见[17U. S. C. 302(a) and(b)(1988 ed.)(参照17U. S. C. 24 1976 ed.)]。

适用米勒音乐公司诉查尔斯丹尼尔公司案中的原则(Miller Music Corp. v. Charles N. Daniels, Inc. ,362 U. S. 373 1960),法院认为在续期期间开始前作者死亡的,即便作者生前将续期权利转让给另一方当事人,遗嘱执行人仍享有续期权利。"如果作者在续期期间开始时尚未去世,初始版权到期前作者对续期权利的转让有对世效力。弗雷德费舍尔公司诉惠特马克与宋(Fred Fisher Co. v. M. Witmark&Sons, 318 U. S. 643,判决如此)"。(Id. ,362 U. S. , at 375)如果作者去世早于此期间,"近亲属获得续期权利,不负担任何基于作者生前转让的权利要求。之所以会产生这些结果,不是因为作者的转让行为无效,而是其只有转让的期望(而无权利,译者按);而他在续期期间开始前死亡的事实,终止了其续期期间的利益,根据第24条利益被授予给所列群体。"Id. 1909年法案的立法史附和这一观点:"续期权利是未定的。直到(初始期间)届满该权利方被授予。如果(作者)在续期时尚未去世,那么初始合同就可以继续有效,但他的遗孀或者其他权利人不受该合同约束。"[1909年版权法案立法史,(5 Legislative History of the 1909 Copyright Act, Part K, p. 77)(E. Brylawski & A. Goldman eds. ,1976)]因此,续期条款意在赋予作者对其创造性劳动获得公平报酬的二次机会,而且如果作者在续期期间到来前去世,那为作者的家人提供一份"新财产"。

作者对于版权作品享有一系列专属权利,其中包括复制权和将作品应用于演绎作品的权利。如果作者转让作品版权而未加限制如米勒音乐案,则作者转让的是这些权利的全部。米勒音乐案以后,如果作者在续期期间开始前去世,受让人将没有任何权利。如果续期权利的受让人因作者在续期期间开始前去世而不享有任何权利,那么,部分续期权利即创作演绎作品的权利的受让人,肯定同样没有任何权利。(亦见于版权局长作为法庭之友的要点摘录之第22页,"如果作者在续期期间开始前去世,那么初始期间的任何对续期权利的转让就都是无效的")。因而,如果作者在续期期间开始前去世,则只有作者的继承人将续期权利转让给受让人，受让人才能继续使用原始作品。这就是被下述上诉法院采纳而受版权局支持的规则。

将此规则适用于本案即可获得判决。伍尔里奇在小说的续期期间开始前去世，因而，上诉人只拥有一个未完成的期待。上诉人“没有被侵夺任何权利。如同任何的未定利益购买者，[他们承受]未定利益不发生的可能性。”[米勒音乐(Miller Music)，supra，32 U. S.，at 378，80 S. Ct.，at 796]

根据前述理由，维持上诉法院判决，发回重审做进一步审理，但不得与本判决意见不一致。

提　要

(1)斯图尔特诉阿本德案中的转让发生于1909年版权法之后，初始版权期间为28年且可续期28年。根据修正后的1976年法案，如今对于个人作者，版权持续作者终生加死后70年；对于合作、职务、匿名、笔名作者保护期为95年。根据17U. S. C. 201(d)(1)，版权可全部或部分转让。除职务作品外，任何的版权转让可根据17U. S. C. 203(a)(e)所列条件而终止，“从让与满35年后五年内的任何时间。”为完成终止，作者或者特定的继承人(配偶、子女、孙子女)或者遗产执行人(包括管理人、代表人、受托人)需要“提前发出书面通知”，载明终止的生效日期。[17U. S. C. 203(4)]

(2)如斯图尔特诉阿本德案中于期满前转让的争议作品，期满后可以继续依转让条款使用，但不得继续创作演绎作品。[17U. S. C. 203(b)(1)]

图书在版编目(CIP)数据

北理法学．第六辑/张艳丽，徐昕主编．—北京：
法律出版社，2017.5
ISBN 978-7-5197-0729-3

Ⅰ.①北…　Ⅱ.①张…②徐…　Ⅲ.①法学—文集
Ⅳ.①D90-53

中国版本图书馆CIP数据核字(2017)第062340号

北理法学(第六辑)
BEILI FAXUE(DI LIU JI)

张艳丽　徐　昕　主编

策划编辑 周丽君
责任编辑 周丽君
装帧设计 李　瞻

出版 法律出版社
总发行 中国法律图书有限公司
经销 新华书店
印刷 北京北苑印刷有限责任公司
责任校对 杨昆玲
责任印制 张建伟

编辑统筹 独立项目策划部
开本 720毫米×960毫米　1/16
印张 19.5
字数 254千
版本 2017年6月第1版
印次 2017年6月第1次印刷

法律出版社/北京市丰台区莲花池西里7号(100073)
网址/www.lawpress.com.cn
投稿邮箱/info@lawpress.com.cn
举报维权邮箱/jbwq@lawpress.com.cn
销售热线/010-63939792
咨询电话/010-63939796

中国法律图书有限公司/北京市丰台区莲花池西里7号(100073)
全国各地中法图分、子公司销售电话：
统一销售客服/400-660-6393
第一法律书店/010-63939781/9782　西安分公司/029-85330678　重庆分公司/023-67453036
上海分公司/021-62071639/1636　深圳分公司/0755-83072995

书号：ISBN 978-7-5197-0729-3　**定价**：58.00元
(如有缺页或倒装，中国法律图书有限公司负责退换)